Guerre au Rwanda
L'espoir brisé

Du même auteur

L'Escadron bleu, Liban-Tchad (1977-1979), Lavauzelle, 2018.
11 novembre. Les Soldats reconnus, Lavauzelle, 2018.

Coordination éditoriale : Angélique Romain
Rewriting-Relecture : Pierre de Taillac
Correction : Marie-Édith Chauveau-Bernard, Mélanie Lemaire
Couverture : Valentine Asseman
Maquette : Angélique Romain
ISBN : 978-2-26209-616-8

Dépôt légal : janvier 2021

Éditions Perrin
92, avenue de France • 75013 Paris
www.lisez.com

Éditions Pierre de Taillac
74, rue du Rocher • 75008 Paris
www.editionspierredetaillac.com

Dominique Delort

Guerre au Rwanda
L'espoir brisé
(1991-1994)

PERRIN | PIERRE DE TAILLAC

Un Rwandais a survolé tous ses compatriotes en portant l'espoir d'une paix partagée par tous, Boniface Ngulinzira, ministre des Affaires étrangères du Rwanda en 1992 et 1993.

Cet homme, Tutsi ou Hutu-Tutsi, en charge des négociations d'Arusha pour le gouvernement, était véritablement quelqu'un d'exceptionnel, représentant parfaitement tous les Rwandais en recherche d'une paix qui ne soit une humiliation pour personne et ouvrant la porte à une réconciliation recherchée. Il fut assassiné en avril 1994 par des extrémistes hutus.

Ce livre lui est dédié, ainsi qu'aux hommes et femmes de bonne volonté, diplomates et militaires, qui ont œuvré dans le même but.

Sommaire

Préface

Abu Dhabi, 3 octobre 1990. Alors chef de l'état-major particulier du président de la République, j'accompagne François Mitterrand et Jean-Pierre Chevènement, ministre de la Défense, en visite d'inspection de nos troupes qui se préparent à intervenir contre l'Irak. Nous recevons un message de l'Élysée transmettant la demande urgente du président rwandais Habyarimana d'une assistance militaire afin de faire face à une agression menée, depuis l'Ouganda, par des réfugiés d'origine tutsi. Le président[1], qui n'ignore rien de la situation prévalant dans la région des Grands Lacs, décide – malgré la réticence du ministre de la Défense – de manifester le soutien déterminé de la France par le déploiement d'un détachement militaire réduit dans la capitale rwandaise. Ainsi débute l'opération Noroît qui va durer un peu plus de trois ans.

Lorsqu'il prit cette décision, François Mitterrand estimait que le président Habyarimana était seul en mesure d'empêcher la déstabilisation du Rwanda et qu'il importait donc de le soutenir. Et tragiquement, l'histoire lui donna raison, car ce fut l'attentat contre ce président en 1994 qui marqua le début du génocide. Cependant, comme nous étions quelques mois après le sommet franco-africain de La Baule au cours duquel la France avait clairement indiqué que le soutien militaire accordé aux gouvernements en

1. Dans le présent ouvrage, la mention « le président » désigne toujours le président de la République, François Mitterrand.

place devait avoir une contrepartie en matière de démocratisation, le président exigea que le président rwandais entreprenne une réelle réforme des institutions de son pays.

Dans le même temps, la diplomatie française intervint fortement auprès des Nations unies pour qu'une négociation entre les parties adverses soit entreprise avec le soutien de la communauté internationale afin de permettre le retour des Tutsis dans leur pays. Cette action aboutira, à l'été 1993, aux accords d'Arusha. Ainsi, lorsque fin 1993, le contingent militaire français fut retiré, faisant place à une force internationale, la France put légitimement penser qu'elle avait largement contribué à trouver une issue satisfaisante à la crise rwandaise. L'attentat qui coûta la vie au président Habyarimana en 1994, alors que la France n'était plus militairement présente, vint malheureusement, quelques mois plus tard, remettre en cause le processus engagé et déboucha sur le génocide de Tutsis et de Hutus modérés par des extrémistes hutus.

En mai 1991, nommé chef d'état-major des armées (CEMA) et confronté à plusieurs foyers de crise en Afrique, je décidai de me faire assister par un spécialiste du continent africain, et mon choix se porta sur l'auteur de ce livre. Dominique Delort, alors colonel, appartenait aux troupes de marine dont la culture opérationnelle inclut depuis toujours une réelle connaissance de l'Afrique. C'est ainsi que, durant trois ans, il fut tout à la fois mon conseiller à Paris et le chef sur le terrain quand je le jugeais nécessaire. C'est ainsi qu'il fut un acteur essentiel dans la gestion de la crise rwandaise jusqu'à l'attentat contre Habyarimana, et son concours fut pour moi extrêmement précieux. Son témoignage est aujourd'hui un apport exceptionnel à la compréhension de l'action des forces armées françaises, et plus généralement de la France, au Rwanda.

Le déroulement des opérations que relate ce livre montre d'abord très clairement que les soldats de l'opération Noroît avaient pour instruction d'éviter toute implication directe dans les combats menés par l'armée rwandaise. Le rôle de notre contingent, dont il faut souligner le très faible effectif – quelques centaines d'hommes –, était double : assurer la sécurité des ressortissants français et dissuader par sa présence la rébellion tutsie de poursuivre ses actions contre le régime en place.

Le récit des différents évènements qui ont marqué cette période fait apparaître tout à la fois l'extrême complexité des opérations menées dans le cadre de l'opération Noroît et la remarquable maîtrise de la force que nos troupes ont appliquée. Il s'agissait, sans qu'aucun engagement direct n'ait lieu et malgré des conditions politiques très difficiles, de convaincre le Front patriotique rwandais (FPR), qui était l'agresseur, qu'il ne pourrait réussir à déstabiliser le pays et ainsi de permettre que la longue négociation qui devait aboutir aux accords d'Arusha puisse se dérouler sans que le désordre s'installe dans le pays. Cette aptitude opérationnelle au contrôle de l'usage des armes, que l'armée française a acquise au travers des nombreuses interventions qu'elle a conduites depuis la fin de la guerre froide, repose sur la qualité du commandement sur le terrain – confronté le plus souvent à des situations très complexes – associé au comportement exemplaire des soldats.

L'auteur expose par ailleurs avec une très grande précision comment étaient élaborées et tenues à jour les instructions opérationnelles données à nos forces. Il montre comment les responsables politiques à Paris étaient informés des opérations et se trouvaient ainsi en mesure de suivre la situation et de donner des instructions sans pour autant interférer directement dans le commandement des forces.

Il faut rappeler à cet égard qu'au vu de l'expérience acquise durant la guerre du Golfe, une réforme fondamentale de l'organisation de la gestion des crises venait d'être mise en œuvre en France. Désormais, un conseil restreint dirigé par le président de la République et auquel participaient le Premier ministre, les ministres des Affaires étrangères et de la Défense ainsi que le CEMA et le chef de l'état-major particulier se réunissait chaque semaine afin de suivre le déroulement des crises extérieures dans lesquelles la France était impliquée. Au cours de ces réunions, le président, après avoir entendu l'exposé de la situation diplomatique et militaire, recueillait l'avis du gouvernement puis, le consensus étant acquis, donnait ses instructions opérationnelles au CEMA.

Cette organisation, qui est toujours en vigueur et qui a été étendue à la lutte antiterroriste, mettait fin à une règle de la Vᵉ République qui faisait de la diplomatie et de la défense le domaine réservé du président. Elle fut d'autant plus opportune en 1993 qu'elle impliquait clairement le gouvernement d'Édouard Balladur, issu de la deuxième cohabitation, dans la gestion des crises extérieures. Appliquée à la crise rwandaise, elle permet par ailleurs d'écarter le soupçon, trop souvent énoncé sans preuve, de l'existence d'un lobby militaire qui aurait à l'époque influencé les décisions politiques.

Le général Delort expose enfin, aussi clairement que possible, l'évolution de la situation intérieure rwandaise et les difficultés rencontrées par la France, puis par les Nations unies, pour mettre en œuvre le processus d'Arusha. Il montre notamment l'effort constant des autorités françaises pour soutenir la démocratisation du régime et permettre le retour des réfugiés. Le maintien conditionnel de la présence militaire française, jusqu'à sa relève par une force des Nations unies, à la fin de 1993, était alors en effet le garant de la poursuite de la politique d'ouverture acceptée par le président Habyarimana.

Mais l'auteur souligne aussi la faiblesse du soutien des grandes puissances, et notamment des États-Unis, au processus d'Arusha et cette attitude plus que réservée se retrouva dramatiquement quand, un an plus tard, la France chercha à mobiliser la communauté internationale pour mettre fin au génocide.

Ce livre s'achève au moment de l'attentat contre le président rwandais sans que l'on sache encore aujourd'hui quels en furent les auteurs. La France, faute d'une intervention internationale soutenue par les grandes puissances, reçut alors mandat du Conseil de sécurité des Nations unies pour conduire, avec quelques pays africains, une opération à caractère strictement humanitaire, dénommée Turquoise, pour interrompre le génocide. Cette opération, qui réussit à stopper les massacres dans une grande partie du Rwanda et qui contint l'exode de plus d'un million de Hutus vers le Zaïre, où ils étaient menacés par une épidémie de choléra, fait toujours, vingt-cinq ans après le drame, l'objet de vives attaques tout à fait injustifiées. Il n'est pas anormal de s'interroger sur la décision de la France de soutenir en

1990 le président Habyarimana, mais c'est justement l'intérêt de ce livre d'en montrer clairement les objectifs et de souligner que le succès aurait pu être acquis avec les accords d'Arusha. Il est par contre inacceptable de reprocher à la France d'avoir tenté presque seule de mettre fin au génocide par l'opération Turquoise. Ces attaques, d'une grande violence et souvent conduites par des chercheurs français, sont insoutenables et j'espère que les lecteurs de cet ouvrage en seront convaincus.

Et, finalement, je dois dire avec force que, quel que soit le jugement porté sur l'action politique de notre pays dans la crise rwandaise, l'honneur de nos soldats ne saurait être mis en cause. Exécutant strictement les instructions qui leur avaient été données par les autorités politiques, ils ont agi durant cette longue crise avec un sang-froid et une compétence remarquables et, lorsque le moment fut venu de porter assistance aux Tutsis menacés par les génocidaires, ils le firent avec une humanité exceptionnelle.

Ce livre, écrit par un homme qui fut souvent leur chef sur le terrain, leur rend un hommage particulièrement justifié.

Amiral Jacques Lanxade
Ancien chef d'état-major des armées
(1991-1995)

Introduction

Le Rwanda, pays presque inconnu de l'opinion publique en 1990, est maintenant tristement célèbre à cause du génocide de 1994. Des centaines de milliers de Rwandais, huit cent mille, nombre officiellement retenu par l'Organisation des Nations unies (ONU), sont morts dans des conditions affreuses et scandaleuses que personne ne pourra jamais pardonner et encore moins oublier.

Pourquoi la France a-t-elle soutenu le Rwanda d'Habyarimana ? La France est-elle allée trop loin dans son soutien au régime rwandais ? Que faisait l'armée française au Rwanda ? La France a-t-elle une responsabilité avant et au moment du génocide ? Questions multiples et récurrentes et, en effet, pourquoi ne pas se les poser ! Encore faudrait-il les resituer dans le contexte de cette période et se souvenir d'un invariant historique. Les Rwandais sont responsables de leur propre histoire, le meilleur comme le pire. Il en est ainsi de tous les peuples.

Il faudrait aussi attendre de trouver des réponses dans les *Mémoires* du général Kagame, s'ils paraissent un jour. Grand chef politique et militaire de cette période, le major puis colonel et enfin général Paul Kagame porte une part de responsabilité, avec d'autres Rwandais évidemment, dans la situation politique bloquée puis catastrophique qui précède le génocide. S'ensuivra un changement total de régime, dont il assume depuis lors la conduite. Ses thuriféraires n'apprécieront pas ce jugement, qui va à l'encontre de l'histoire telle qu'elle est contée au Rwanda d'aujourd'hui.

Il n'est pas question ici de participer à la reconstruction de l'histoire – « L'histoire est une suite de mensonges sur lesquels on est d'accord », comme l'écrivait finalement Napoléon Bonaparte –, mais au contraire d'apporter des éléments objectifs sur l'action des militaires français en amont du passage de relais à l'ONU à l'automne 1993.

Jusqu'où l'engagement militaire français a-t-il pu aller et surtout pourquoi ? Certes, durant toute cette période (1991-1993), aucun soldat français n'a été tué lors de combats[2]. C'est déjà une première réponse à ceux qui voient dans l'engagement des militaires français la clé de voûte permanente du système de défense du gouvernement en place. Étaient-ils si forts et eux, si faibles ? Non, évidemment, mais le curseur se situe quelque part entre les deux. Il est injuste, pour ne pas écrire scandaleux, et au minimum totalement superficiel de vouloir faire porter à la France une responsabilité dans le désastre final.

L'intention politique française, depuis 1990, visait à encourager et à faciliter une sortie de crise par le biais de négociations entre les gouvernementaux et les rebelles. En fonction de la situation sur le terrain, il convenait de maintenir, voire de rétablir, les rapports de force militaires entre les deux parties, permettant dès 1992 la poursuite et la conclusion des discussions diplomatiques d'Arusha, plus précisément d'un partage du pouvoir[3] entre les prota-

---

2. Cependant un sous-officier perdra la vie pour des raisons indépendantes du conflit.

3. *Sharing power*, comme le répétaient diplomates américains et représentants du FPR.

gonistes. Le chef des armées a choisi d'emblée la stratégie militaire indirecte, excluant l'engagement direct au combat de soldats français.

Les principales autorités françaises pressentaient, au moins depuis 1992, une probable catastrophe humaine en cas d'échec, évidemment pas un génocide. Ce fut dit, ce fut écrit. Ne pas abandonner les Rwandais devenait plus que logique, une sorte de devoir politique et moral pour celui qui pouvait en décider en France, le président de la République.

« L'Espoir brisé », loin d'être un livre polémique, présente un témoignage direct sur des années d'actions non seulement militaires, mais aussi diplomatiques dans le droit fil de la ligne politique fixée par le président de la République.

Chapitre 0 – Nom, prénom, profession

« Vous avez choisi de témoigner d'un épisode dramatique de l'histoire contemporaine. On veut bien vous entendre, mais tout d'abord, qui êtes-vous pour vous exprimer sur le sujet ? »

Ces phrases, je les ai entendues à plusieurs reprises alors que mes travaux d'écriture avaient largement avancé. Mon nom, inconnu du grand public, ne suffisait donc pas. Fallait-il que je « dépose mon armure » comme me l'a dit cet historien guettant l'homme sous l'habit ? Mais enfin, je dois admettre que, si je souhaite témoigner publiquement, à travers mon récit, je dois accepter de dire qui je suis, d'où je viens. Qui je suis au moment où je suis impliqué dans la gestion de crise du Rwanda. Qui je suis aussi dans cette période de retour vers le passé, considérant ces années avec encore plus d'expérience du commandement et des hommes. Cette toute dernière partie constituera l'épilogue de ce livre.

Je peux témoigner parce que je suis l'un des acteurs de cette période. Il est vrai que dès 1991, je remplis différentes missions reçues du CEMA. En 1992, je mène plusieurs actions à caractère politico-militaire et opérationnel au moment où l'armée rwandaise connaît des revers. En 1993, je suis envoyé de toute urgence à Kigali lors d'une grande et puissante offensive de la rébellion armée et reçois le commandement opérationnel de toutes les forces françaises, alors que l'armée gouvernementale est de nouveau « dans les cordes ». Pendant toutes ces années, je rencontre à différentes reprises le président rwandais Habyarimana, le président ougandais Museveni et aussi des représentants de la rébellion, mais aussi j'assiste au troisième round des discussions d'Arusha, en Tanzanie. Je participe à des échanges, avec les Américains et l'ONU, en rapport direct avec la crise rwandaise.

Colonel des troupes de marine[4], j'ai déjà passé la moitié de ma vie d'officier dans différents pays africains au moment où j'arrive à l'état-major des armées en 1991. Ayant servi des années à Djibouti et au Sénégal, effectué des missions ponctuelles en Mauritanie, en Côte d'Ivoire, au Gabon et d'autres pays africains, j'ai aussi suivi les cours du Centre des hautes études sur l'Afrique et l'Asie modernes[5] (CHEAM). En 1978 et 1979, j'ai commandé au feu un escadron de blindés lors de l'opération Tacaud au Tchad, à peine revenu avec celui-ci de six mois au Liban, lors du premier mandat, fort agité, de la Force intérimaire des Nations unies au Liban (FINUL). J'ai ainsi été préparé par le commandement à la fois au renseignement et aux opérations militaires dans ce milieu de moins en moins connu qu'est l'Afrique, à l'époque où l'armée française est très prioritairement orientée face à l'est.

Témoigner est devenu une nécessité. J'ai été frappé, en lisant des articles de grands journaux et des livres rapportant la tragédie rwandaise, ou en écoutant des débats dans

4. Arme de l'armée de terre qui regroupe parachutistes, fantassins, blindés et artilleurs. Sa mission traditionnelle est le service outre-mer.
5. Créé en 1936 à Paris, supprimé en 2000 !

les médias, du peu de place qui était fait au déroulement politique de la crise en amont de l'attentat. Presque seuls, Hubert Védrine et l'amiral Jacques Lanxade expliquent la politique diplomatique et militaire de la France durant ces années. Certes, la mission d'information de l'Assemblée nationale, présidée par Paul Quilès, a publié dès 1998 plusieurs recueils assez exhaustifs, mais qui sont restés peu connus du public et c'est sans doute dommage. Amené à témoigner à cette occasion, j'ai répondu clairement et sincèrement à des questions précises.

J'ai longtemps hésité à me mettre à écrire. Le sujet est très difficile, délicat, sensible politiquement et je suis tenu à ne pas écrire « n'importe quoi » – devoir de réserve oblige. Il y a quelques mois, j'ai appris que l'aînée de mes petits-enfants, alors étudiante en sciences politiques, était choquée de voir le nom de son grand-père dans la liste des 22 hommes politiques et militaires signalés par le Rwanda pour avoir des responsabilités dans le génocide. Un petit-fils, qui se destine à devenir officier, se pose lui aussi des questions. Je ne pense pas qu'il soit souhaitable qu'ils restent sur un soupçon infondé et injuste, issu d'une désinformation continue. La répétition de fausses informations et les raccourcis malintentionnés sont des mécanismes efficaces quand on souhaite discréditer des hommes ou des actions.

L'officier d'active que je suis à cette époque sert son pays, reçoit des missions et les exécute tant qu'elles sont dans le cadre éthique qu'il a choisi, accepté et revendiqué, celui de l'armée française.

La force reste au service du droit dans le cadre général des intérêts du pays. La force d'une armée dépend de sa discipline, de sa cohésion comme de ses savoir-faire. Au chef militaire de fixer la tactique, d'élaborer la stratégie militaire, de proposer des options. Au chef politique de décider de la stratégie générale comme de la mission qui engage la force armée.

Chapitre 1 – Un monde bouleversé

Considérer la situation au Rwanda et les actions menées par la France sans resituer le contexte géopolitique serait une faute grave. En 1990, au moment du déclenchement de la rébellion armée au Rwanda, toutes les autorités françaises avaient d'autres centres de préoccupation, beaucoup plus importants pour les intérêts stratégiques de notre pays. Là encore, il ne s'agit pas de rechercher une quelconque excuse, mais de donner des explications de contexte.

Quelques mois plus tôt, le mur de Berlin s'était effondré et se posait le vaste problème politique d'une réunification de l'Allemagne, de la stabilité de l'URSS qui pouvait – et qui allait – imploser, et de la sûreté de vastes dépôts d'armes nucléaires dans tout l'est de l'Europe. Éviter et la prolifération et la dissémination. L'ensemble des alliances nouées par l'URSS commençait à s'effondrer, générant de nouveaux appétits et des risques multiples. À l'été 1990, Saddam Hussein se lance dans l'invasion du Koweït, déclenchant la première guerre du Golfe et la mise sur pied d'une coalition internationale, qui va mobiliser des centaines de milliers de soldats pour un affrontement inédit début 1991, après des efforts diplomatiques répétés, énergiques mais vains. L'Europe ne va pas tarder à être touchée et, comme le siècle dernier, le feu reprend de nouveau dans les Balkans. La Yougoslavie commence à se décomposer devant des Européens politiquement et militairement impuissants.

En Afrique, les pouvoirs, longtemps soutenus par l'URSS, sombrent les uns après les autres : la Somalie part en lambeaux en attendant des interventions internationales, qui vont se heurter à l'extrémisme de groupes radicaux. Le président éthiopien Mengistu n'arrive plus à contenir les rébellions. En mai 1991, l'Érythrée se prépare à faire sécession dans un vaste naufrage du régime rouge éthiopien qui poussera ses unités militaires éparses sur la République de Djibouti. Les forces françaises seront engagées pour aider la petite armée djiboutienne à faire face à la situation. Au Tchad, une fois encore, des rezzous motorisés déstabilisent le régime du moment et c'est le tour d'Hissène Habré de laisser la place à Idriss Déby. Au Zaïre, le président Mobutu, vieilli, n'arrive plus à contrôler un pays cinq fois plus grand que la France. C'est déjà la fin de son règne et je pense qu'il le sait. Nous pourrions continuer ce tour en citant le Maroc militairement engagé au Sahara occidental face au Polisario, lequel est soutenu par l'Algérie, qui s'apprête, elle, à entrer dans une décennie de guerre civile. Restent d'autres conflits qui intéressent toujours la France, Israël et les milices installées au Liban et en Syrie notamment. En Asie, le Cambodge, où s'est déroulé le dernier génocide entre 1975 et 1979, demande l'aide des Nations unies pour écarter définitivement la menace des Khmers rouges et s'essayer à un partage du pouvoir entre gouvernementaux, républicains et royalistes. Le monde est en ébullition.

Le discours de La Baule

Pourtant, l'Afrique francophone continue d'intéresser les autorités françaises et principalement le Président. En juin 1990, François Mitterrand prononce le « discours de La Baule» devant tous les chefs d'État francophones réunis. Ce discours est porteur d'un message clair en faveur de la démocratie et du multipartisme. Il convient de s'arrêter sur cet évènement qui va expliquer la politique suivie par le Président durant les cinq dernières années de son mandat, même s'il a dû composer à partir d'avril 1993 avec le Premier ministre, Édouard Balladur, lors de la période de cohabitation. Cela ne sera pas sans conséquence dans «l'affaire rwandaise».

Le 20 juin 1990, à La Baule, le président Mitterrand prononce un discours majeur lors de la séance solennelle d'ouverture de la 16e conférence des chefs d'État de France et d'Afrique. Il va faire date par l'explicitation d'une volonté d'aide et de soutien conditionnés à une évolution politique plus exigeante. Le Président, dans l'extrait qui suit, positionne clairement la relation entre la France et l'Afrique : «La première question est sous-jacente dans les campagnes qui se développent, un peu partout dans le monde, contre la politique de la France : faut-il que la France renonce afin de ne plus être exposée aux critiques nombreuses qui la frappent? Faut-il qu'elle rapatrie chez elle tous les moyens et qu'elle les consacre à ses ressortissants nationaux? Faut-il qu'elle se replie, faut-il qu'elle cherche en elle-même ses seules ambitions? Je vous dirai ce que je pense de la politique de la France et de la manière dont elle est conduite. Mais je répondrai par avance à cette question : la France est décidée à poursuivre sa politique et donc à aider l'Afrique, quoi qu'il en soit et quoi qu'on en dise. Elle ne se retirera pas de l'œuvre engagée depuis si longtemps et qui, sous des formes différentes au travers de l'histoire, l'a associée à un grand nombre de ces pays. La France restera fidèle à son histoire dont, d'une certaine manière vous êtes, et à son avenir dont vous serez, je l'espère aussi. »

Plus loin dans ce discours qui va définir son action pour les cinq dernières années de son second mandat, il clarifie le sens à donner à la démocratie et « trace un chemin » : « Vraiment, je fais appel à votre raison, et je pense que nous nous connaissons assez pour savoir que rien ne sera fait entre nous en dehors du respect et de la considération que nous nous devons. S'il y a contestation dans tel État particulier, eh bien ! que les dirigeants de ces pays en débattent avec leurs citoyens. Lorsque je dis démocratie, lorsque je trace un chemin, lorsque je dis que c'est la seule façon de parvenir à un état d'équilibre au moment où apparaît la nécessité d'une plus grande liberté, j'ai naturellement un schéma tout prêt : système représentatif, élections libres, multipartisme, liberté de la presse, indépendance de la magistrature, refus de la censure : voilà le schéma dont nous disposons.

Nous en avons discuté plusieurs fois et hier soir encore en particulier. Je sais combien certains défendent scrupuleusement leur peuple et cherchent le progrès y compris dans les institutions. Plusieurs d'entre vous disaient : "Transposer d'un seul coup le parti unique et décider arbitrairement le multipartisme, certains de nos peuples s'y refuseront ou bien en connaîtront tout aussitôt les effets délétères." »

Immédiatement après avoir défini le cadre souhaité, le président Mitterrand fait état des réticences de certains chefs d'État vis-à-vis du multipartisme. Le bras de fer commence pour amener chacun d'entre eux à accepter le multipartisme ou alors à se passer de l'aide de la France.

Le Rwanda

Parmi eux, le président Habyarimana sent que sa politique du peuple rassemblé dans un parti unique va toucher à sa fin s'il a besoin de l'aide du président français. Il ne sait pas que la première offensive de la rébellion organisée et menée par le FPR va débuter le 1er octobre 1990, soit cent jours plus tard. Les relations personnelles entre les deux présidents ont toujours été considérées comme bonnes, et je n'ai aucun élément me permettant de penser le contraire. Le président français connaît l'histoire déjà tragique de ce pays, un temps colonie allemande puis colonie belge avant d'accéder à l'indépendance en 1961, et depuis longtemps en proie à des épisodes de conflits ethniques très violents entre Hutus et Tutsis.

Le Rwanda est grand comme la Belgique avec une densité de population encore plus forte que dans ce pays. C'est dire si ce petit État africain est une double exception en Afrique, avec le Burundi, par la taille et la densité. Les Hutus[6] sont très largement majoritaires, les Tutsis ne représentant que 12 à 17 % de la population. Dans les siècles passés, des conflits n'ont pas manqué de les opposer. Les Rwandais issus d'une union mixte représentent vraisemblablement

6. Il faudra attendre mai 2003 pour que la nouvelle Constitution rwandaise interdise les références ethniques dans la société.

plus de 5 % de la population. Juvénal Habyarimana, au pouvoir depuis 1973, crée le parti unique, le Mouvement révolutionnaire national pour le développement (MRND), en 1978. Une partie des Tutsis, environ deux cent mille, choisit de s'exiler en Ouganda. Des exilés tutsis jettent les bases du FPR en 1987 et s'impliquent dans la lutte de Museveni pour renverser Milton Obote, lequel entretient des campagnes xénophobes contre les Tutsis. À la prise de pouvoir de Museveni à Kampala, Fred Rwigema, président fondateur du FPR, devient son secrétaire d'État à la Défense, puis son conseiller pour la Défense. Paul Kagame est chef de la sécurité militaire, dit-on, plus certainement l'un des chefs des opérations militaires. Ce sont tous les deux des personnages importants et de confiance pour le nouveau président ougandais, qui se sent redevable vis-à-vis d'eux. Les combattants du FPR ont représenté un apport considérable dans la guerre civile qui vient de se terminer; ils sont maintenant disponibles et prêts à mener leur offensive vers Kigali avec le soutien bienveillant de celui qui vient de prendre en main les destinées de l'Ouganda. Ils constituent l'Armée patriotique rwandaise (APR), dépendant du FPR. Sur le plan politique, les Américains apprécient Museveni, qui engage son pays dans une voie de développement conforme aux exigences du Fonds monétaire international (FMI) et de la Banque mondiale. Ce très bon élève aura et conservera donc leur soutien.

Depuis la chute du mur, de nouvelles cartes sont distribuées et la partie va donc se poursuivre. Les rapports de force se dessinent autour d'une question clé : faut-il ou non soutenir un État souverain en butte à une tentative de déstabilisation menée de l'étranger?

Les débuts d'une rébellion

La première offensive du FPR est lancée le 1er octobre 1990. C'est le début de la guerre civile. La communauté internationale est focalisée à ce moment-là sur l'invasion du Koweït par les troupes de Saddam Hussein, et le raid du FPR en direction de la capitale peut réussir. Ce dernier est déclenché à partir du nord-est du pays, dans une zone peu peuplée où le grand parc de l'Akagera permet une approche discrète et rapide de colonnes de véhicules. Néanmoins, les quelques forces de l'armée rwandaise réagissent, tout en perdant rapidement du terrain. Le 2 octobre, le chef du FPR, Fred Rwigema, est tué dans des conditions obscures lors d'un affrontement, ce qui est forcément un coup dur pour ses partisans. Les chancelleries s'émeuvent de cette tentative de renversement par une action armée menée de l'étranger. Trois mois après le discours de La Baule, la Belgique, la France, le Zaïre ne peuvent rester sans réagir. Sur place, quelques conseillers militaires français et belges essayent de soutenir les Rwandais dans leurs efforts pour établir une défense ferme face aux assaillants. Dans le même temps, les grandes capitales décident de répondre positivement aux demandes du président rwandais en préparant une projection de forces, symbolisant leur détermination à ne pas laisser réussir ce coup de force venu de l'extérieur.

Le 4 octobre, un détachement français de 300 hommes est projeté à Kigali. Il doit permettre de sécuriser l'évacuation des ressortissants français et, de façon indirecte, d'envoyer un message clair aux attaquants pour leur signifier la détermination de la France. Ces éléments sont l'amorce d'une opération qui va durer presque trois ans et qui prend le nom de Noroît. Dans le même temps, les Belges envoient un détachement pour faciliter l'évacuation de leurs propres ressortissants, mais ne le maintiendront pas sur place. C'est une différence importante avec la position française. Mobutu réussit, difficilement, à projeter une brigade d'infanterie en soutien direct de l'armée rwandaise, qui a fini par bloquer puis refouler le FPR et donc sa branche armée, l'APR. Cette brigade zaïroise repartira rapidement sans laisser derrière elle une bonne réputation.

L'armée rwandaise, forte de 10 000 hommes, s'est révélée totalement insuffisante pour remplir toutes ses missions de défense, et le gouvernement rwandais décide d'en doubler l'effectif en un an. Un effort considérable est demandé aux quelques dizaines de coopérants militaires français et belges. Pour accélérer la préparation opérationnelle des unités, un détachement d'assistance militaire et d'instruction (DAMI) d'une trentaine de parachutistes du 1er régiment de parachutistes d'infanterie de marine (RPIMa) est installé à Kigali et dans le nord-est du pays.

En décembre 1990, une seule compagnie française (150 hommes) reste présente à Kigali. C'est la mise minimale pour maintenir l'affichage du soutien apporté aux autorités légales du Rwanda. Elle rassure aussi les expatriés français et étrangers, de même que nos coopérants civils et militaires. Sur un plan politique, le message est donc clair, mais en termes de stratégie militaire, la mise est faible et le risque, plus grand. C'est une source de préoccupation pour le CEMA de l'époque, le général d'armée Maurice Schmitt, qui, à juste raison, est plus investi dans la phase préparatoire de la guerre du Golfe. Laquelle va nécessiter d'importants moyens opérationnels des trois armées.

Le FPR/APR, déconfit, doit se trouver un nouveau chef de guerre pour l'APR. Le major Kagame s'impose comme la personnalité la plus remarquable. Il rentre d'un stage de formation aux États-Unis, où il a fait forte impression. De son côté, le président Habyarimana vient de connaître une chaude alerte et a compris les conditions d'un soutien de la France. Si les Rwandais sont logiquement au cœur de leur affrontement mutuel, un jeu de go international, politique et militaire commence. Il va durer plus de trois ans et demi et se terminer pour les Rwandais dans l'apocalypse.

Tel est à peu près l'état de la situation un an après le début des actions armées, quand j'arrive à l'état-major des armées, à Paris, lequel a bien d'autres préoccupations que la situation au Rwanda.

Rwanda ou « Le pays des mille collines »

OUGANDA
Kagitumba
LAC BUNYONYI
Nyagatare
Kabale
TANZANIE
Ngarama
UHONDO
Byumba
LAC MUJUNJU
Kinhire
Murambi
LAC MUHAZI
LAC LHEMA
Kayonza
Kigali
Kabuga
Rwamagnana
LAC RWANPANGA
LAC BURUGI
LAC MUGESERA
ma
Kinazi
Kibungo
LAC SAKE
Kirehe
Ngenda
za
LAC RWUERU
Ngara
BURUNDI
Bharamulo
Kirundo
Nyakahura
Muyinga

Chapitre 2 – Arrivée à l'état-major des armées (septembre 1991)

De Djibouti à Paris

Au printemps 1991, la coalition internationale vient de remporter un beau succès face aux troupes de Saddam Hussein, qui n'a plus eu qu'à suivre les injonctions américaines. On sait que ce premier round ne satisfera personne et, après quelques provocations en matière de contrôle d'armement, Saddam Hussein verra déferler, douze ans plus tard, toute la puissance d'une nouvelle coalition sans complexes ni scrupules, dont la France ne fera pas partie, comme chacun le sait.

J'ai demandé à servir à Paris pour des raisons professionnelles – je sais que l'on traite de l'essentiel en état-major – et personnelles au moment où mes enfants arrivent en études supérieures. Finalement, j'apprends que je suis affecté à l'état-major des armées (EMA), qui plus est au centre opérationnel des armées (COA[7]), dont les opérations sont la raison d'être. Tout ceci me convient très bien. Je me présente donc début septembre 1991 à mon nouveau chef direct, le colonel Michel Kreher, chef de la cellule

7. Qui va devenir COIA, centre opérationnel interarmées, en 1994.

Afrique-opérations, qui est installé dans un bunker souterrain du boulevard Saint-Germain. Je connais bien cet officier de Légion, intelligent et subtil pour ne pas dire par moments malicieux. Dans le même bureau, je trouve aussi le colonel Neau, que j'ai beaucoup apprécié au Liban en 1978, quand nous étions des « capitaines fougueux ». La situation en Afrique est très agitée et ils sont tous penchés sur des cartes ou accrochés à des téléphones. À juste titre, Kreher me dit : « C'est fini, l'opération Godoria, mais maintenant les choses sérieuses commencent tout de suite, prends la carte du Zaïre ! »

J'exécute avec plaisir, mais le lendemain matin, je reçois un appel du général Dominique Viard, que j'avais également connu en mai 1978, au Liban, lorsqu'il avait succédé au colonel Salvan, très grièvement blessé par les Palestiniens. Il demande que je vienne le voir sans délai, dans les étages, pas très loin du bureau du CEMA.

« Delort, je quitte le service actif ce mois-ci et je viens de discuter avec l'amiral Lanxade, qui a pris ses fonctions récemment. Il veut avoir un expert Afrique avec lui, je m'en vais, je lui ai proposé de vous prendre. » Je tombe des nues.

« Mon général, j'ai servi six ans en Afrique sans compter les opérations et autres missions. J'ai aussi pas mal voyagé et suis même né à Alger, mais je ne me considère pas comme un expert.

— Je sais, mais je vous connais. Il y a une grande part de politico-militaire où vous devriez faire l'affaire. De toute façon, le poste n'est pas défini et vous verrez avec l'amiral. Vous irez demain matin au briefing que vient d'instituer le CEMA, dans une salle du COA, avec un comité très réduit ; c'est à 8 h 15. Après je disparais et vous vous installez dans mon bureau, me dit-il en bourrant sa pipe, à une époque où c'était encore possible.

— Merci mon général, cette fonction me semble aussi formidable qu'inconnue en tout. »

J'avoue avoir senti que tous mes repères traditionnels risquaient de disparaître dans ce poste particulier. Le plus dur fut d'annoncer à mon ancien et amical Kreher qu'aussitôt arrivé, je le quittais. Il a ouvert de grands yeux, réfléchissant à une formule de son cru pour traduire ma grande impertinence et tous les dangers à venir.

Deux jours après mon arrivée à l'EMA, je me retrouve donc dans une petite salle du COA avec le général Fleutiaux, chef respecté du centre d'exploitation du renseignement militaire (CERM) – ancêtre de la direction du renseignement militaire (DRM) –, le diplomate conseiller diplomatique du CEMA, le général sous-chef opérations, le général Douin, puis arrive l'amiral Jacques Lanxade. Je ne l'ai jamais vu, il ne semble pas surpris de me voir là et m'aborde avec un demi-sourire et un regard qui décortique sans méchanceté. Nous nous asseyons, le général Fleutiaux commence…

J'ai immédiatement le sentiment que ma position est trop exceptionnelle pour ne pas me coûter instantanément l'inimitié de beaucoup de ceux qui en auront connaissance, colonels ou généraux, souvent à l'affût d'une rencontre avec le premier des militaires. Méconnaissance, jalousie, rancœur, d'un côté ; de l'autre, une aventure inconnue mais déjà passionnante. Cette position anormale – en particulier pour le général major général de l'EMA[8] de cette année-là

8. GMG, n° 2 de l'état-major des armées.

– et non voulue d'un jeune colonel, certains chercheront à me la faire payer, ils y arriveront, un peu, mais qu'importe ! Je le pensais alors et je le pense toujours.

L'amiral Jacques Lanxade, CEMA

L'Amiral[9] a eu le temps de réfléchir à son rôle en tant que CEMA dans sa dernière fonction de chef de l'état-major particulier du Président de la République, François Mitterrand. Lors de la montée en puissance de la coalition face à Saddam Hussein durant la période allant d'août 1990 à février 1991, il a joué un rôle important entre le Président, les alliés, le ministre de la Défense, en délicatesse, et le CEMA de l'époque, le général d'armée Maurice Schmitt. Il a eu notamment à expliquer sur un média national majeur, fait rarissime, la position de la France à quelques jours du déclenchement de la bataille. Je vais vite comprendre qu'il souhaite dans son rôle de CEMA garder cette proximité avec l'autorité politique. À bien comprendre, on agit beaucoup mieux. Pour lui, les armées n'ont pas qu'un rôle d'exécution « en force », mais doivent mieux connaître, anticiper, diriger, agir donc « en force ou en souplesse ». Ce ne sont pas de vaines idées puisqu'il va créer assez rapidement de grands organismes comme la DRM, le commandement des opérations spéciales (COS) et l'état-major interarmées de planification (EMIA), et que le COA deviendra le centre opérationnel interarmées (COIA). Plus puissant, il sera un remarquable outil capable de conduire toutes les

9. Dans le présent ouvrage, l'amiral Jacques Lanxade sera généralement appelé « l'Amiral » ou « le CEMA ». Dans la marine, il s'agit d'un officier général cinq étoiles portant rang et appellation d'amiral.

opérations et de générer en temps réel les indispensables explications politico-militaires par le biais notamment de fiches de grande qualité.

Cet officier général particulièrement intelligent est aussi habile à détecter les centres de pouvoir dans les ministères voisins, comme celui des Affaires étrangères ou celui des Finances. Sa grande mémoire lui permet d'enregistrer beaucoup d'informations diverses et de gérer plusieurs puzzles aussi différents que la situation dans les Balkans, la relation avec l'OTAN ou les principaux problèmes africains. La liste exacte est évidemment beaucoup plus longue. Il possède également une grande capacité d'écoute alliée à une capacité inégalable de déchiffrer des subtilités du message. Il porte aussi une grande attention à des fiches courtes des officiers de son état-major, qu'il annote de quelques mots et au minimum d'un remerciement, signe de son habituelle courtoisie.

Dès nos premiers échanges, je fais une analyse pas très éloignée de ce que je viens d'écrire même si à ce moment-là, je n'ai aucun recul pour être affirmatif. Le courant passe et la première année ne va comporter aucun nuage dans cette relation singulière. Il est certain que cette confiance requiert une disponibilité totale, à la limite de la résistance physique. Tout cela lui paraît naturel et la simple contrepartie inhérente au rôle. Le poste officieux de « Monsieur Afrique », puisque c'est ainsi qu'il l'appelle, est hors normes et les occasions de se tromper sont légion. De nos premiers entretiens, il ressort que l'Amiral attend que je lui donne des informations intéressantes, qui ne sont pas valorisées par les responsables du renseignement et des opérations, mais qui ont néanmoins de l'intérêt pour son action. Il tient à ce que je surveille tel ou tel dossier au croisement de plusieurs services et il attend de moi que je sois, si nécessaire, le messager de sa pensée – *missus dominicus* – auprès d'autorités étrangères ou françaises, et ceci bien sûr dans ma zone d'action. Il espère également le développement de contacts avec les grands acteurs économiques œuvrant sur le continent.

En deux ou trois semaines, j'ai conscience de ses attentes, qu'il précise à l'occasion de son premier voyage officiel, à Tunis, début octobre. Dans le Falcon 20, il me livre une longue explication de sa vision des relations internationales, en débutant par l'Afrique du Nord, qui le préoccupe beaucoup. Il a décidé de commencer ses visites par Tunis avant de se rendre au Maroc, qu'il connaît très bien, afin que l'Algérie n'en tire pas des conclusions erronées. Assez curieusement, il me tiendra toujours à l'extérieur des problèmes algériens, qui ne vont pas cesser de se développer. La guerre civile va beaucoup préoccuper les autorités françaises durant toute cette décennie. L'Amiral décrit toujours les rapports de force au regard des objectifs des uns et des autres. Les premières semaines, je passe beaucoup de temps à apprendre, mais il va falloir très rapidement rapporter des éléments qui l'intéressent.

Première réunion

Il n'est ni possible ni raisonnable de relater toutes les réunions du petit matin, mais la diversité apparaît bien dès la toute première à laquelle j'ai participé. J'ai noté quelques lignes, volontairement succinctes et résolument ésotériques, c'était le 12 septembre 1991.

L'Amiral parle de la conférence de presse concernant les missiles Hadès (missile nucléaire terrestre français de l'époque), « s'en tenir strictement à ce qu'a dit le Président. Pour l'UEO [Union de l'Europe occidentale], ce dernier verra le Chancelier au sommet de Rome. »

Le général Fleutiaux, en charge du renseignement enchaîne : « Un hélicoptère a été tiré en Yougoslavie ; possible extension de la Serbie à la partie serbe de la Bosnie. » Il évoque très rapidement des points sur la Moldavie et les relations avec l'URSS. Suivent des flashs sur Israël, Irak, Niger, Gabon, Liban, Tchad. Puis le général Fleutiaux annonce « qu'un avion Fokker a été touché [?] par un missile au Rwanda et qu'il faut faire attention aux SA 16 du Front patriotique rwandais[10] ». L'Amiral se tourne vers moi et me dit de suivre les ventes d'armes en Afrique, notamment pour les missiles, ce que je ferai en prenant contact avec l'officier chargé de ce sujet à l'EMA, le 4 octobre suivant. Évidemment, le colonel T. ne peut pas suivre les ventes étrangères. Je suis sensibilisé à cette question : douze ans auparavant, le 5 mars 1978, la force à laquelle j'appartenais avait récupéré 34 missiles SAM 7 après des combats à Abéché, au Tchad, contre une colonne pro-libyenne ! Déjà !

Le général Fleutiaux demande au CEMA son accord pour la mise en place d'une liaison chiffrée avec nos observateurs en poste dans la force de l'ONU au Sahara occidental (MI-

10. Je retrouve cette note personnelle à l'occasion de l'écriture de ce livre. Elle a été écrite presque trois ans avant un tir de missile désastreux pour ce même pays ! On ne reviendra pas sur cet incident, je n'ai pas eu d'autres précisions sur cette information. La menace des SA 16 va persister, sourde, sans plus. Elle sera de nouveau évoquée à Kigali fin décembre.

NURSO, Mission des Nations unies pour l'organisation d'un référendum au Sahara occidental) ; il l'obtient « mais à faire discrètement ». La conversation s'oriente, avec la participation du conseiller diplomatique, sur les postes à responsabilité au sein des Nations unies.

Le CEMA donne son accord au général sous-chef opérations, le général Douin, pour que l'on facilite l'accueil de ressortissants français et étrangers en provenance du Zaïre et ceci à Brazzaville. Il parle ensuite de la visite des ministres Dumas et Joxe au Cambodge et des orientations possibles. Il aimerait connaître le but de l'envoi de 800 soldats italiens en Albanie. Le sous-chef opérations parle de difficultés pour trouver des experts à envoyer au Koweït et glisse ensuite sur la vente de chars Leclerc aux Émirats arabes unis (EAU).

Quand l'Amiral lève la séance, qui dure généralement entre trente et quarante-cinq minutes, j'ai l'impression que toutes les pendules sont à l'heure et que chacun connaît les préoccupations du « Pacha » et dans quel cadre général il agit. Voici donc mes toutes premières notes, elles seront toujours très sibyllines et de plus en plus ésotériques.

Il en sera ainsi pendant des mois, tous les jours de la semaine et parfois le week-end, sauf quand le chef est en déplacement à l'étranger, mais dans ce cas, c'est généralement le sous-chef opérations qui fait le point. Cette configuration réduite sera destinée à évoluer pour intégrer quelques acteurs supplémentaires, dont l'officier général chef du COA. Manifestement, l'Amiral ne peut et ne veut livrer ses analyses politico-militaires et ses préoccupations qu'à un nombre réduit de personnes ; à elles de faire redescendre si nécessaire. Ce système m'a permis de ne jamais être pris à contre-pied, position aux conséquences pas nécessairement mineures.

Nous sortons de la petite pièce, au cœur du PC souterrain, dont l'entrée est filtrée par des gendarmes rigoureux. La lumière est vive, comme partout, les bruits sont amortis par la moquette, aux murs quelques tableaux ou photos militaires, tout est très net. Le dédale de corridors menant à des salles encombrées d'appareils divers, de téléphones, de tables et de chaises, laisse l'impression d'un lieu patiné par l'usage, très opérationnel certes, mais où il fait bon travailler. La température est uniforme, la ventilation discrète, jour et nuit. Des odeurs de tabac par moments, quelques officiers penchés sur leurs messages ou un téléphone à l'oreille fument, on n'en fait pas un drame. Nous sommes au centre d'un cerveau surmultiplié, qui ne ralentit qu'au creux des nuits calmes, quand seuls les officiers de quart travaillent inlassablement devant leurs écrans lumineux. Ils sont reliés à toutes nos forces en mission dans le monde. Je ne savais pas que j'y passerais bientôt des années.

Les centres d'expertise

Assis dans mon nouveau bureau, qui donne sur le boulevard Saint-Germain, au deuxième étage de cet immeuble prestigieux mais austère et noirâtre – depuis, l'état-major s'est déplacé à Balard –, je fais un rapide point de mes moyens : un téléphone puis rapidement un autre « chiffrant ». Pas d'internet ni de téléphone portable à cette époque et pas de messagerie électronique (elle arrivera un an plus tard). Bien sûr du papier et une armoire blindée. Je vais pouvoir lire les liasses de messages qui circulent dans la « division des relations extérieures » de l'EMA, laquelle est commandée par le contre-amiral Moysan, officier intelligent, très travailleur et sévère d'aspect. Évidemment, je suis preneur chaque jour des télégrammes diplomatiques et des messages des attachés de défense en poste en Afrique. Tous ces messages doivent être lus rapidement pour retenir ce qui est intéressant sans faire double emploi avec ce qui remonte du renseignement militaire ou des opérations en cours. Je m'aperçois vite que l'Amiral est plus attentif aux remarques, déductions ou éventuellement avis que je peux formuler qu'aux faits eux-mêmes. Mieux comprendre pour mieux anticiper, voire prévenir.

En cet automne 1991, je fais la connaissance des « Africains », en d'autres termes de ceux avec qui je vais être très souvent en contact pour échanger, travailler, proposer. Je retrouve le colonel Kreher, patron de la cellule Afrique au COA, dont j'ai déjà parlé. Nous nous verrons presque tous les jours. Mon contact au ministère de la Coopération est le colonel Philippe Capodanno. J'ai servi sous ses ordres en Allemagne vingt ans plus tôt ; officier ayant un humour acide, je le respecte notamment pour ce qu'il m'a appris quand j'étais lieutenant. Il est l'adjoint du général Jean Varret, personnalité forte et susceptible, qui sera un contact régulier sur le dossier qui nous occupe. Au cabinet du ministre de Pierre Joxe, c'est le colonel Michel Fruchard qui est l'homme clé pour l'Afrique : doué, parachutiste et remarquable dessinateur, il a lui aussi un humour ravageur. Le quatrième colonel – et, de fait, le plus important – est le colonel Jean-Pierre Huchon, qui est membre de l'état-major particulier du Président de la République, dont le chef est le général Christian Quesnot. C'est un « officier d'avenir », déterminé et secret, parachutiste lui aussi, ancien chef de corps du 1er RPIMa. Il est de la même génération que les autres, entre cinq et sept ans de plus que moi, en âge et en grade. Ce dernier point a évidemment de l'importance dans un monde normé comme le nôtre. Je leur téléphone souvent, eux régulièrement, j'y trouve mon compte, eux aussi. Nous nous verrons fréquemment en réunion, toujours chacun dans son rôle.

Ces officiers ont une grande compétence, elle est rare à ce niveau, tous ont servi en Afrique plusieurs fois et ont acquis un savoir exceptionnel, j'écris ce mot même avec plus de vingt-cinq ans de recul. Ils sont très – très – peu nombreux en état-major à cette époque à pouvoir rivaliser avec eux. Chacun défend sans faillir les positions de son autorité ou la fait connaître, mais tous ont le même objectif du service des intérêts de la France.

À moi ensuite de développer mon réseau avec un effort particulier vers les responsables de la direction des affaires africaines et malgaches du ministère des Affaires étrangères. Ce sont des relations purement professionnelles, mais je n'en ai pas de mauvais souvenirs : parfois de l'élégance toujours de la politesse, aucun coup bas en tout cas. Il en est de même avec certains responsables de grands groupes économiques ayant des intérêts en Afrique. Ces derniers contacts sont plus rares, et ce sont eux qui les recherchent quand ils sont nécessaires, en particulier pour la sécurité de leurs agents.

Me voici parti comme conseiller Afrique, « Monsieur Afrique ». Je ne sais pas combien de temps je vais tenir à ce poste, mais j'ai décidé que toute mon énergie allait être consacrée à l'action et non pas à l'introspection. Je vais avoir

45 ans à la fin de l'année, j'ai la chance d'avoir une fonction hors normes qui va me permettre de voyager utilement et de rencontrer des autorités pour mieux comprendre les crises. Le « colonel », chef de corps d'un très beau régiment à Djibouti moins de deux mois auparavant, s'estompe ; un autre rentre tardivement chez lui en marchant rapidement dans les rues de Paris, bonne occasion pour se vider la tête et retrouver toute l'attention due à sa famille.

Chapitre 3 – Une crise parmi d'autres ? (novembre-décembre 1991)

La France a d'autres préoccupations

En ce début d'automne 1991, la priorité de l'Amiral est naturellement la situation dans les Balkans. On parle encore de la Yougoslavie, mais déjà plus souvent de la Slovénie, de la Croatie, de la Serbie et bientôt de la Bosnie, du Monténégro et plus tard du Kosovo. Il faudrait que les Européens s'engagent sans tarder pour stabiliser la région, mais l'Amiral se rend vite compte, au contact de ses homologues, que personne n'est prêt à y envoyer des forces. François Mitterrand et Helmut Kohl pourraient prendre une initiative commune et le principe d'une force d'interposition est acquis, mais personne ne veut fournir de forces. C'est évidemment une déception et il va falloir s'orienter vers une solution reposant sur l'ONU. Si la légalité de l'action, une fois décidée par le Conseil de sécurité, est un atout majeur, force est aussi de constater que les unités de maintien de la paix ont été souvent entravées par des règles qui limitent leur engagement et l'emploi des armes. Le fameux « chapitre 7 », qui est plus clair sur l'emploi des moyens militaires dans le but de remplir la mission assignée, n'est pas à cette époque d'usage. C'est donc cependant vers une force de l'ONU que l'on s'oriente et, pour faire court, quelques années plus tard, constatant son impuissance, il faudra faire appel à l'Organisation du traité de l'Atlantique nord (OTAN). C'est évidemment une affaire majeure mais aussi une illustration des avantages et inconvénients des forces de maintien de la paix, qui sont cependant, en cette année 1991, très réclamées par les diplomates. Elles s'engagent sous pavillon bleu au Cambodge et en Somalie, en plus des Balkans, et entretiennent ailleurs leurs contingents, notamment celui implanté au Liban depuis 1978.

La situation au Zaïre continue de se dégrader en cette fin septembre et même la brigade parachutiste se mutine. On pense évacuer nos ressortissants tout en augmentant les contacts avec les Belges, qui voient avec regret leur influence s'effondrer dans cet immense pays. Déjà se tiennent des cellules de crise au Quai d'Orsay, où s'échangent les points de situation des diplomates et des militaires, généralement en présence de représentants de l'Élysée, civils et militaires. Des milliers de ressortissants étrangers, dont 500 Français, passent le fleuve Zaïre. Dans les principales villes du pays, les militaires français et belges organisent l'évacuation de leurs ressortissants et aussi de bien d'autres pays qui demandent en catastrophe à la France de bien vouloir le faire pour eux. Nos unités sont présentes un moment à Kisangani, Kolwezi, Kinshasa et aussi Brazzaville.

La crise rwandaise, qui dure déjà depuis plus d'un an, est peu connue et ne semble pas soulever d'intérêt particulier chez la plupart des officiers et diplomates qui ont à traiter de la situation en Afrique, particulièrement agitée à cette époque. L'attention de l'Amiral est concentrée sur les Balkans, où la situation se dégrade de plus en plus, et je comprends que dans ses autres priorités figurent les pays où sont stationnées des forces françaises.

Depuis le début de l'automne, Djibouti connaît des troubles qui risquent de déstabiliser ce petit pays parfaitement situé dans la Corne de l'Afrique. La France y entretient une base interarmées importante depuis l'indépendance, en 1977, du Territoire français des Afars et des Issas. Ayant quitté le commandement de mon régiment à Djibouti en août dernier, je comprends immédiatement l'importance et la difficulté de la gestion de la crise qui s'amorce. Le pouvoir djiboutien est confronté à une opposition qui vient de passer à l'action armée. Profitant de la déroute de l'armée éthiopienne de Mengistu, dont une grande partie a été désarmée quand elle a voulu traverser le pays en mai, des éléments du Front pour la restauration de l'unité et de la démocratie (FRUD) ont récupéré de l'armement. Le FRUD, assez bien implanté dans le nord du territoire – composé en grande majorité d'Afars, l'un des deux groupes ethniques –, relance ses revendications multiples. Il estime que le pouvoir est concentré dans les mains du président Hassan Gouled Aptidon, en place depuis l'indépendance en juin 1977, soutenu par le puissant directeur de cabinet Ismaël Omar Guelleh (l'actuel président). Le FRUD a lancé des opérations militaires limitées contre les forces de l'ordre djiboutiennes et, de fait, la moitié du pays n'est plus sûre. Les autorités djiboutiennes ont rapidement demandé un soutien français, y compris militaire, de nature comparable à ce qui avait été fait en mai et juin lors de l'opération Godoria. La réponse est négative tant les conditions sont différentes. La tension monte du côté djiboutien et tout prétexte est bon pour nous soupçonner de double jeu.

Du côté français, il n'est pas question de s'engager militairement contre cette opposition armée qui défie le pouvoir sur une partie du territoire. Les diplomates français travaillent à l'apaisement et le ministère de la Coopération poursuit une action de coopération militaire en évitant que les coopérants soient entraînés dans les zones d'accrochage par les forces qu'ils soutiennent. L'Amiral a donné des ordres pour que les forces françaises restent en dehors du conflit interne et donc limitent leurs activités de déplacement et, *de facto*, d'instruction. L'idée générale commune chez les Français est de faciliter la reprise d'un dialogue entre les parties. Des cellules de crise se tiennent au Quai d'Orsay et il est décidé à deux reprises en novembre d'envoyer des émissaires pilotés par Paul Dijoud, directeur des affaires africaines et malgaches au ministère des Affaires étrangères, auprès des autorités djiboutiennes. Les représentants de l'Élysée et du ministre de la Défense sont les colonels Huchon et Fruchard, et l'Amiral me désigne pour les accompagner. Il tient à être parfaitement informé de l'évolution de cette crise. Mais l'objet de ce livre n'est pas de raconter cette gestion de crise, avec ses hauts et ses bas, qui débouchera un an plus tard sur un retour progressif à l'ordre et au calme sur le terrain, même si ce n'est pas le cas dans les esprits. Il n'y aura pas eu de drame sanglant majeur entre les différentes ethnies composant la population de la République de Djibouti. En cette fin d'année 1991, c'est la préoccupation principale en Afrique.

Un bas niveau de bruit

Début novembre, les messages de notre attaché de défense à Kigali font état d'accrochages nombreux près de la frontière. Le FPR ne tient que très peu de territoire rwandais (peut-être moins de 5 %) et ses éléments sont à cheval sur la frontière, ses implantations comme ses appuis (mortiers) sont en Ouganda. Des tirs de mortier s'abattent sur les gouvernementaux, incapables de situer correctement les points de départ. Ils souhaiteraient des radars de trajectographie, technologie récente, qui permettraient de positionner les pièces adverses. Je sais que l'armée française n'en dispose pas, donc rien à attendre de nous.

Le 25 novembre, des attentats sont commis à Kigali et évidemment l'inquiétude monte dans les communautés expatriées, notamment belge et française. Sur place, le président Juvénal Habyarimana, qui assume le commandement de l'armée, ne voit pas trop ce qui se passe. À la mi-décembre, il demande à un colonel du ministère de la Coopération, ancien attaché de défense à Kigali, en déplacement sur place, de lui donner son opinion. Je note ce fait : il m'apparaît que le retour d'informations dans l'armée rwandaise doit être faible pour qu'il interroge ainsi un étranger – français – qui ne s'est pas rendu sur le « front ». Quelques jours plus tard, le général Varret me téléphone pour m'annoncer que la Coopération offre trois radars RASURA aux Rwandais. Ce sont de petits radars d'infanterie[11] qui « éclairent » à 1 500 mètres. Le général Varret est le chef de la coopération militaire, homme vif et intelligent. Il est aussi très jaloux de son autorité et méfiant vis-à-vis de tous les autres officiers, notamment ceux issus des troupes de marine, qui suivent le dossier. En 2018, il écrira un livre dans lequel il délivre lui aussi son témoignage sur l'affaire

11. D'une valeur globale de 163 000 francs français (environ 24 850 €).

rwandaise. Quelques années auparavant, il était venu me voir pour m'entretenir de son projet et de ce qu'il voulait dire. Je ne l'avais pas encouragé, craignant plus d'amertume que d'objectivité ; il décida d'écrire. Je fais de même maintenant et j'ai dit pourquoi.

L'Amiral nous prévient qu'il ira passer les fêtes de Noël auprès de soldats français, et il a décidé que ce serait à Kigali. Quelques jours avant le départ, je descends au COA pour faire le point avec la cellule Afrique sur notre présence militaire au Rwanda, outre les coopérants militaires qui sont sous le contrôle du général Varret. Le colonel Kreher me donne une fiche sur le détachement du 1er RPIMa appelé DAMI (détachement d'assistance militaire et d'instruction), composé d'une trentaine de parachutistes au total, dont une dizaine forme tactiquement des unités rwandaises dans le nord-est du pays, à Gabiro. Je sais que ces parachutistes sont parfaitement entraînés à mener des missions en tout petit contingent et que, sans être dans la zone des combats, ils en sont non loin, ce qui nécessite prudence et réactivité si la situation venait à se dégrader localement. Il me parle aussi de l'originalité de son rattachement opérationnel, qui le place sous l'autorité du général Varret et non du CEMA, le commandant opérationnel unique de toutes les forces françaises et évidemment sur tous les théâtres d'opérations. Mais nous ne sommes pas sur un théâtre d'opérations classique, même si le pays connaît une rébellion armée. Je sais que ce genre de subtilité n'est pas trop du goût de l'Amiral, qui est responsable de tout, par fonction, et qui visera à corriger progressivement cette distorsion, là comme ailleurs. Cette logique me paraît évidente, même si elle doit écorner des habitudes. Je serai amené à revenir sur ce point.

Kigali, premiers contacts

Avant de se poser à Kigali, le Falcon 50 de l'Amiral est passé par Brazzaville. Nous restons moins de vingt-quatre heures, marquées par une visite au président Sassou N'Guesso (toujours président). Sur le perron de la présidence, nous croisons le président d'Elf, Loïk Le Floch-Prigent. Les deux autorités françaises échangent quelques très rapides mots de courtoisie. Le président congolais est en pleine forme même si son pays est instable, traversé par des rivalités de clans, et incapable de se débarrasser des clichés communistes. Tout ceci n'interdit pas la mise en valeur de ressources pétrolières prometteuses qui devraient permettre la sécurité puis le développement. Le mur de Berlin ne s'est effondré que deux ans plus tôt et il est opportun que les Occidentaux, en l'occurrence surtout la France, réactivent déjà des liens anciens.

La première personnalité rencontrée à Kigali est l'ambassadeur de France, Georges Martres. J'aurai l'occasion de le voir un certain nombre de fois au cours des dix-huit mois suivants, et je peux écrire que ce diplomate était chevronné, pondéré, lucide, et tout autant soucieux de respecter la ligne politique qui lui était fixée par son ministère. Sa très grande disponibilité vis-à-vis de tous ses interlocuteurs, dans une situation qui allait être de plus en plus difficile, est à souligner. Un ambassadeur de terrain en pays difficile.

L'Amiral rentre tout de suite dans le sujet : « Le Président a presque un faible pour Habyarimana… » Il explique succinctement que le Président a très certainement conscience de la difficulté à diriger un petit pays en proie à une rébellion tout en essayant de respecter les critères de La Baule.

L'ambassadeur, d'une voix calme, explique que la diaspora tutsie en Ouganda est très puissante : « Cette diaspora présente mal le Rwanda et évidemment les autorités gouvernementales. RFI [Radio France internationale] se fait le relais de ces affirmations, lesquelles sont très écoutées au ministère de la Coopération. » L'attaché de défense, le colonel de la gendarmerie Bernard Cussac, prend la suite pour expliquer que « les forces gouvernementales manquent de mordant face au FPR ». Nous devons comprendre que les Forces armées rwandaises (FAR) sont incapables de faire plier le FPR/APR, encore moins de le détruire. Nous en saurons plus un peu plus tard.

L'Amiral revient sur l'organisation du commandement français. Pour lui, tous les militaires, coopérants ou non (DAMI, ces derniers étant peu nombreux, il est vrai), devraient prendre leurs ordres de l'attaché de défense, lequel dépend du CEMA. Il sait parfaitement que cette évolution n'est pas acquise et que le ministère de la Coopération n'a pas du tout cette vision, d'autant plus que l'attaché de défense est aussi le chef de la mission militaire de coopération dans le pays.

L'ambassadeur décrit les évolutions politiques en cours en commençant par le multipartisme et l'existence d'une opposition à l'ex-parti unique, le MRND. Il souligne que l'opposition n'est plus contre une présence militaire française, mais que ce n'est pas une position inconditionnelle. Les partis d'opposition n'ont pas de programme militaire et il conclut sur une prédiction : « Le pays risque de sombrer dans beaucoup de désordres. » Il ne pensait certainement pas à un génocide, mais très certainement à des périodes sanglantes de massacres mutuels comme le Rwanda et le

Burundi voisin en ont déjà connu. On comprend aussi l'importance d'une action de la France pour faciliter une sortie de crise. Ce n'est pas une position spécifique au Rwanda ; la France conduit la même politique dans de nombreuses zones de crise. Évidemment, pour les médias et l'opinion publique, le Rwanda ne soulève pas le même intérêt que l'ex-Yougoslavie. Très loin de là !

Nous quittons l'ambassade de France pour rejoindre le quartier général des FAR. L'accueil est sobre et l'officier chargé des opérations fait une présentation de la situation militaire devant tous les chefs alignés, dont le chef d'état-major adjoint rwandais, le colonel Serubuga, que je trouve très fermé, « fade » et peu charismatique. Le président Habyarimana est le véritable chef de l'armée, mais a-t-il le temps de remplir le rôle qu'il s'est donné ? Je découvre aussi des officiers qui sont différents des Tchadiens, Sénégalais, Djiboutiens avec qui j'ai déjà travaillé. Rien d'anormal, je me fais la même observation en considérant les Britanniques, Américains, Allemands ou autres Européens. Sont-ils compétents au Rwanda ? Je n'en suis pas persuadé sur l'instant. Un point commun pour les Africains cités : ils sont tous francophones, c'est un lien fort, qui pourrait le reprocher ? Je suis tout de même agréablement marqué par la clarté de l'exposé du chef des opérations ; le fond est préoccupant : « L'ennemi [FPR/APR] dispose de 13 bataillons, d'environ 300 hommes chacun. Il est équipé de mortiers lourds de 120 mm et également de mortiers de 82 mm. Depuis le début des combats, il aurait perdu 5 000 [?] hommes et déploré beaucoup de blessés. Beaucoup de chefs ont été tués. Le FPR n'a pas de positions permanentes au Rwanda. De notre côté, nous avons eu environ 500 tués et 800 blessés. Des unités sont éprouvées, dont l'escadrille d'hélicoptères et le bataillon de reconnaissance. Le moral des troupes est bon et la population nous est très favorable dans les zones de combat. Ce qui est certain, c'est que l'armée doit recruter pour faire face à une attaque massive de l'APR. Le problème, c'est que nous manquons de cadres pour de nouvelles unités et il faudrait les former à Gabiro ou ailleurs. Il nous manque de l'équipement dans bien des domaines, en particulier les transmissions, question évoquée au plus haut niveau des deux pays. Des stages de pilotes, des cadres blindés et des parachutistes sont demandés en priorité… » L'Amiral écoute, mais ne répond pas sur le fond.

Dans la soirée, il aura des entretiens, auxquels je ne participerai pas, avec le président Habyarimana puis, plus discrètement, à l'hôtel où nous sommes descendus, avec quelques chefs de partis d'opposition. Je pense qu'il ne manquera pas d'en faire la relation au Président.

VERS LE NORD-EST

Le lendemain matin, 24 décembre, nous nous rendons à l'héliport militaire où se trouve la demi-douzaine d'hélicoptères de l'armée rwandaise. Nous devons aller voir le détachement DAMI du 1er RPIMa, qui est installé dans le nord-est du pays. L'Amiral embarque dans une Gazelle avec le chef d'état-major adjoint Serubuga et le général Pidancet, son chef de cabinet, dans une autre, enfin moi-même dans une troisième. Mon pilote est un commandant, peut-être le chef de l'escadrille, et nous ne sommes que deux à bord, ce qui va nous permettre de parler très librement. Je le regarde mettre en route et j'apprécie ses gestes de professionnel, précis, réguliers, sans la moindre hésitation. J'ai beaucoup volé avec des pilotes de l'armée de terre et de l'armée de l'air. Il n'a rien à leur envier. Je lui parle de son appareil, qui est équipé de paniers de petites roquettes, que nous n'avons pas sur nos machines. Il me répond que c'est plus impressionnant qu'efficace et que les munitions sont comptées.

Les trois Gazelle ont décollé et volent en formation vers le nord-est à 100 mètres d'altitude. Je découvre le « pays des mille collines ». C'est très beau. Les villages, nombreux, sont accrochés aux lignes de crête sur lesquelles serpentent des pistes qui relient ces villages-rues. Les cultures, très nombreuses, descendent les pentes pour rejoindre d'autres pistes qui longent souvent des ruisseaux ou de petits cours d'eau. Le Rwanda est le pays le plus densément peuplé de l'Afrique. On le compare à la Belgique pour la taille et la densité de population, très différent des pays immenses et très peu peuplés du Sahel. Le commandant parle de ses stages en France, de son pays, des opérations militaires. Il me fait une confidence qui a pris tout son sens avec du recul : « Mon colonel, vous savez, je suis pilote et je me battrai jusqu'au bout. Je ne veux pas qu'un jour, on revienne à la situation qui a longtemps prévalu ici, quand les Hutus travaillaient les champs et les plantations de thé pendant que les Tutsis leur donnaient des ordres depuis les pistes ! » Terrible message. Je n'aurai plus l'occasion de discuter de nouveau avec lui. Je sais néanmoins que les pilotes de Gazelle vont s'engager à fond et être sans doute tous abattus en 1993 et 1994. Ils prendront le risque d'emporter des munitions dans la carlingue de leur petit hélicoptère pour ravitailler des unités rwandaises encerclées et en reviendront surchargés de blessés, avec parfois des hommes accrochés au train d'atterrissage.

Le temps passe, nous survolons le grand parc réserve de l'Akagera aux frontières de la Tanzanie. Vide de population, les animaux sauvages sont visibles partout, isolés ou en troupeau. De très nombreux zèbres trottinent au-dessous de nous. Le commandant quitte la formation et descend plus bas, à 30 mètres du sol, et ce sont des centaines de zèbres qui se mettent à galoper. Spectacle exceptionnel que cette beauté de la création qui nous éloigne des préoccupations des hommes. Je suis littéralement fasciné. Cela dure vingts minutes, les seules qui me laissent une grande joie quand je pense au Rwanda.

Les hélicoptères Gazelle ont dépassé les limites du parc et se posent au centre d'un petit village isolé, sur l'axe bitumé qui mène vers les frontières de l'Ouganda et de la Tanzanie. Les parachutistes du DAMI en tenue camouflée, une dizaine, se présentent individuellement à l'Amiral, et leur chef explique sa mission de formation des unités rwandaises, qui viennent à tour de rôle pour quelques jours. Des révisions de tactiques de combat, des séances de tir constituent l'essentiel de ce que peuvent faire nos instructeurs parachutistes. La ligne de contact passe plus au nord et nous n'entendons aucun bruit. La qualité du détachement est pour moi évidente, mais je ne me leurre pas sur l'importance de notre soutien. Il est moral et technique, mais je sais depuis longtemps que les actions et les moyens consentis sont limités. Nos parachutistes sont aussi un bon moyen de recueillir du renseignement sur l'état de l'armée rwandaise, en tout cas celui des unités engagées. Fin 1991, l'armée doit compter environ 12 000 hommes, et moins de la moitié est engagée dans leur guerre. Seuls les plus anciens des bataillons, 2 000 hommes sans doute, sont bien encadrés et assez bien équipés. La moitié de ceux-là est maintenue dans la capitale en *ultima ratio*. C'est un excellent contact avec le DAMI du 1er RPIMa. Seule sa qualité permet de prendre le risque de le laisser isolé ; à lui de s'en sortir en cas d'action profonde de l'APR. La compagnie de Noroît constituait l'ultime recours, et sans Noroît pas de DAMI possible. Ces hommes aguerris du 1er RPIMa – certains sont revenus de la guerre du Golfe un an auparavant – sont les précurseurs des « forces spéciales » françaises qui n'existent pas encore officiellement.

Derniers tours d'horizon

Au retour à Kigali, deux exposés attendent l'Amiral, celui du colonel Cussac, attaché de défense, et celui du lieutenant-colonel Chollet, qui commande le DAMI et se tient habituellement à l'état-major rwandais. Ce dernier revient sur l'organisation de l'APR et notamment sa présence dans le Mutara, la zone nord-est. Il l'estime à environ 2 700 combattants, qui occupent une frange longue d'une vingtaine de kilomètres et large de un. Ils ont attaqué il y a quelques jours et la contre-attaque gouvernementale s'est mal passée. Le lieutenant-colonel Chollet esquisse des modes d'action de l'APR. Il prône un recentrage du DAMI dans la région de Mikamira, dans un camp situé dans le centre-ouest du pays et loin de la zone de contact. L'Amiral prendra une décision en ce sens à son retour à Paris après des consultations politiques.

Vient ensuite le lieutenant-colonel chef du détachement Noroît, composé d'une compagnie d'infanterie, parachutiste ou pas, et qui est installé sur l'aéroport de Kigali depuis plus d'un an. Ce détachement est relevé tous les quatre mois. Sa principale mission militaire est de tenir la porte, d'entrée ou de sortie, nécessaire soit pour renforcer le dispositif, soit pour évacuer les ressortissants français et étrangers. Plus importante est sa position très politique. Les autorités françaises envoient un message de soutien au président Habyarimana, mais avec une mise minimale. Il n'est ni dans la mission ni dans les moyens de Noroît d'aider l'armée rwandaise. Son chef expose l'absence de missiles Milan et d'obus pour ses (petits) mortiers de 81 mm. Plus encore, il annonce ne disposer que de quatre véhicules radio français en plus d'une trentaine d'autres véhicules civils divers, qui ont été prêtés par les ressortissants français ou belges.

Immédiatement, l'Amiral lâche : «Armée de Bourbaki[12] !» Sévère mais juste. Juste mais explicable : il est évident que nous sommes sur une mise minimale et que l'on pourrait «ramasser» cette compagnie avec quelques vols de C160 Transall venus du Tchad ou d'ailleurs. Il est vrai cependant que nous disposons de bases plus importantes au Tchad, en République centrafricaine (RCA) et au Gabon à quelques heures d'avion, véritables réservoirs de forces, et donc d'autres options militaires sont possibles. Je suis sûr que c'est pour cette raison que l'Amiral accepte la prise de risque et les moyens réduits de Noroît.

Le 24 soir, après l'office religieux, délégation, coopérants des différentes armes et représentants de Noroît se retrouvent pour ce moment particulier des Noëls, loin du

12. L'expression « armée de Bourbaki » désigne, depuis 1871, de façon péjorative, un groupe hétérogène mal équipé.

pays, vécus entre soldats. Moments fraternels mais aussi de réflexions plus profondes, voire spirituelles pour certains d'entre nous. La mort en fait partie. Durant toute la durée de l'engagement de l'armée française au Rwanda, aucun soldat ne sera tué. Évidemment nous ne le savions pas ; c'est dire s'il ne faut pas fantasmer sur la participation au combat comme certains l'imaginent toujours. C'est une satisfaction, certes limitée, mais elle mérite d'être soulignée.

Le lendemain matin, le Falcon 50 décolle vers N'Djamena pour refaire les pleins afin de regagner l'aéroport de Villacoublay. L'Amiral est reçu par le général commandant les éléments français, composés d'un détachement aérien important et d'un dispositif terrestre solide. Il n'est pas prévu de rencontrer, même brièvement, le président Idriss Déby, qui a pris le pouvoir il y a un an (et qui est toujours en place). Tout est de nouveau à reconstruire au Tchad : administration, armée, etc. De grosses actions de coopération civile et militaire sont en cours et tout semble se mettre en place à peu près comme souhaité. Les équilibres, politiques, militaires, internes, sont difficiles à maintenir, le problème de fond n'étant pas réglé. De nouveau, la France s'engage fortement au Tchad, avec des moyens relativement importants ; rien à voir avec ce que nous venons de constater au Rwanda. Nous ne sommes pas sur des mises minimales en termes de coopération ou de forces militaires comme là-bas. Le Tchad nous importe beaucoup plus et depuis beaucoup plus longtemps que le Rwanda. Ce dernier pays, ex-colonie allemande puis belge, est néanmoins francophone et désireux de s'inscrire dans le processus de La Baule, ce qui lui vaut de ne pas être négligé.

Dans l'avion du retour, entre les terrains de N'Djamena et de Villacoublay, nous parlons de la situation. Vu les capacités de l'armée rwandaise et la position du FPR, à cheval sur la frontière et soutenu par l'Ouganda, aucune victoire militaire des gouvernementaux ne semble possible. Seul un processus politique de négociation pourrait permettre de sortir, à moyen terme, de la crise, qui dure déjà depuis quinze mois. Le président de l'Ouganda, Yoweri Museveni, a toutes les faveurs des Américains, qui sont capables, et en position, de lui faire passer des messages explicites. Le colonel Kagame, proche mais également dépendant de Museveni, devra tenir compte de l'avis de ce dernier. Il revient aux diplomates de concevoir et d'initier ce que pourraient être les attendus du début de pourparlers réels entre les parties. Je comprends, en écoutant l'Amiral, que la participation française visera à maintenir, si possible, un équilibre pour que le résultat se joue sur le tapis vert et non sur le terrain des combats. Je ne le sais pas, mais moins de deux ans plus tard, nous aurons quitté le Rwanda, avant que survienne, l'année suivante, l'apocalypse. Cette crise « parmi d'autres » sera exceptionnelle au sens premier du terme.

Dès le 26 décembre reprennent les points de situation au CEMA sur l'ensemble des crises du monde. En Afrique, Djibouti préoccupe énormément les autorités françaises et les cellules de crise s'enchaînent au Quai d'Orsay. L'Algérie est maintenant bien présente après le succès du Front islamique du salut (FIS) le même 26 décembre ; pour le chef du renseignement militaire, qui s'exprime devant l'Amiral, c'est « la montée des périls ». Il avait raison, ce sera une décennie sanglante.

Chapitre 4 – Vers la cohabitation à Kigali (janvier-mai 1992)

Une situation suivie

En ce début d'année 1992, quelle est mon impression sur le Rwanda ? La situation militaire est sérieuse mais encore très équilibrée. Manifestement, ce sont les diplomates qui, logiquement, sont à la manœuvre auprès des autorités et principalement d'Habyarimana pour le faire évoluer vers plus de démocratie et l'obliger à envisager une solution politique. Trois mois plus tard, nous constaterons le second résultat en termes d'évolution politique. Au général Varret de poursuivre le maintien de ce dispositif de coopération, qui me paraît plus adapté à une armée en paix qu'à une armée engagée dans un conflit aux frontières. Les moyens humains et matériels sont limités. Par ailleurs, à ma connaissance, il n'y a pas d'îlots de rébellion armée à l'intérieur du pays, c'est déjà cela. Aux armées, en fait au COA, de veiller à Noroît, à ce dispositif symbolique et à la sécurité des DAMI, peu nombreux et théoriquement pas exposés.

Sur place, des manifestations de l'opposition sont signalées le 10 janvier. Une petite mission d'observateurs français (MOF) a été mise en place un mois plus tôt. Un diplomate, l'ambassadeur Gendreau, et quelques officiers doivent rendre compte de ce qui se passe près de la frontière. La MOF essaye de se faire une idée, mais se plaint immédiatement de ne pas pouvoir dire d'où proviennent les tirs d'obus dans la zone de contact et réclame des radars que nous n'avons pas. Cette mission n'a pas été autorisée, par l'Ouganda, à observer le côté ougandais, où se trouvent installés les arrières de l'opposition armée du FPR. On comprend très vite les limites de son action, quelle que soit la volonté des membres de cette mission. En cette fin janvier, la cellule interministérielle sur l'Afrique traite des urgences qui sont Djibouti, le Zaïre, le Tchad et Madagascar, pas le Rwanda.

Lente détérioration de la situation militaire

Le 28 janvier, notre attaché de défense fait état d'une offensive du FPR/APR dans le Butaro, petit saillant au nord-est de Ruhengeri[13], le long de la frontière ougandaise. Il rapporte aussi que les stocks de munitions des gouvernementaux baissent. Il se rend peu après à Paris à la réunion annuelle des attachés de défense, qui a lieu à l'état-major des armées. À cette occasion, je note qu'il nous livre son sentiment. Pour lui, les États-Unis ont décidé de laisser la France gérer cette crise et les Américains ont invité un certain nombre de leaders politiques rwandais à se rendre aux États-Unis pour étudier le fonctionnement de la démocratie. Je reste dubitatif, je ne comprends pas bien les intentions américaines.

13. Préfecture importante du nord-ouest du Rwanda.

Le CEMA, en conclusion de ce séminaire, intervient devant tous les attachés de défense et, à cette occasion, précise que les liens entre les ministères de la Défense et de la Coopération ont été resserrés. Le travail se fait davantage à l'unisson et il est dit aux attachés militaires, également chefs de mission de coopération, qu'ils relèvent des deux ministères et donc de la Défense… L'idée générale est d'aider à la stabilité des pays en s'appuyant sur des principes clairs qu'énonce l'Amiral : « L'armée nationale ne s'implique pas dans le processus politique. De plus, la gendarmerie locale doit jouer son rôle et n'a pas à se transformer en force d'oppression. Vous devez rendre compte si ce n'est pas le cas. » Il poursuit en leur affirmant : « Il ne doit pas y avoir d'ambiguïté sur la mission des coopérants militaires, qui sont là pour appliquer les directives de la France. Il n'y a aucun doute à avoir sur ce point. En cas de crise concernant la sécurité des ressortissants, à propos de laquelle le travail préparatoire doit se poursuivre, le centre opérationnel des armées donnera les ordres. » Ce que tout le monde traduit instantanément par : l'Amiral donnera directement les ordres nécessaires. C'est l'unicité de la chaîne de commandement.

La semaine suivante, j'accompagne le CEMA au Maroc. L'Amiral connaît bien ce pays et l'apprécie beaucoup. Il a tissé des relations au plus haut niveau et est reçu avec tous les honneurs par les autorités. Les problèmes à évoquer sont multiples, de la coopération militaire à la situation régionale, dont celle du Sahara occidental. Les Marocains ont construit un immense mur dans le désert et des dizaines de milliers de soldats, qui l'ont défendu avec efficacité, stationnent face à d'éventuels rezzous du Polisario, soutenu par l'Algérie. Le roi Hassan II reçoit longuement l'Amiral, lequel avait auparavant eu des entretiens avec le prince héritier.

Le 10 février, je participe à une réunion « Coopération-Défense » en présence des ministres, Edwige Avice et Pierre Joxe. C'est l'occasion pour eux d'insister sur le signe visible de la collaboration entre les ministères et de donner leur point de vue sur l'Afrique de ce début 1992 : « La situation n'a jamais été aussi instable en Afrique. Le couvercle a sauté. C'est un bouillonnement désorganisé. Le sommet de La Baule n'est pas la cause de cette déstabilisation. Au contraire, il a généré le début de phases de transition un peu partout… » Tout le monde en convient, en particulier pour l'instabilité… Le général Varret livre, avec une certaine passion, son appréciation et, pour lui, « chaque pays doit travailler à son rythme ». Il est vrai qu'il vaudrait mieux parler « des Afriques » que de « l'Afrique », tant les pays sont différents à tous les points de vue. Le général Varret termine en annonçant que l'Angola et le Mozambique sont de nouveaux pays relevant du « champ » de la coopération, mais que le Zaïre en est exclu.

Décidément, le « Monsieur Afrique », que j'essaye d'être, peut être envoyé ailleurs. À ma surprise, l'Amiral a décidé que j'accompagnerai le général d'armée de Dinechin, inspecteur général des armées, dans sa mission au Qatar du 16 au 18 février. Il souhaite que cette mission lui rapporte des éléments d'appréciation au moment où le Qatar approche la France en vue d'un accord de défense. Petit pays déjà très riche en gaz et en pétrole, il se sent menacé de tous les côtés en dépit d'achats assez importants d'armes françaises. Je rapporte en quelques mots cette mission qui aura son rôle avant l'accord de défense – signé en 1994 –, pour essayer de montrer au lecteur que l'Amiral et son état-major traitaient de beaucoup de sujets d'importance et n'étaient pas du tout focalisés sur la crise rwandaise.

À la fin du mois de février, à Kigali, le chef d'état-major adjoint (CEM) Serubuga demande la mise en place d'un coopérant comme conseiller du président. Des attentats ont lieu dans le pays ; et selon des interceptions radio, le FPR paraît ravi de ces actions et de la mort d'une Française (une religieuse). La tension monte, et se repose la question de notre dispositif Noroît et celle de nos ressortissants. Une réunion interministérielle évoque la mise en place d'un conseiller auprès du commandement et l'éventualité de « faire bouger un peu Noroît », ce qui ne se fera pas. Cependant, le 9 mars, je reçois le lieutenant-colonel Jean-Jacques Maurin, officier parachutiste, qui est pressenti pour ce poste de conseiller. Officier expérimenté, à la gueule de vrai guerrier, il m'apparaît néanmoins comme posé et respectueux de l'esprit de la mission, ces dernières qualités me semblant très importantes pour le poste. L'attaché de défense, le colonel Cussac, souligne une fois encore le manque de combativité des forces rwandaises – y compris des bataillons de réserve – face aux attaques répétées depuis l'Ouganda.

La cohabitation rwandaise

Sur le plan politique, à Kigali, les partis et le président tombent d'accord sur le principe d'un gouvernement de transition. Habyarimana concède cette évolution majeure, qui est une étape de plus dans le processus souhaité par nos diplomates. Une fois ce gouvernement en place, il sera possible de démarrer des pourparlers avec le FPR. Les

Américains ont pris l'habitude de proposer le *sharing power* (partage du pouvoir) à propos du Rwanda. Ils pousseront en ce sens Museveni et Kagame, ce dernier constatant que, pour le moment, il ne peut pas remporter une victoire militaire. Dès que des négociations s'ouvriront, il sera important que la situation reste équilibrée sur le terrain. En attendant, le plus fort peut essayer de gagner des gages lui permettant de négocier en bonne position. Nous sommes habitués à ce raisonnement dans de nombreux conflits depuis la fin de la Seconde Guerre mondiale. Pour mémoire, à la fin de celle-ci, les perdants n'avaient eu comme possibilité que l'acceptation d'une reddition sans conditions.

Pendant la même période, il est signalé, dans des télégrammes diplomatiques, l'apparition de milices qui soutiennent, avec plus ou moins de véhémence, le parti du président, et certaines d'entre elles sont opposées à toute discussion avec le FPR. Elles agissent hors de la zone d'engagement des FAR et leur suivi ne fait pas partie de mon domaine d'action. Néanmoins, si elles deviendront hélas déterminantes deux ans plus tard, elles ne paraissent pas, pour mes interlocuteurs habituels, en mesure de perturber l'évolution politique en cours.

Le 4 avril, un profond remaniement ministériel a donc lieu à Kigali et un Premier ministre d'opposition est en place. Habyarimana a signé un compromis avec l'opposition pour la mise en place d'un gouvernement de coalition. Le programme comprend la question des réfugiés et la négociation d'un accord de paix avec le FPR. À ceci s'ajoutent l'ouverture d'un débat national, des élections générales, l'ouverture d'une « conférence nationale », etc. Le Premier ministre, Dismas Nsengiyaremye, appartient au Mouvement démocratique républicain (MDR), principal parti d'opposition ; neuf ministres du MRND, soutien de Habyarimana, font également partie de ce nouveau gouvernement de 19 ministres. James Gasana, du MRND, prend le portefeuille de la Défense. Celui des Affaires étrangères va au MDR Boniface Ngulinzira. Nous rentrons dans une longue période de cohabitation, qui comporte des avantages politiques pour aborder des négociations. Elle fractionne cependant « l'intérieur » face à « l'extérieur », qui parle, lui, d'une seule voix. C'est, théoriquement, une évolution assez favorable pour amorcer véritablement une sortie de crise qui est voulue autour d'un tapis vert. À la cellule de crise du Quai d'Orsay, quand est évoquée la situation au Rwanda, des participants estiment que l'aide militaire va être un moyen de pression sur Habyarimana, resté chef de l'armée, pour l'obliger à négocier. Le représentant de l'état-major particulier va en rendre compte au Président avec des scénarios d'évolution possibles.

Si, le 7 avril, je travaille sur le projet du futur accord de défense avec le Qatar, je me rends le lendemain à Bayonne, où est stationné le 1er RPIMa. J'y suis reçu par le colonel Jacques Rosier et son chef opérations, le lieutenant-colonel Jean-Michel Chéreau. L'objet de ma visite est de découvrir les savoir-faire spécifiques des détachements de parachutistes capables d'œuvrer efficacement et discrètement (je n'ai pas écrit « secrètement »). Les actions secrètes sont une possibilité légale des services secrets, par exemple le « service action » de la direction générale de la sécurité extérieure (DGSE). Je suis heureux de trouver des professionnels bien entraînés et relativement très bien équipés, capables de s'adapter à leur environnement. Pendant les dix-huit mois qui suivront, je ne pourrai que constater au Rwanda la très grande qualité des cadres comme des parachutistes du 1er RPIMa, très disciplinés malgré une autonomie souvent explicite et nécessaire. Ils forment le socle des forces spéciales, dont le commandement des opérations ne va pas tarder à être créé par l'Amiral.

Quelques jours plus tard, je pars une semaine, seul, en mission au Maroc et au Sahara occidental pour visiter en priorité la MINURSO, chargée de surveiller le cessez-le-feu entre le Polisario et les Marocains. Je fais le tour du Sahara occidental dans un hélicoptère d'un prestataire américain [Evergreen !?] de la MINURSO. Le pilote « sent » les services de renseignement bien connus de ce pays.

Pendant des heures, je regarde autour de moi ce désert changeant qui longe l'Atlantique et alterne sable et cailloux, dunes, collines et replats. Quelques montagnes isolent des compartiments de terrain. C'est un désert gris et blanc jaune, souvent monotone, et je rêve de trouver l'ocre du nord du Tchad ou le noir des montagnes volcaniques de Djibouti. Il n'a pas cette immensité des déserts mauritanien ou algérien, mais il faut tout de même des heures de vol pour aller d'une ville-bourgade à une autre, avant de se poser dans un tourbillon de poussière et de sable. La nuit, toutes les étoiles sont là, en cadeau.

Je rencontre des chefs militaires marocains et aussi certains du Polisario dans la zone qu'il contrôle. Le mur édifié et gardé par l'armée marocaine est impressionnant et doit lui coûter très cher. Tout est calme, enfin. Deux officiers, russe et chinois, chefs de petits postes ONU isolés dans le désert et uniquement composés d'officiers, me font une forte impression pour leur parfaite maîtrise de la langue française et leur qualité opérationnelle apparente.

En vol au-dessus du désert, je me fais la réflexion que la préoccupation française est toujours la même et s'applique à tous les pays africains que nous essayons d'aider : proposer des solutions adaptées pour abaisser les niveaux de tension sans cependant laisser le champ libre aux oppositions armées. État de droit, sécurité, développement ; il est extrêmement difficile pour les gouvernements en place d'agir simultanément sur tous ces leviers. Souvent ils en arrivent à privilégier la sécurité et le développement. Chacun à son rythme ?

Poussée du FPR/APR en mai

À une nouvelle réunion au ministère de la Coopération, son représentant parle de munitions de mortier bloquées par l'aviation civile et d'un avion éthiopien immobilisé en Allemagne. Le général Varret, très actif sur ce dossier, doit partir voir le président Habyarimana et le Premier ministre rwandais ; le ministre Debarge va peu après se rendre successivement au Rwanda, au Burundi et enfin en Ouganda. Quelques jours plus tard, au Quai d'Orsay, les sujets qui ont la priorité sont le Tchad, où il est acté que le nombre de coopérants augmentera de 60 ou 100 pour passer à 250, effort considérable ; et Djibouti, où l'on approche des prémisses de la fin de la crise. Paul Dijoud signale à propos du Rwanda que le FPR n'a pas répondu à l'ouverture politique, et le directeur des affaires africaines et malgaches se demande quelle aide supplémentaire pourrait être apportée aux FAR. Le directeur de cabinet du ministre des Affaires étrangères, Daniel Bernard, qui préside généralement ce type de réunion, s'interroge sur l'attitude de Museveni et sur la manière de faire une pression « européenne » sachant que les Britanniques bloquent *[sic]*. L'idée est toujours de pousser à la négociation mais encore faut-il être deux à l'accepter !

Les combats se font plus durs sur le terrain ; ceux d'avril ont coûté 73 tués et 483 blessés aux FAR. Le 11 mai, l'attaché de défense signale une situation très mauvaise sur le front, où les bataillons gouvernementaux engagés sont au tiers de leurs effectifs.

Au Togo, par suite de l'attentat contre Gilchrist Olympio, opposant notoire au président Eyadema, une grave crise intérieure éclate…

J'ai un retour de la mission Varret à Kigali lors de la réunion Coopération-Défense. Le Premier ministre rwandais souhaite négocier avec le FPR, en Tanzanie, estimant que ce mouvement ne peut être écrasé militairement. Habyarimana parle, lui, d'une force d'interposition et de négociation à Paris. Déjà se pose la question de la surveillance d'un éventuel cessez-le-feu entre les belligérants. Pour le général Varret, il y a des éléments nouveaux : les attentats sont une priorité du Premier ministre rwandais, qui soupçonne certains proches du président d'avoir inspiré ces crimes. Il ajoute qu'il a l'impression que les deux chefs d'état-major des forces rwandaises vont « sauter ». Marcel Debarge, ministre de la Coopération, a été reçu froidement par le président rwandais et chaleureusement ailleurs. Je n'en sais pas plus, mais je le rapporte à l'Amiral.

Par curiosité, j'ai participé à un colloque intéressant sur la démocratie en Afrique et la position de la France. Animé par des spécialistes, Pierre Dabezies pour la Fondation pour les études de la défense nationale (FEDN) et Philippe

Decraene pour le CHEAM, il rassemble ce qui reste d'africanistes français et je constate qu'ils sont de plus en plus rares. « En Afrique, quand un vieillard meurt, c'est toute une bibliothèque qui brûle », Amadou Hampaté Bâ[14] a sans doute raison ; en France aussi, parfois. La démocratie en Afrique, vaste sujet ! La théorie est délicate, la pratique encore plus !

La situation au Rwanda s'inscrit maintenant dans la plupart des réunions du matin du CEMA sans que cela soit, et de loin, une priorité tant la situation dans le monde est instable ; celle des Balkans est constamment le sujet prioritaire. Une grande cellule de crise « Yougoslavie » se tient en permanence au COA et mobilise de nombreux officiers, tous de grande qualité. Notre attaché de défense à Kigali rapporte ce qu'il sait des rumeurs concernant des mouvements de force, des craintes d'attaques, voire de coups d'État. Nous avons le sentiment que la pression du FPR s'accentue à l'approche des pourparlers réclamés par le gouvernement de transition de Kigali. Discuter en position de force ou, en tout cas, en bonne position a toujours été une habitude chez tous les belligérants de ce monde instable. *Talk and fight* comme disent les Anglo-Saxons.

L'Amiral, sur le dossier rwandais comme sur les autres, veut toujours être en parfaite harmonie avec la pensée du Président. Il sait qu'il est la charnière politico-militaire du dispositif français. À lui d'ajuster l'emploi des moyens des armées aux effets politiques souhaités par le Président. Contrairement à ce que peuvent penser certains, il n'y a pas de « politique des armées » ; quant à l'état-major, « la

14. Écrivain et ethnologue malien (1900-1991).

pensée n'est pas unique, mais la chaîne de commandement, si » ! Cependant, le CEMA tient à l'efficacité du dispositif militaire et est plus qu'attentif à la sécurité des forces. À ses côtés, le général sous-chef opérations de l'état-major des armées traduit en ordres militaires les décisions du commandant des opérations, le CEMA. Il s'appuie sur le COA, devenu en 1994 le COIA, puis vingt ans plus tard, le centre de planification et de conduite des opérations (CPCO). Le général de brigade Philippe Mercier[15] relèvera, à la fin de l'été suivant, le général de division (air) Douin, qui devient alors major-général de l'EMA[16]. Pour ce qui me concerne, quand je serai sur zone au Rwanda en 1993, il sera mon chef direct. C'est un général très doué, froid d'apparence et longuement attentif – j'allais écrire « attentif à tout » –, d'un grand courage intellectuel et d'une fidélité totale à l'esprit des missions décidées par le CEMA, avec qui il forme un binôme opérationnel exceptionnel. J'ai ensuite passé suffisamment d'années à l'état-major des armées pour pouvoir l'écrire sans risque de me tromper.

---

15. Le général d'armée Philippe Mercier sera nommé chef d'état-major de l'armée de terre en 1996.
16. Le général d'armée aérienne Jean-Philippe Douin succèdera à l'amiral Jacques Lanxade en septembre 1995.

Chapitre 5 – Offensive et avertissement (juin 1992)

L'offensive de juin : prélude aux négociations

En ce début du mois de juin, le gouvernement de coalition cherche à négocier avec le FPR. Le président Habyarimana y est contraint. Le FPR, dont l'emprise territoriale est faible, a remporté une première victoire politique mais, en toute logique, veut améliorer sa position dans le rapport de force. Depuis un mois, il a accentué sa pression militaire, à laquelle l'armée rwandaise résiste, mais en se fragilisant. Des deux côtés, les effectifs engagés ne sont pas très importants et pourtant ils s'affrontent de part et d'autre d'un front qui s'étend petit à petit au sud de la frontière ougandaise.

Sur le plan international, les Belges paraissent relativement impuissants et leur intérêt est focalisé sur la mauvaise situation au Zaïre, enjeu bien plus grand pour eux. Les Américains et les Britanniques, heureux de l'arrivée au pouvoir en Ouganda de Museveni, après quelques bouffons tristement célèbres, le soutiennent apparemment sans réserve. Les Américains mènent une politique d'influence optimiste et active dans l'Est africain depuis deux ans, avant de connaître le terrible coup d'arrêt de Mogadiscio en octobre 1993. Ce sont nos alliés, pour l'essentiel, en Europe, pas nécessairement toujours nos amis sur le terrain africain.

Les Russes ont disparu du théâtre africain et leurs anciens alliés ont sombré ou se sont idéologiquement reconvertis. Les Chinois n'existent pratiquement pas sur ce continent.

De Kigali, l'attaché de défense, le colonel Cussac, envoie jour après jour, message après message, des points de situation qui reflètent une dégradation des positions des gouvernementaux.

Mission d'évaluation

La chute de la première bourgade d'importance, Kivuyé, est un choc pour les autorités rwandaises. C'est un grand village perché sur une colline nettement marquée, dont les pentes sont couvertes de cultures en terrasses. Il se situe à quatre kilomètres au sud de la frontière ougandaise. Notre ambassadeur fait part immédiatement d'une demande de secours du Premier ministre. À la réunion journalière du CEMA, celui-ci annonce la tenue d'une cellule de crise dans la matinée et décide de m'envoyer au plus vite évaluer la situation militaire sur place. Il faut confirmer ou non les renseignements qui nous remontent, principalement de l'attaché de défense, en rencontrant les chefs militaires rwandais. L'Amiral décide que je serai accompagné par le colonel Rosier, chef de corps du 1er RPIMa, régiment qui fournit le DAMI ainsi que les instructeurs tactiques au Rwanda. Je connais depuis très longtemps Jacques Rosier, c'est un officier très professionnel, athlétique et courageux, « figure » parmi les parachutistes, aimant l'autonomie mais très discipliné intellectuellement. Pour moi il est, et est resté, le meilleur dans le « genre forces spéciales », forces maintenant assez bien connues du grand public.

Dans l'heure qui suit se tient la réunion de crise au Quai d'Orsay, en présence des deux directeurs de cabinet des ministres, du général Varret et aussi des autorités habituelles. Il est d'abord longuement question du Tchad, où la situation est délicate. Le général Quesnot, chef de l'état-major particulier (EMP) du Président, vient d'y faire une mission politique et en parle longuement. Au sujet du Rwanda, il s'ensuit de nouveau des interrogations sur la mission de Noroît. Une fois encore, il est rappelé que l'engagement « au plus près » de nos forces nécessiterait préalablement un accord politique au plus haut niveau.

Le lendemain matin, notre ambassadeur à Kigali reçoit une demande conjointe du président Habyarimana et du Premier ministre pour une intervention claire et nette de la France. En dépit du souhait affiché des militaires rwandais de réduire la poche de Kivuyé et de bloquer ainsi les possibilités de progression du FPR vers la capitale provinciale Byumba, qui doit être leur objectif, la situation réelle doit être grave. L'Amiral reçoit et accepte une demande du général Varret pour que le colonel René Galinié, de son état-major, m'accompagne durant la mission d'évaluation. Cela me paraît logique, et transparence comme synergie obligent. Le soir même, nous décollons tous les trois sur le vol régulier d'Air France pour Kigali. Nous avons quatre jours pour faire ensemble le point et je rédigerai le rapport de mission final. Aux décideurs ensuite d'infléchir ou non la politique de la France vis-à-vis du Rwanda.

Notre programme va être très dense, entre entretiens et déplacements près du front, que je souhaite, car je crains des décalages entre la situation militaire réelle et celle qui nous sera contée. À peine arrivés, nous enfilons nos treillis de combat et, accompagnés de l'attaché de défense, nous rendons visite à Georges Martres, ambassadeur de France.

Nouveaux chefs d'état-major

Comme il le fera toujours avec netteté, sans rien oublier d'essentiel, Georges Martres décrit la situation politique telle qu'il la voit. Elle a changé depuis Noël avec l'instauration d'un gouvernement de transition à la recherche de pourparlers avec le FPR. Je lui présente la mission de la délégation avec ses limites. Il s'agit avant tout d'une mission auprès des autorités militaires rwandaises pour essayer d'avoir un point de vue sur la nécessité d'une aide et sur la nature de celle-ci. Pendant mon séjour à Kigali, le président Habyarimana souhaite me voir et je reçois la même demande du Premier ministre. J'en rends compte sans retard au général Mercier – qui va devenir quelques mois plus tard le sous-chef opérations de l'EMA –, qui me dit de décliner, ce qui est logique. J'en informe naturellement notre ambassadeur.

Nous nous rendons au quartier général des FAR, gardé par quelques soldats peu armés. Le nouveau CEM rwandais, le colonel Déogratias Nsabimana, nous reçoit dans sa salle opérations, entouré de quelques officiers. Une grande carte montrant la partie nord du pays est placardée sur un mur : y figurent la ligne du front et les numéros des bataillons qui le tiennent. Après les présentations d'usage et le rappel sur l'objet de notre mission comme de ses limites, le colonel prend la parole. Il nous explique qu'il vient de prendre ses fonctions et qu'auparavant, il commandait le secteur nord-est, le Mutara. Il arrive en pleine offensive du

FPR. « La situation est grave, les FAR n'ont plus de réserves. Après un succès local hier, dans le secteur de Byumba, nos unités ont échoué dans une contre-attaque. »

Je reprends la parole pour faire des considérations générales sur la tactique, avec un rappel des fondamentaux à propos des rapports de force, de l'effet de surprise, de la manœuvre de feu notamment, etc. Puis suivent quelques idées simples de tactique des unités. Là encore, rappel de ce que tout commandant d'armée doit avoir assimilé dans sa carrière. L'officier opérations note très consciencieusement pour rédiger un compte-rendu interne, dont j'aurai une copie. J'écoute de nouveau le CEM rwandais parler des difficultés de commander des bataillons qui n'ont même pas un véhicule radio. Le poste radio est généralement posé à l'arrière d'un pick-up ou porté à dos d'homme. Surprenant, il est vrai !

Ma première impression le concernant est d'autant plus favorable que son prédécesseur Serubuga m'était apparu médiocre, renfermé et vraisemblablement psychorigide. Nsabimana est plus conforme aux officiers de métier qui ont connu le combat et savent l'importance des soldats dans une bataille, d'où il résulte une forme de commandement capable d'entraîner l'adhésion par l'exemple. C'est un homme pragmatique, actif, fidèle au président, sans démonstration servile. Il sera le CEM de l'armée rwandaise jusqu'à sa mort lors de l'attentat contre l'avion du président Habyarimana en avril 1994. À ses côtés, un officier opérations, Rwasalinda, qui le seconde et un officier renseignement, Nsengiyumva, qui me paraît très intelligent et tout aussi antipathique, j'y reviendrai. Le lieutenant-colonel Maurin, qui est arrivé il y a tout juste quelques semaines, apportera au CEM des conseils de bon sens tactique ; plus serait inutile, et ce dernier en fait ce qu'il veut et peut. Maurin est aussi une excellente source de renseignement pour mieux connaître la réalité des situations. Cet officier parachutiste est un homme de contact, parfait pour ce type de poste délicat. Nous mettons au point les visites sur le terrain où il nous accompagnera.

La fin de cette première journée est consacrée à rencontrer l'ensemble des responsables du volet coopération et le chef du DAMI. Galinié et Rosier sont mieux placés que moi pour entrer dans tous les détails de cette coopération à un moment critique. Les casernes comme les centres d'entraînement se sont vidés, ce qui montre le total engagement des forces utiles de l'armée. Il est très difficile de connaître les effectifs de celle-ci et nous nous demandons si les chefs rwandais les connaissent vraiment.

Le 13 juin, nous rencontrons, accompagnés de l'attaché de défense et du conseiller gendarmerie adapté, le nouveau CEM de la gendarmerie, le colonel Augustin Ndindiliyimana. C'est un ancien ministre et il me paraît avoir une vision plus politique que le CEM de l'armée – plus tard, il sera acquitté par le Tribunal pénal international pour le Rwanda (TPIR) de toute complicité avec les génocidaires de 1994. Cependant, l'impression est également bonne après avoir écouté un constat clair de la situation de la gendarmerie, écartelée entre ses missions traditionnelles et la nécessité d'aider l'armée dans le combat sur le front. La gendarmerie fournit un ou deux bataillons pour le front. Il exprime des demandes qui paraissent limitées et donc raisonnables et en rapport avec l'analyse franco-française, en particulier celle du ministère de la Coopération.

La visite à faire au chef de détachement Noroît s'impose d'autant plus qu'une seconde compagnie a été envoyée en renforcement afin de donner quelques capacités de manœuvre supplémentaires, toujours en fonction de la mission éventuelle de récupération du DAMI. Le lieutenant-colonel Vaudrey, qui en est le chef, fait un exposé clair, suivi d'un certain nombre de demandes. Je note des moyens de liaison supplémentaires pour maintenir en permanence le contact avec les petits éléments qui, sur ordre, ont reconnu les accès nord et nord-est de la capitale. Une section a aussi fait une reconnaissance à la sortie nord-ouest sur la route de Ruhengeri, chef-lieu de province. C'est évidemment vraiment très loin de la ligne de contact, mais c'est aussi un message de sécurité pour les populations en arrière du front. Il est très satisfait de l'installation de son détachement sur l'aéroport. Dynamique et discipliné, Vaudrey tient bien son détachement qui reçoit des ordres du COA via l'attaché de défense.

Au fil des contacts avec les FAR, qui s'ouvrent beaucoup plus depuis le changement des CEM, il apparaît que non seulement tous les bataillons sont engagés sur le front, mais qu'en plus, ils sont presque tous exsangues. On me parle de bataillons entre 80 et 180 hommes ! Une compagnie chez nous ! En théorie, ils devraient avoir 450 soldats sur les rangs. Cette hémorragie trouvera différentes explications au fil des missions. Mon impression, partagée avec Rosier et Galinié, est que les nouveaux CEM vont peser dans le rapport de force avec le FPR. Tous les deux veulent éviter l'effondrement de l'armée rwandaise sans cependant rechercher, apparemment, l'écrasement du FPR, et d'ailleurs aucun d'eux n'en parle.

Déplacements le long du front

Accompagnés par le CEM Nsabimana, nous décollons au petit matin dans deux hélicoptères Gazelle pour effectuer une reconnaissance du nord du pays. Le paysage défile sous nos machines et nous le regardons avec Rosier dans la perspective tactique. Les collines, les longues lignes de crête, les promontoires, les pistes et les villages nous permettent de mieux comprendre les difficultés ou encore les avantages des actions offensives comme défensives. La zone concernée est longue de plus d'une centaine de kilomètres, avec des dizaines et des dizaines de collines qui dessinent par endroits un damier qui peut donner des avantages tant au défenseur qu'à l'attaquant. Les possibilités de manœuvre et d'infiltration à pied nous paraissent très nombreuses. À chaque poser des hélicoptères, le chef de secteur ou son représentant est là pour expliquer la situation du moment.

Deux officiers rwandais nous font une certaine impression, parmi tant d'autres qui me paraissent dépassés et peut-être inaptes face à un adversaire adroit, aguerri et déterminé comme je le suppose du FPR/APR. Il s'agit dans le secteur de Byumba du lieutenant-colonel Kabiligi et dans celui de Ruhengeri du lieutenant-colonel Bizimungu. J'aurai l'occasion de les revoir l'année suivante et ils seront, pour moi, avec Nsabimana, les chefs militaires les plus compétents, et de loin, d'une armée qui en compte très peu. Ils ne l'auraient pas été que le FPR aurait sans doute pris plus rapidement la capitale au printemps 1994, nous y reviendrons. Ces deux officiers, devenus généraux, seront jugés par le TPIR à la suite du génocide, mais en juin 1992, la situation est celle que je décris. Le général Kabiligi a été acquitté plus tard par le TPIR de toutes les charges retenues contre lui et a été immédiatement libéré. Le général Bizimungu, qui avait succédé à Nsabimana, tué en même temps que le président Habyarimana, sera condamné à trente ans de prison.

Durant la journée, le CEM Nsabimana me demande que soient pris en compte des cours de perfectionnement opérationnel pour les jeunes officiers sortant de l'École supérieure militaire (ESM) de Kigali et cela avant qu'ils soient affectés sur le front. Devant l'urgence de la situation et comme les DAMI n'ont plus aucune unité à former du fait de l'engagement au front des unités qui étaient à l'instruction, j'accepte qu'ils débutent ces cours de perfectionnement. Tout cela est néanmoins du bricolage. II conviendra que l'évaluation du nombre de cadres pour 270 élèves soit étudiée et proposée à notre retour. J'apprends qu'un avion C130 vient d'apporter un stock de munitions de mortier achetées à un groupe industriel français. Nsabimana en est content ; je n'arrive pas à me faire une idée des stocks de munitions rwandais. Plus grave, j'ai aussi le sentiment que Nsabimana non plus ! C'est affligeant et cela montre la faiblesse de son état-major.

Je rends compte par fax chiffré au général Mercier qu'il est possible que les FAR dégarnissent leur dispositif au sud sur la frontière burundaise, en retirant trois bataillons à 70 % de leurs effectifs. Il serait souhaitable que le Burundi n'en profite pas pour créer des désordres mais, comme je lui écris, c'est un « problème » Affaires étrangères. Je lui dis également que je constate la faiblesse des FAR en termes d'appui artillerie : des mortiers, en nombre limité avec assez peu de munitions, et surtout aucune artillerie traditionnelle. Pour des officiers comme Rosier et moi, c'est incompréhensible. À la fin de cette première journée sur le terrain, je conclus vers le général Mercier en lui indiquant que la situation militaire oscille entre grave et critique ; ce qui explique peut-être pourquoi les deux CEM précédents se sont laissé relever aussi brusquement, et cela sans réagir, du moins pour le moment.

Au petit jour nous prenons la route pour voir le terrain au ras du sol, sur les crêtes, au fond des vallées, dans les bourgades et pour croiser des éléments de l'armée que l'on ne voit pas dans la capitale, même si je sais que des unités solides sont positionnées au camp de Kanombé, non loin de leur président. Nous empruntons l'axe qui va de Kigali vers l'ouest. Nous parcourons 180 kilomètres jusqu'à Gisenyi, ville assez importante proche de la frontière de la République démocratique du Congo (RDC), Zaïre à l'époque. Dans cette zone, le calme est le plus complet et les paysans vaquent tranquillement à leurs activités. Nous reprenons l'axe vers l'est pour nous arrêter à Mikamira, un camp d'entraînement loin du front, où des unités nouvelles peuvent être formées et entraînées ou d'autres remises en condition. Nous visitons ensuite l'école de gendarmerie installée dans l'importante ville de Ruhengeri, capitale provinciale non loin de la célèbre zone des volcans qui font la fierté de tous les Rwandais.

Le CEM Nsabimana semble persuadé que le FPR prépare une offensive pour relier les deux saillants existants – l'un à l'est de Byumba, dans le Mutara, et l'autre à l'ouest dans cette même province – donc pour prendre Byumba. Il nous dit craindre la démobilisation par le président Museveni de soldats d'origine tutsie qui servent encore dans son armée ; dans ce cas, le rapport de force basculerait en sa défaveur.

Notre impression est que pour le moment, les FAR sont incapables de reconstituer rapidement des réserves et il leur faudra sans doute des semaines avant d'y arriver. Les conseils que l'on pourrait apporter ont peu de chance d'être suivis vu l'état de certains bataillons. Le dispositif rwandais n'a aucune profondeur et les bataillons tiennent des collines tout le long d'un front qui s'allonge de plus en plus. Cette mise en ligne consomme des effectifs sans permettre de bons rapports de force locaux pour des actions utiles et efficaces contre leur adversaire. Cette journée sur les routes ne modifie pas favorablement l'impression « grave-critique » de la situation militaire. Nous rejoignons Kigali.

Le soir, les CEM nous ont invités à un dîner informel, Galinié avec le CEM gendarmerie, Rosier et moi avec Nsabimana. Nous l'attendons devant un restaurant de la ville et le voyons arriver seul au volant de son pick-up personnel rouge ; dans son comportement, il est toujours un « colonel de secteur », simple et abordable. Il nous dit espérer la négociation avec le FPR, mais pas à n'importe quel prix et surtout pas de façon « honteuse » ; il est sur la même ligne que le CEM gendarmerie. Il nous tient avec une certaine tristesse des propos plus graves sur l'avenir de son pays, que je me promets de mettre dans mon rapport final. Nous l'écoutons de façon très professionnelle, donc sans froideur, mais sans chaleur non plus.

Le dernier jour, avant de redécoller sur le vol d'Air France, nous faisons entre nous le bilan des demandes rwandaises, puis allons saluer l'ambassadeur, avec qui je veux partager une impression peu optimiste concernant l'armée rwandaise.

Rapport et terrible avertissement

Dans la journée du 17 juin, je rédige un rapport destiné à l'Amiral et au général Varret et en copie à d'autres autorités, notamment au général Mercier, que j'ai tenu quotidiennement informé du déroulement de ma mission. Je fais part d'un constat en apportant d'autres éléments sur « les soldats qui sont des paysans en armes, sérieux et disciplinés, courageux quand ils sont commandés, ce qui est rare, car les officiers sont peu nombreux et débordés ». Je parle de la gendarmerie, qui a sur le front un bataillon réduit à 85 hommes sur 700 au départ, etc. Je fais quelques propositions pour la formation des jeunes officiers et pour autoriser le lieutenant-colonel Maurin à apporter occasionnellement un conseil de commandement. Plus important, je pense qu'il faudrait former le personnel d'une batterie de 105 mm, pour constituer une réserve de feu disponible dans un délai d'un mois. Et, pour ce faire, céder les matériels et des munitions. Ne nous leurrons pas, nous sommes dans des doses homéopathiques. Quatre ou cinq canons de conception ancienne, à la capacité limitée en portée et en puissance, ne changeront pas le cours de la guerre. Néanmoins, ils pourraient redonner une capacité de défense inexistante dans ce domaine. En sus de quelques matériels, des officiers sont demandés pour aider le colonel Cussac dans ses multiples tâches, dont celle de commandant opérationnel. Je crois nécessaire de citer les conclusions du rapport et je reviendrai sur son dernier paragraphe : « Après les entretiens du dernier jour avec les deux CEM, les tentatives de prises de contact avec la mission des deux plus hautes autorités politiques du pays, il apparaît que la situation est marquée par :

– un commandement désemparé, surpris de l'état critique des forces rwandaises laissé par l'équipe précédente, dépassé par l'ampleur du redressement à opérer et qui va tenter de recruter maintenant trois ou quatre mille hommes ;

– une poussée continue du FPR qui bénéficie du soutien de la NRA[17] et veut se présenter en position de force aux pourparlers ;

– une inquiétude de plus en plus grande des responsables politiques de Kigali, qui redoutent maintenant un effondrement et attendent l'aide française.

Aussi la mission estime qu'une aide très urgente devrait être accordée au Rwanda pour, avant tout, éviter que le FPR, conforté par ses succès, ne dépasse les objectifs qu'il s'est initialement fixés pour atteindre la capitale. En effet, pour reprendre les propos de l'homme mesuré qu'est le CEM, le colonel Nsabimana, le Rwanda sombrerait dans "une guerre civile sanglante étendue à tout le pays", c'est-à-dire que l'époque des grands massacres ethniques serait revenue. » Je signe ce rapport qui porte le numéro 010810.

Lecteur, vous pouvez comprendre avec le recul toute la force et la tragique pertinence des propos du CEM rwandais et de la traduction que j'en donne. J'y crois dès le début, même si je suis incapable d'imaginer l'inimaginable dans toute son ampleur. Cependant, je ne suis qu'un mis-

17. NRA (National Resistance Army), armée de résistance nationale, qui a porté au pouvoir en Ouganda le président Museveni.

sionnaire n'ayant rencontré que des militaires. Il importe maintenant aux autorités françaises de les confronter avec les sources de renseignement militaire (sans oublier la DGSE) et les notes diplomatiques. Ensuite au Président de décider dans un sens ou un autre.

À la réflexion, je ne doute pas que le colonel Kagame a disposé du même genre d'informations, potentiellement catastrophiques, ce qui aurait pu l'amener à une certaine prudence. Les États-Unis devaient logiquement recueillir le même genre d'avertissement. Les historiens en jugeront peut-être un jour.

Décisions au retour

L'Amiral a écouté mon débriefing dès le 18 matin, dans la petite salle habituelle du COA. Il m'ordonne de faire tenir immédiatement une copie du rapport à la direction des affaires africaines et malgaches du Quai d'Orsay et d'autres pour le cabinet du ministre de la Défense, à charge pour ce dernier d'en transmettre une à l'EMP du Président. Une cellule de crise se tient au ministère des Affaires étrangères avec les autorités habituelles. L'Amiral décide de s'y rendre et de m'emmener.

Le premier sujet traité est encore le Tchad, mais c'est le Rwanda qui est le point majeur. Il me demande de résumer ma mission d'évaluation devant les participants de l'Élysée et des ministères concernés, puis lui-même évoque la proposition de la batterie d'artillerie avant de reposer la question des « objectifs de guerre ». Que veut-on faire ? Les principaux participants expriment des avis non divergents.

La ligne générale ne change pas : permettre l'avancement des pourparlers entre les deux parties.

En attente d'un feu vert politique, l'EMA prend des dispositions préparatoires pour transférer des pièces de 105 mm et des munitions stockées en RCA, à Bouar. Il faudrait quelques rotations de C160 Transall pour les transporter à Kigali. Le 19 juin, le directeur de cabinet du ministre, François Nicoullaud, sort une note, numéro 117, sur la situation au Rwanda, reprenant les demandes de mon rapport et chiffrant à 25 le nombre de coopérants à envoyer sur place pour renforcer la coopération actuelle avec la garantie de Noroît, qui, à ce moment-là, compte près de 300 hommes. Ne figure pas dans cette note ma conclusion avec ce terrible avertissement de Nsabimana et mon sentiment qui me pousse intuitivement à le croire. Je n'ai pas compris pourquoi, mais mon rapport a déjà atteint directement les principales autorités. Cette question prend plus de relief avec le recul du temps, je n'arrive pas à en tirer une conclusion étayée. Cette note part donc au Quai d'Orsay et dans les ministères concernés. Le feu vert politique arrive, sans doute un document annoté par le Président, et la batterie est mise en place à Kigali dans les quarante-huit heures suivantes. Tout va vite.

Ce samedi 20, je me rends avec ma famille en Normandie, pour un mariage. À peine suis-je arrivé dans une maison d'hôtes, dont j'ai donné le numéro de téléphone aux officiers du COA, que l'hôtesse me prévient que celui-ci a téléphoné. L'officier de quart me dit que le CEM Nsabimana a appelé et que je dois le joindre sans délai. Appeler le Rwanda, à cette époque, sans téléphone portable est une gageure. Je cours acheter des cartes prépayées et m'installe dans une cabine téléphonique à quelques mètres de cette belle église Saint-Valery de Varengeville-sur-Mer, précisément battue par des grains violents. Surréaliste !

Nsabimana me dit que le FPR a repris son offensive et qu'il redoute un effondrement rapide du front dans le secteur de Byumba. Il voudrait notre aide pour la mise en œuvre sans retard de la batterie de 105, dont les pièces arrivent sur l'aéroport. Nous discutons longuement et je ne peux chercher qu'à l'apaiser et à l'encourager à la patience. Il est hors de question de lui promettre quoi que ce soit. J'ai suffisamment de très mauvais exemples de promesses non tenues en tête pour ne jamais tomber dans cette facilité ou cette compassion déplacée. Le dimanche, nouvel appel, nouvelle demande, même réponse, toujours depuis une cabine téléphonique… mais la pluie avait cessé.

À la réunion du COA du lundi, même si l'Amiral a d'autres soucis – avec une attaque des Croates contre les Serbes sur le théâtre principal d'opérations –, et bien que la tension monte sur le terrain au Rwanda, ce que confirme la DRM, il rappelle « qu'il faut rester strictement aligné sur les mesures prises et pas autrement ». Il contrôle et maîtrise la parfaite concordance entre la volonté politique et l'emploi des moyens militaires. L'expression « remettre régulièrement les pendules à l'heure » convient très bien. J'ai aussi besoin de saisir parfaitement la pensée de mon chef dans une période que je sens devenir délicate.

Le jeudi 24, devant les informations graves qui remontent de notre ambassadeur et de l'attaché de défense, et les craintes des autorités parisiennes appuyées par d'autres sources, l'Amiral décide de me renvoyer pour une nouvelle mission au Rwanda. Cette fois, seul le colonel Rosier m'accompagnera. Nous devons évaluer si la situation militaire est si catastrophique et quels seraient les scénarios à proposer à nos autorités, en excluant *a priori* l'engagement direct des forces françaises. Il y a huit jours que nous sommes rentrés de notre première évaluation opérationnelle !

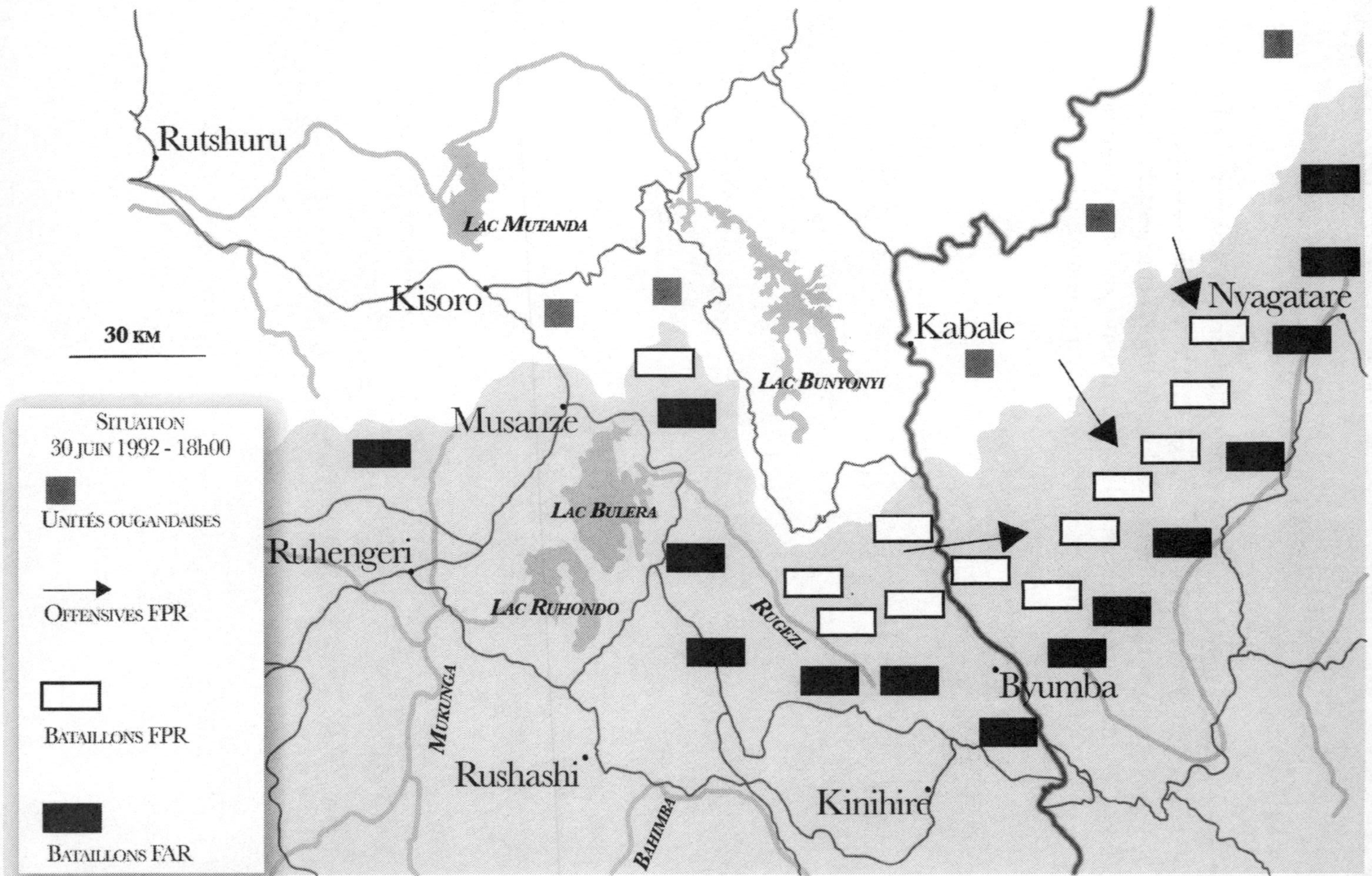
Rutshuru
Lac Mutanda
Kisoro
30 km
Lac Bunyonyi
Kabale
Nyagatare
Musanze
Lac Bulera
Ruhengeri
Lac Ruhondo
Rugezi
Byumba
Mukunga
Rushashi
Bahimba
Kinihire
Situation
30 juin 1992 - 18h00
Unités ougandaises
Offensives FPR
Bataillons FPR
Bataillons FAR

Chapitre 6 – Attaque vers Byumba et stratégie indirecte (fin juin-juillet 1992)

Nouvelles reconnaissances

Arrivés à Kigali le 26 juin, en fin de matinée, Rosier et moi remettons rapidement nos treillis de combat avant de nous rendre chez l'ambassadeur de France. Je lui présente cette mission dans la suite de la première, notre programme et la répartition des rôles. Pour Georges Martres, le fait majeur a été sa convocation, le 21 juin, par le président et le Premier ministre, qui ont demandé conjointement l'aide de la France. Habyarimana pourrait être d'accord pour un cessez-le-feu sur la ligne de contact, ce qui, implicitement, donne de l'importance aux combats en cours, durant lesquels le FPR cherche à élargir ses gains territoriaux. L'ambassadeur a trouvé que le Premier ministre, Dismas Nsengiyaremye, n'avait pas un moral « très solide ». Enfin Martres me confirme la très forte pression des autorités politiques rwandaises pour l'emploi rapide de la batterie de 105 mm.

Des discussions avec les colonels Cussac et Maurin il ressort que les FAR ont prélevé et engagé sur le front les trois bataillons qui étaient sur la frontière burundaise. Il n'y a toujours aucune réserve générale et l'état-major FAR semble attendre une aide de la batterie de 105 mm. Nous faisons ensuite le point avec le capitaine Grimaud du 35e régiment d'artillerie parachutiste (RAP), qui vient d'arriver quatre jours plus tôt avec une trentaine de parachutistes pour assurer la formation des futurs artilleurs rwandais. Il est catégorique, il n'est pas envisageable de faire tirer cette batterie dans les jours à venir avec du personnel rwandais : « Mon colonel, tous les soldats à former ne sont même pas arrivés, ils n'ont aucun matériel de transmission. La sous-qualification atteint au moins 50 % du personnel rwandais. La période, de quatre semaines, décidée au départ est donc nécessaire ou la batterie sera mal engagée et donc inefficace. »

On ne s'improvise pas artilleur, c'est évident et je le sais depuis très longtemps. Si on peut faire vaguement illusion en tenant un fusil, ce n'est pas le cas derrière un canon. Il faut non seulement des équipes de pièces, mais aussi un PC de tir capable de donner les bons éléments de tir pour atteindre l'objectif. Tout cela dépend des équipes d'observation, qui doivent être en mesure de donner les coordonnées du but à atteindre, puis aider à la mise en place des tirs en annonçant les corrections en portée comme en direction, etc. Il nous faut des mois en France pour former nos artilleurs, sans compter que nos cadres ont acquis leur savoir-faire dans des écoles spécialisées. Quatre semaines de cours par les parachutistes du 35e RAP, c'est donc déjà un grand minimum et cela nous mène à fin juillet. Les négociations devraient entrer dans une phase active quinze jours plus tard ! Dans mon compte-rendu du soir, je mentionne également la nécessité de trouver une solution pour répondre sans délai aux demandes rwandaises de postes radio et d'équipements de vision nocturne OB50. Les quantités sont faibles, mais je n'obtiendrai rien en quelques jours, en quelques semaines. Le ministère de la Coopération travaille à son rythme.

Avant de partir vers le front, nous rencontrons le CEM gendarmerie, le colonel Ndindiliyimana, qui nous remercie pour l'action de la France et annonce le début de la formation d'unités de maintien de l'ordre qui serviront aussi pour le contrôle des arrières. Il souligne la nécessité de mieux assurer la sécurité du Premier ministre (d'opposition) et en vient à des considérations plus politiques. Il nous parle de l'unité de la population derrière ses dirigeants politiques actuels et derrière son armée. Il est d'ailleurs prévu un meeting d'unité nationale le 1er juillet. Il accorde beaucoup d'importance au moral des militaires qui attendent « l'appui feu » (la batterie). Il conclut sur ses inquiétudes politiques à court terme : « Il ne faut pas rater le multipartisme. »

Peu après, le CEM Nsabimana nous tient un discours plus conventionnel ; il ne dispose pas de plus de 5 000 hommes sur le front. Il redoute que le FPR continue d'avoir l'initiative. Il aura l'occasion de s'en expliquer sur le terrain, mais le ministre de la Défense tient d'abord à nous rencontrer. Cette fois nous nous rendons chez Gasana, ministre MRND, qui insiste sur plusieurs points, dont certains auront leur intérêt pour les diplomates. La date des pourparlers est fixée au 10 juillet ; depuis le début de l'offensive, on assiste à un déplacement massif de la population vers l'arrière : 280 000 personnes, c'est énorme pour les autorités communales et gouvernementales, et invérifiable pour nous. Gasana insiste finalement sur l'importance de l'aide immédiate de spécialistes français pour servir les pièces. Ma réponse est nette : « Monsieur le ministre, comme convenu, le DAMI a quatre semaines pour former la batterie qui doit être celle des réserves générales. Si les FAR veulent la prendre maintenant, elles le peuvent, mais il ne faut pas s'attendre à une efficacité quelconque. Quant à la participation de spécialistes français, la réponse n'est pas de mon niveau et relève du domaine politique franco-rwandais. »

Sans nous attarder plus, nous embarquons dans des véhicules français et rwandais pour aller dans le secteur centre, celui de Byumba, où se passe l'essentiel de l'offensive militaire. Pour le moment, tout semble à peu près calme sur les crêtes de ces collines qui s'élèvent peu à peu. Ces crêtes sont densément peuplées tandis que les cultures et les bois couvrent les pentes. Le CEM Nsabimana nous explique ses difficultés avec des bataillons usés, fatigués et qui, pour certains, sont en train de fondre. Ce terme cache le fait que les soldats, paysans peu éduqués pour la plupart, retournent chez eux ; assez curieusement, ils ne sont pas considérés comme déserteurs, car, parfois, ils reviennent dans leur unité. Il ne reste aux FAR que 500 coups de mortier de 120 mm pour toutes les opérations à venir. C'est effectivement très faible : le 120 est la seule arme lourde des FAR ; elle peut être redoutable si elle est bien servie, ce dont je doute fortement.

Nous arrivons dans cette fameuse ville de Byumba et je comprends quelle position clé elle représente. Elle est établie sur un ensemble de crêtes convergentes qui en fait le point fort de l'horizon visible. Une vulnérabilité me saute aux yeux : il serait difficile pour les FAR d'arrêter son ennemi au sud de la ville. Tous les couloirs d'infiltration possibles vont du nord au sud, et une fois que l'on a passé Byumba l'accès vers Kigali est ouvert. Nous allons jusqu'à une colline tenue par un bataillon, nous pouvons voir la frontière ougandaise à quelques kilomètres et l'APR tout près. Le sommet de la colline est tenu par une section qui a creusé de minuscules tranchées, qui n'ont que quelques dizaines de centimètres de profondeur ! Une seule arme automatique ! Des amateurs, parfois courageux, mais qui sont loin d'être des combattants redoutables. Le commandant de bataillon arrive, tout essoufflé, de l'une des pentes. « Cela a accroché ce matin », me dit le chef du secteur. Le commandant se présente le casque brinquebalant sur la tête, il ne me paraît pas à la hauteur de ce qui est souhaitable. Je comprends pourquoi des infiltrations habiles peuvent faire tomber des positions à un coût humain réduit.

Je regarde le terrain, je sais que le dispositif rwandais n'a aucune profondeur, que tout peut s'effondrer rapidement. Rosier a le même sentiment que moi. Ce front, qui s'étend maintenant sur une centaine de kilomètres, est tenu « en pointillés », les points représentant des sommets de collines comme celle où nous nous trouvons. Les officiers rwandais, de mon avis, surestiment le volume des forces FPR en parlant d'un rapport de force de deux à trois contre un en leur défaveur. Je pense que même à un contre un, le FPR/APR (soutenu par des Ougandais) l'emporterait.

Les grands et sempiternels principes de « concentration des efforts, d'économie des moyens et de liberté d'action » ne sont pas dans la tête des stratèges rwandais sauf, vraisemblablement, de Kagame. Un seul ordre maintenant dans la bouche du CEM Nsabimana : « Défendre sur place. » Tous les officiers des FAR, lors de cette longue reconnaissance, ne manquent pas de nous parler de la population, qui part avec l'armée quand celle-ci abandonne une colline et *a contrario* ne reste pas en zone tenue par le FPR.

Nous commençons à voir ces très pauvres déplacés de l'intérieur, qui se rassemblent dans des bois d'eucalyptus qu'ils ravagent immédiatement pour faire des abris de branchages, à grands coups de machette que toutes ces familles semblent posséder. À chaque fois que j'irai sur le terrain, essentiellement en 1993, je verrai ces rassemblements de malheureux, regroupés par commune, qui survivent non loin du front sous des branchages couverts de plastique avec une petite aide gouvernementale et le soutien de très rares ONG.

Ce fut un pur scandale que presque tous les médias internationaux, si prompts à la compassion de rigueur, aient ignoré, oui ignoré, ces pauvres gens. Les Balkans ont monopolisé l'attention et éclipsé bien des misères ailleurs dans le monde qui auraient mérité d'être plus connues. Ces médias accourront évidemment au moment du génocide, c'est logique, mais pourquoi rien avant ? J'ai, par le passé, vu des camps de réfugiés au Liban ou à Djibouti, de déplacés au Tchad, mais rien d'aussi lamentable, une honte. Quel potentiel de haine, hélas !

Nous rentrons vers Kigali. Le CEM Nsabimana n'a pris son commandement que depuis trois semaines, mais il accuse déjà le coup. Il se dépense sans compter pour rassurer ses hommes, boucher les trous et essayer de manœuvrer un peu. Une crise de malaria l'a affaibli quelques jours. La journée suivante, nous poursuivons nos reconnaissances du terrain.

Ébauche de scénarios

Il nous faut sans retard donner un aperçu de nos réflexions et, comme les brevetés de l'École de guerre que nous sommes, Rosier et moi, nous nous partageons le travail tout en poursuivant nos échanges de vues. Je vais ébaucher des scénarios court terme et Rosier commencera à rédiger un mémoire sur la mise en œuvre d'une option dans le cas d'un scénario médian. Le premier scénario est le plus simple : l'armée rwandaise réussit à contenir le FPR jusqu'à fin juillet et reçoit les renforcements d'unités nouvellement constituées en août. Byumba, point clé, est conservé. L'action indirecte de formation par les DAMI remplit pleinement son rôle et ainsi aide à recréer des réserves, dont une batterie d'artillerie. Ce scénario est le plus favorable et la France n'a pas à modifier son axe de conduite, les pourparlers devant déboucher sur un cessez-le-feu courant juillet. Les négociations sont enclenchées.

Deuxième possibilité : l'armée rwandaise n'arrive pas à contenir l'APR et risque de perdre Byumba. Le Rwanda obtient une aide spéciale, décision éminemment politique, pour l'aider à traiter les objectifs FPR repérés, cela afin d'arrêter la poussée adverse, qui pourrait conduire à une dislocation complète de son dispositif. Le mémoire traite de ce que pourraient être les modalités d'emploi en excluant toute action directe des soldats français.

Le troisième scénario est le plus grave : l'armée rwandaise ne contient plus les forces du FPR/APR et se disloque, entraînant un exode encore plus important des populations en direction de la capitale. Le contingent français pourrait alors soit protéger les ressortissants français et étrangers puis sans doute les évacuer, soit la France fixerait une ligne à ne pas dépasser, qui serait signifiée aux responsables politiques ougandais et du FPR. À plusieurs reprises, cette attitude a été utilisée dans le cadre de crises au Tchad.

Évidemment, les rédacteurs que nous sommes préfèrent le premier scénario. Je transmets ces réflexions au COA pour étude et décision par le CEMA. Je précise qu'en l'absence de réponse, nous prendrons l'avion comme prévu le 30 juin, mais que le colonel Rosier pourrait rester sur place pour éventuellement finaliser et monter cette opération spéciale correspondant au deuxième scénario. Son idée, que je partage, est de pouvoir fournir, avant le 10 juillet, un soutien immédiat mais discret à partir des moyens déjà mis en place. Ce soutien doit permettre la mise en œuvre par des Rwandais de la batterie face à un point d'application choisi par le CEM Nsabimana. Toute une série de précautions sont retenues, notamment pour assurer la sécurité comme la discrétion des formateurs français.

Il est évident que nous sommes à la frontière de l'action indirecte et que les risques humains et politiques doivent être évalués par le commandement et les autorités politiques. Comme je l'ai déjà écrit, j'ai confiance en Rosier, qui est un grand professionnel et se trouve être le chef de corps du 1er RPIMa. Ses hommes sont équipés de moyens de transmission les plus modernes que nous ayons à cette époque, et chaque parachutiste a plusieurs spécialités de combat. Ils sont tout à fait aptes à une mission confidentielle, non secrète car ils travaillent en tenue. C'est ce que nous appelons maintenant couramment « opération spéciale ». Les artilleurs du 35e RAP seront bien protégés et eux-mêmes m'ont paru excellents, ce qui ne sera jamais démenti.

Le compte à rebours

À peine revenu à Paris, je signe le 1er juillet le rapport numéro 010939. Il contient la plus grande partie de ce que j'ai décrit plus haut, mais je souhaite citer le dernier paragraphe de sa conclusion : « À l'approche des pourparlers FPR-gouvernementaux, que la plupart des observateurs politiques prédisent infructueux, et au moment où s'élaborent chez le Premier ministre les mesures pratiques d'un éventuel cessez-le-feu, la mission estime que les actions militaires indirectes ou/et semi-directes peuvent, en liaison avec celles menées au plan politique et diplomatique, concourir à maintenir dans ses grandes lignes le front actuel. Une rupture importante du dispositif rwandais aurait des conséquences humaines et politiques disproportionnées avec la surface du terrain perdu. »

Ce rapport, initialement réservé à l'EMA, est diffusé sur ordre de l'Amiral au cabinet du ministre de la Défense, qui le fait tenir à l'Élysée et au cabinet du ministre de la Coopération. Au Rwanda, un bataillon, le 33, s'est dissout dans la nature… Les écoutes indiquent une probable offensive FPR le 4 ou le 5 juillet. Le ministère de la Coopération prend des dispositions pour différentes cessions onéreuses. Le suivi des autres crises en Afrique se poursuit…

L'appel au secours officiel des Rwandais est reçu dans la nuit du 6 au 7 juillet. Une nouvelle cellule de crise se tient dans la matinée au Quai d'Orsay, à laquelle je me rends immédiatement. Le front rwandais plie face à l'offensive du FPR ; au Quai d'Orsay, les responsables des services de renseignement ont fait le point. Dijoud fait remarquer que l'« on ne peut rien demander de plus au gouvernement de transition ». Bernard est favorable à ce qu'une aide, la plus résolue possible, soit apportée aux FAR : « Il faut choisir les moyens et que cela marche. » Le général Quesnot intervient : « Il n'est pas question qu'il y ait un engagement direct. » Il est suivi par des propos interrogatifs, plus ésotériques, du secrétaire général du Quai d'Orsay : « Un engagement un peu moins indirect est-il possible ? Que faut-il faire de plus ? » Je souris *a posteriori* en me demandant quelle représentation concrète pouvait se faire à cet instant ce diplomate de très haut niveau. Jean-Pierre Filiu, conseiller de Pierre Joxe, fait remarquer que l'on se trouve « à l'extrême limite de l'aide directe ». Se repose une fois encore la question de l'attitude de l'Ouganda. Mais d'autres sujets sont inscrits à l'ordre du jour : Djibouti, Tchad, Togo, Algérie et aussi Afrique du Sud.

À 11 h 30, de retour à l'EMA, je fais une note au général Mercier sur la base d'éléments transmis par Rosier. La batterie pourrait être engagée le 8, le lendemain, sur les hauts de Byumba pour intervenir au profit du 17e bataillon des FAR. Trois hommes du 35e RAP seraient au PC de batterie, et trois autres du 1er RPIMa assureraient leur protection rapprochée. Une équipe d'observateurs du 35 s'installerait avec des Rwandais sur un observatoire. Rosier, avec son équipe, serait au PC de secteur pour commander les Français : en tout, un petit détachement de 21 parachutistes du 35e RAP et du 1er RPIMa. L'avantage de la formule tient au faible nombre de Français et on peut considérer que les Rwandais œuvrent seuls. La visibilité est très réduite. Il est aussi évident que la batterie ne sera pas très mobile et que la protection rapprochée est allégée. Enfin, le colonel Rosier a pris le soin de sélectionner des positions de batterie hors de portée des armes lourdes, des mortiers, du FPR.

Dans l'après-midi, le colonel Huchon, de l'EMP, me prévient que le président Habyarimana vient à Paris, le 16 juillet, pour rencontrer le Président. Peu de temps après, le feu vert politique est donné pour l'action spéciale, qui sera aux ordres de Rosier. Le compte à rebours est terminé. Nous voyons le curseur placé au plus près de l'action indirecte, mais hors de l'action directe.

Le CEMA et le général Mercier vont consacrer, proportionnellement, beaucoup de leur temps à cet engagement, mais les autres crises continuent. Pour ma part, si Rosier reçoit ses ordres d'eux, je me sens très engagé pour assurer la meilleure interprétation de ce qui va remonter du terrain et de la situation générale. Finalement, je suis le seul à avoir arpenté la cellule de crise du Quai d'Orsay et les hauteurs de Byumba. Je suis préoccupé, mais je n'ai pas un moment, à cette époque, pour l'introspection. En rédigeant ces lignes, vingt-sept ans plus tard, je n'ai pas de regrets concernant les actions menées par les exécutants de différents niveaux que nous étions. Nous avons aussi agi sans haine, comme de vrais soldats accomplissant, le plus correctement possible, une mission dont la légitimité était sans appel.

Combats jusqu'au cessez-le-feu, *talk and fight*

Sur le terrain, l'offensive FPR est relancée, pesant alternativement sur les différentes parties du front, du Mutara à la province de Byumba et à celle de Ruhengeri. Néanmoins, l'objectif majeur du colonel Kagame semble bien la prise de Byumba, et la pression exercée au nord et au nord-ouest de ce point clé du terrain est très forte. Les Rwandais ont mis leurs meilleures unités, dont le bataillon parachutiste, sur les crêtes au nord-ouest de la ville. Des saillants matérialisant l'avance du FPR se forment à l'ouest et aussi à l'est de ce bastion. Certains bataillons gouvernementaux se font contourner de nuit avant d'être attaqués, et parfois ils s'effondrent. D'autres sont encerclés et le commandement local a les plus grandes peines à leur faire parvenir des munitions et des vivres. Un autre bataillon « fond » et, au petit matin, seule une soixantaine d'hommes tient mal une position qui figure pourtant sur les cartes d'état-major. « Pourquoi mourir alors que le cessez-le-feu est proche ? » Rengaine connue dans tous les conflits. Des bureaux communaux tombent et la population fuit à pied quelques kilomètres en arrière pour se regrouper sous des abris de branchages coupés à la machette au hasard d'un bois accroché à une pente. Les contre-attaques lancées par les FAR réussissent parfois, suivant le volume des unités engagées et des appuis rassemblés. À cet égard, les premières interventions de la batterie de 105 ont lieu dès le 8 juillet et vont se poursuivre régulièrement jusqu'au cessez-le-feu définitif.

L'Amiral a précisé que la propriété juridique des canons et des munitions a été totalement transférée au Rwanda et que nous menons la formation opérationnelle des artilleurs rwandais de la batterie. Évidemment, nos instructeurs permettent qu'elle ait, dès cet instant, une efficacité évidente. Le colonel Rosier et son détachement assurent la qualité technique de la mise en place de tirs répétés, précis et donc puissants. Dix-huit interventions importantes seront conduites ainsi pendant cette période. La portée maximale de ces obusiers 105 HM2, qui ont plus de quarante ans d'âge, est de 11 kilomètres à charge maximale (charge de poudre qui propulse l'obus). Pour des raisons de sûreté de nos propres hommes, les positions de batterie, validées par les Français, se trouvent au minimum à sept ou huit kilomètres de la ligne de contact. En fonction des choix de manœuvre des Rwandais ou d'un assaut du FPR, des tirs sont demandés par le commandant de secteur, soit pour préparer la reprise d'une position perdue, soit pour stopper une attaque sur une colline. Les artilleurs rwandais sont aux pièces et, une fois le réglage assuré, délivrent des centaines de coups par tirs successifs de 20 obus, la cadence maximale étant de six coups minute par pièce.

Grâce aux petites valises satellites Inmarsat, le colonel Rosier envoie et reçoit de Paris, par fax chiffrant, tous les messages traitant de son opération. Le colonel est très précis et donc le général Mercier comme moi-même pouvons avoir une représentation aussi nette que possible de ses actions comme de ses difficultés. Lui-même, les parachutistes du 1er RPIMa et ceux du 35e RAP – en tout, moins de 60 hommes concernés par cette opération spéciale – méritent tous les éloges. La discrétion et la confidentialité de cette action d'assistance opérationnelle d'urgence française n'ont sans doute pas permis de le leur faire savoir (prise d'armes officielle et remise de décorations) à la fin de leur engagement. C'était parfois la loi du genre de ce que nous appelons maintenant forces spéciales. Pour ma part, j'ai immédiatement compris toute l'importance effective de leur contribution aux objectifs politiques poursuivis par la France dans cette crise. Proposer cette option n'était pas une erreur.

Comme c'est son rôle, le COA prend la main à partir du 9 juillet, notamment pour réaliser la cohérence du dispositif militaire français. En effet, le détachement Noroît pourrait intervenir, en cas d'urgence absolue, au profit de nos formateurs afin de les dégager d'une mauvaise posture. Rien n'est laissé au hasard et pourtant tout peut arriver, car le risque pour nos hommes est réel. Il n'y aura aucune perte parmi les Français, preuve, s'il en est, qu'ils ne se sont pas substitués aux combattants rwandais, qui ont payé, seuls, le prix du sang durant les combats de la guerre civile, tout comme leurs concitoyens francophones et anglophones[18] de l'APR.

Tous ces mouvements d'avions militaires français qui ont apporté les pièces d'artillerie de 105 mm et les stocks de munitions sur l'aéroport international de Kigali ne peuvent qu'être connus du colonel Kagame, qui doit évidemment disposer d'agents de renseignement dans la capitale. Sans être déterminante sur le front, qui fait plus de 100 kilomètres, cette batterie a un effet moral néfaste sur ses propres unités. Il a dû penser à renforcer ses appuis artillerie, en sus des mortiers et des lance-roquettes dont il peut disposer. Des « écoutes » font d'ailleurs part, à plusieurs reprises, d'une prochaine arrivée sur le front du FPR/APR de canons de 122 mm en provenance de l'armée ougandaise. Ces canons représenteraient une menace pour les FAR, mais aussi pour nos éléments les plus avancés. À ma connaissance, ils ne seront pas engagés par le FPR/APR. Là encore, cela devait être, pour le président Museveni, une décision délicate à prendre et qui comportait trop de risques d'internationalisation du

18. Tutsis exilés en Ouganda, voire nés dans ce pays anglophone.

conflit. Nos amis américains ont-ils recommandé la prudence ? Possible ! Enfin, je veux encore le croire.

De leur côté, les gouvernementaux ont réussi à acheter des canons de 122 mm à l'Égypte et ont obtenu leur transport à Kigali. Les deux premiers canons arrivent en juillet et les Rwandais attendent les formateurs égyptiens. Évidemment, les FAR n'ont aucun personnel capable de s'en servir. Nous essayerons plus tard de les aider un peu dans ce domaine également. Le CEM Nsabimana court au plus pressé pour boucher les trous et essayer de monter des contre-attaques locales, et il s'épuise au point de faire de nouvelles crises de malaria qui ne l'arrêtent que quelques heures. Le réseau radio rwandais est sommaire, peu ou pas protégé, et tout est plus long et plus délicat à faire, les comptes-rendus arrivent tardivement, les ordres en retour sont décalés par rapport à la situation réelle sur le terrain.

Pendant que les combats se déroulent, les discussions ont commencé. Elles tournent autour d'un calendrier et d'un ordre du jour à établir pour étudier les conditions d'un partage du pouvoir au Rwanda, le *sharing power*. Ces pourparlers à venir, qui doivent déboucher sur des accords définitifs, ne peuvent se dérouler que si un cessez-le-feu est respecté sur le terrain. Ce dernier devrait figer la situation militaire pendant des mois, voire des années, en attendant la mise en place de futures institutions et d'un futur gouvernement représentatif. Il est prévu la mise en place d'un groupe d'observateurs militaires neutres (GOMN) chargé de surveiller le respect du cessez-le-feu. Il serait composé d'officiers africains et commandé par un officier général. Ces négociations se déroulent à Arusha, une ville importante du nord de la Tanzanie, au pied du mont Meru, non loin du Kilimandjaro. La France a une position d'observateur et le premier secrétaire de l'ambassade de France en Tanzanie, Jean-Christophe Belliard, a été désigné pour assister aux premiers pourparlers. Du côté américain, l'un des observateurs se trouve être le lieutenant-colonel Anthony Marley, qui suit le colonel Kagame depuis qu'il a eu l'occasion de l'entraîner à Fort Leavenworth aux États-Unis, avant que ce dernier prenne officiellement la tête de l'APR en octobre 1991 et officieusement celle du FPR.

Pour toutes les raisons déjà exposées, la France est tout à fait favorable à ces négociations, seules capables d'éviter une crise interne incontrôlable. Il revient naturellement aux diplomates du Quai d'Orsay de piloter l'action de notre représentant. L'action spéciale sur le terrain doit permettre d'éviter un effondrement militaire ; l'action diplomatique, elle, a pour but de construire les conditions d'un dialogue durable entre les parties.

Naturellement, les Américains ne sont pas étrangers à tous ces échanges diplomatiques, que ce soit à Paris, à Washington ou Kampala. J'aurai l'occasion au printemps suivant de constater jusqu'à quel point ces derniers avaient pu être proches de la rébellion. Ces dernières années, des études américaines menées sur la base des archives du Conseil de sécurité des États-Unis font apparaître tout le soutien, financier notamment, qui était apporté au président Museveni. Était-ce pour qu'il puisse appuyer à sa guise l'action du FPR de Kagame ? Assez curieusement les auteurs et historiens français s'intéressent assez peu à ce dernier volet, qui illustre pourtant la grande connaissance de nos amis américains de l'extrême danger de la situation au Rwanda dès 1992.

Le 12 juillet se terminent les premiers pourparlers d'Arusha. Un cessez-le-feu, censé entrer en vigueur le 19 juillet, mettra en fait plus d'un mois à se stabiliser. Les négociations reprendront le 10 août sur la base de la participation de ministres FPR au futur gouvernement de transition et d'une intégration future de leurs combattants dans les FAR. Enfin, le GOMN est créé dans le but de superviser la trêve ; il sera effectivement réuni en partie à la mi-août, ensuite il lui faudra encore attendre des moyens. Si, le lendemain 13 juillet, dans l'analyse que j'adresse au CEMA, ces éléments sont valorisés, je lui expose que sur le terrain, la pression du FPR va se maintenir, voire s'accentuer, au moins jusqu'au 19 et que la tension va rester forte. Le FPR, dans sa propagande, fait état de la présence de soldats français sur le terrain. Il n'a pas tort sur ce point mais sur le sens où il l'entend, car ils ne sont pas engagés directement dans les combats.

Le 17 juillet, lors d'une réunion Coopération-Défense, nous discutons certes du Rwanda, mais le point principal est la sortie de crise tchadienne. De retour à l'EMA, j'envoie un dernier fax à Rosier pour lui dire que la rencontre entre les deux présidents français et rwandais aura lieu le 18 et que « nous allons aider à maintenir le front en l'état actuel ». J'ajoute que je vais partir dès le lendemain me refaire une santé, permissions pour quatre semaines. Son « affaire » sera complètement suivie par le général Mercier et le colonel Roques. Enfin, je lui annonce officieusement qu'il va recevoir du CEMA, dans les heures qui suivront, le contrôle opérationnel de tous les militaires français stationnés au Rwanda. C'est effectivement l'organisation la plus rationnelle dès lors que le CEMA souhaite rendre la chaîne de commandement la plus efficace possible. L'attaché de défense sort de la ligne directe de commandement ; il reprendra le rôle une fois le calme à peu près revenu.

À Paris, les mutations estivales au sein des principaux postes de responsabilités de l'EMA ont pour conséquence que le colonel Roques, de sept promotions avant moi, devienne le nouveau « Monsieur Afrique » du CEMA. C'est un officier des troupes de marine qui connaît bien l'Afrique. Les raisons de ce changement m'ont paru particulièrement filandreuses. Néanmoins, le mieux est toujours de continuer de servir sans états d'âme. Je regagne la division des relations extérieures de l'EMA, à la tête d'une vaste zone allant de l'Afrique au Moyen-Orient et à l'Asie. De quoi travailler certes, mais plus éloigné de l'essentiel, du décisionnel. Enfin je le croyais.

Je reviendrai trois ans plus tard, après une année passée au CHEM/IHEDN (Centre des hautes études militaires/ Institut des hautes études de défense nationale) comme « conseiller Afrique Moyen-Orient » en titre du CEMA, l'amiral Jacques Lanxade, et quelques semaines plus tard du général d'armée aérienne Jean-Philippe Douin ; nomination que j'apprécierai à sa juste mesure.

Je pars vers le sud de la France rejoindre ma famille, croyant avoir clos définitivement un chapitre de ma vie militaire, même si l'Amiral m'a dit et écrit beaucoup de bien de mon action auprès de lui durant l'année écoulée. Je me trompais, le Rwanda va demeurer, par périodes, le centre de certaines des missions qu'il me confiera. Ce qui me permet de continuer de témoigner.

Chapitre 7 – Arusha, *Sharing Power*, des pourparlers pour l'espoir (septembre 1992)

Nouvelle mission politico-militaire

Le 18 août, juste de retour à Paris, je participe encore pour quelques semaines à la petite réunion du matin autour du CEMA, au cœur du COA ; les préoccupations sont multiples. En dire quelques mots est à mon sens éclairant sur la place réelle du Rwanda pour les armées françaises. Pour l'Irak, l'Amiral nous dit que le Président est ouvert à une interdiction de survol par des avions irakiens d'une vaste zone et veut savoir la position des Saoudiens. La coopération avec le Koweït se développe et nous allons devoir mettre sur pied des exercices interarmées communs. La Yougoslavie est sa principale préoccupation. Le CEMA évoque une fois encore une force UEO, sans trop y croire, elle aurait une mission sous contrôle de la FORPRONU[19]. Suivent des considérations sur les règles d'engagement des unités de combat. Quand on en vient à l'Afrique, c'est la Somalie, où se déroulent de violents affrontements, qui retient son at-

19. La Force de protection des Nations unies (FORPRONU, UNPROFOR en anglais) a été créée en tant qu'opération visant à créer les conditions de paix et de sécurité nécessaires à la négociation d'un règlement des guerres de Yougoslavie.

tention, tout comme Djibouti, où la tension est forte entre gouvernementaux et Afars dans la plaine du Hanlé.

Je l'écoute avec évidemment la même attention à propos du Rwanda. Il est question de signer rapidement un avenant à l'accord de coopération avec ce pays pour clarifier la position des coopérants militaires œuvrant au profit de l'armée et de la gendarmerie rwandaises. À Arusha, les négociateurs sont tombés d'accord sur la formule du futur « gouvernement de transition à base élargie ». Au sujet du colonel Rosier, l'Amiral estime qu'il est temps qu'il rentre en France et me demande de l'appeler à ce sujet. Nous avons encore à parler du Congo (Brazzaville) puis du Togo.

Dans les jours qui suivent, l'Amiral décide de m'envoyer, aux côtés du diplomate qui sera l'observateur français, au Rwanda pour le troisième round des négociations d'Arusha. Effectivement, le 24 août, le colonel Fruchard, du cabinet du ministre de la Défense, me confirme cette prochaine mission. L'Amiral choisit dans son état-major qui il souhaite pour telle ou telle mission, même si les usages dans ce type d'organisation en sont parfois un peu chamboulés et même si cela peut agacer le major général du moment. Je comprends qu'il veut être précisément renseigné sur ce qui est raconté lors de ces rencontres, qui peuvent être déterminantes pour l'avenir à moyen terme de notre aide et de notre présence militaire.

Un ambassadeur, François Gendreau, sera le chef de mission. Il a tenté en début d'année 1992 de mettre en place la mission d'observation française qui devait apporter des éléments objectifs sur l'engagement des deux parties le long de la frontière rwando-ougandaise. Faute de moyens et surtout devant l'interdiction de l'Ouganda de pénétrer en zone frontalière, la mission avait capoté. Un passeport diplomatique me sera octroyé pour la durée de mon déplacement afin de mieux garantir ma protection juridique. Deux parachutistes du 1er RPIMa sont également prévus pour me servir de gardes du corps et pour assurer les transmissions satellitaires me permettant d'envoyer de façon autonome des messages chiffrés à l'EMA depuis Arusha. C'est un format original, pour ne pas écrire très peu courant.

Au Quai d'Orsay, Jean-Marc de La Sablière a remplacé Paul Dijoud comme directeur des affaires africaines et malgaches. Je vais me présenter. C'est un diplomate beaucoup plus classique que son prédécesseur, ouvert et désireux de maîtriser rapidement une vaste zone qu'il connaît encore peu. Cette très bonne impression se confirmera à chaque rencontre, grand diplomate mais humble dans son comportement ; il entre immédiatement dans le dossier rwandais parmi tous les autres. Il m'annonce le passage, la semaine suivante, d'une délégation du FPR à Paris. Quelques jours plus tard doit arriver le Premier ministre de Kigali. « Nous devons parler avec tout le monde. » Sur le terrain, le GOMN reçoit un renfort d'officiers nigérians, se préoccupe du *per diem* (somme allouée à chaque officier) et réclame, lui aussi, des postes radio. Le ministère de la Coopération essaye de se coordonner avec d'autres bailleurs de fonds et en particulier des Américains, peu désireux de voir ce groupe équipé devenir efficace. Son chef, le général Ekundayo Opaleye, de nationalité nigériane, semble assez proche de ces derniers comme du FPR.

La réunion Coopération-Défense du 3 septembre tourne, pour ce qui concerne le Rwanda, autour d'une question qui me laisse rêveur. Avant d'envoyer un petit détachement de 15 hommes en coopération (DAMI), faut-il ou non avoir l'accord du FPR ? Décidément, nous sommes très conciliants, mais je ne pense pas que notre réponse ait été positive. Catherine Boivineau, l'adjointe pour l'Afrique de Jean-Marc de La Sablière, une diplomate très avertie, m'appelle en vue d'une prochaine réunion avec des diplomates américains qui viennent à Paris. Il semblerait qu'ils soient sur un schéma de transition politique s'étalant sur dix-huit mois. Nous devons nous sonder mutuellement dans l'espoir de nous coordonner.

Sur le terrain, le GOMN a constaté une grosse attaque FPR dans le Butaro, saillant au nord du pays, et sur la position attaquée, ils ont vu les corps de combattants FPR. Le général Opaleye, chef du GOMN, déploie une équipe d'observateurs par zone, de 10 à 18 heures. Là encore, si c'est exact, cela laisse beaucoup de latitude aux parties.

Rencontres avec les Américains puis le FPR à Paris

Dans l'après-midi du 3, je participe à une réunion au Quai d'Orsay avec des diplomates américains. Il s'agit de Charles Snyder, adjoint du secrétaire d'État pour les affaires africaines, et de David Rawson, qui sera l'ambassadeur des États-Unis au Rwanda à partir de 1993. Rawson a été observateur aux premières conversations d'Arusha. Il était accompagné du lieutenant-colonel Marley. Les échanges tournent autour du volume des FAR, des armes lourdes, du contrôle de la frontière avec l'Ouganda. La question du retour des réfugiés en Ouganda est abordée avec celle de leur nationalité, car bon nombre sont nés sur place. À ce sujet, le concept d'élections qui seraient indépendantes de leur retour implique la possibilité de voter de l'étranger, principalement d'Ouganda. Rawson lance l'idée de déléguer à un organisme le suivi des négociations d'Arusha. Personnellement, je ne comprends pas trop ce qu'il peut avoir en tête. *In fine*, je ne trouve pas ces discussions très productives, mais je ne suis pas un diplomate ; elles montrent cependant le suivi très précis de la crise par les officiels américains.

À mon retour à l'EMA, Catherine Boivineau m'interroge sur l'organisation d'un rendez-vous entre le Premier ministre rwandais et le CEMA lors de son passage à Paris. Je lui réponds que l'Amiral ne souhaite pas de tête-à-tête, mais est favorable à un entretien à l'occasion d'un repas officiel.

Le lendemain, je suis invité par La Sablière à rencontrer, au ministère des Affaires étrangères, le président du FPR et le représentant de celui-ci à Bruxelles. Il s'agit du colonel Alexis Kanyarengwe, un Hutu, devenu le président du FPR après la mort du fondateur Rwigema en octobre 1990 ; opposant du président Habyarimana depuis 1980, il s'était lui aussi exilé en Ouganda. Il sera ministre de l'Intérieur du nouveau régime, de 1994 à 1997, avant d'être chassé de son poste et de la présidence du FPR par Kagame, pour avoir dénoncé des massacres de populations dans la région de Ruhengeri par la nouvelle armée rwandaise. Mais pour le moment il déclare : « Nous sommes très contents de cette aide au rétablissement de la paix au Rwanda comme de l'élargissement du cercle des observateurs pour un déroulement plus efficace des négociations. Je rappelle que celles d'Arusha II ont défini les principes d'union nationale comme la nécessité de la démocratie. La question pour Arusha III est de réfléchir à la formation d'un gouvernement et à certains organes de sécurité. » La Sablière lui répond : « La France est en appui des conversations et apporte son soutien aux observateurs. Sur un plan général, nous ne pouvons pas accepter la prise de Kigali par une action militaire. Nous souhaitons un règlement politique faisant preuve de réalisme. » Kanyarengwe affirme : « Le FPR souhaite la création d'une commission de réconciliation qui prendrait le rôle de chef de l'État, y compris l'exécutif et le législatif. Le président Habyarimana siègerait et aurait éventuellement la présidence de ce comité. Cette commission s'occuperait de la sécurité publique, du problème de l'armée et aussi de l'échéancier des élections qui auraient lieu dans les deux ans. Le FPR voulait des négociations, il ne cherche pas de solution militaire. Enfin, on ne peut pas faire d'élections au Rwanda en moins d'un an. » La Sablière assure la volonté de la France d'aider avant que le président du FPR reprenne : « Nous ne voulons pas faire table rase. Mais il y a eu des précédents de comités qui n'ont jamais débouché… Nous ne voulons pas de changements brutaux, mais le FPR ne veut pas être au sein d'un gouvernement qui soit bridé par le président Habyarimana. »

L'entretien se termine de façon diplomatique. Cependant, avec le recul des années, on doit se souvenir de cette dernière phrase qui montre combien la présence ou non de Habyarimana dans un règlement de la crise prenait un aspect stratégique déterminant pour le FPR.

Arusha et ses délégations

Nous sommes donc quatre à atterrir à Nairobi pour prendre un véhicule 4x4 de l'ambassade de France en direction de la Tanzanie et d'Arusha. Je fais la connaissance de François Gendreau, ambassadeur très professionnel, d'une courtoisie sans défaut et volontiers disponible pour tous les sujets abordables dans les temps libres que nous aurons durant la douzaine de jours à venir. Les deux hommes du 1er RPIMa ont embarqué la valise Inmarsat protégée par la « valise diplomatique ». Tout est bien organisé sur place et les parachutistes assurent avec une conscience irréprochable les tâches de protection qui pourtant ne me paraissent pas si nécessaires.

Le 7 au matin, nous rencontrons le chef de la délégation du gouvernement rwandais. Il s'agit du ministre des Affaires étrangères Boniface Ngulinzira. Il a été précédemment conseiller diplomatique du président Habyarimana puis ambassadeur à Kampala. D'emblée, il me paraît être un diplomate de haut niveau. Il nous présente la position de la délégation de son pays : « Le Rwanda attend des clarifications sur les véritables souhaits du FPR. Pour le moment, on se demande s'il y aura mauvaise foi de sa part. Le FPR doit préciser ses intentions dans la mesure où le gouvernement vit déjà une expérience de partition du pouvoir. Que deviendra le FPR une fois leur force intégrée ? Une garantie pourrait être l'intégration militaire. Le comité qu'il réclame, où le placer ? Les élections devraient avoir lieu à tous les niveaux : locales, législatives, présidentielles, en commençant par les premières. » L'ambassadeur rwandais à Kampala aborde la question des réfugiés : « Nous devons définir si leur retour se fera dans des zones identifiées ou là où ils le veulent. De plus, la naturalisation devrait se faire via l'immigration. » Le ministre enchaîne : « Si le FPR ne reconnaît pas le processus en cours, on ne pourra pas aboutir. Les cinq partis ont formé un gouvernement de transition, il faut que le FPR pense à la contestation populaire dans le cadre de sa participation au pouvoir. Il faut que le FPR ait la volonté d'aller vers un compromis. » Il poursuit pour éclairer la suite et montrer sa prudence : « Nous allons effectuer des discussions pour étudier la phase de "gouvernement élargi" et ensuite Arusha IV traitera de l'armée. Les principes de cette phase doivent être posés dans ce round. En tout cas, il faut éviter toute rupture, quitte à repousser les discussions. »

Dans l'après-midi de ce premier jour se tient une grande réunion des observateurs sous la présidence du ministre des Affaires étrangères de Tanzanie. Un Sénégalais, Ibrahima Fall, représentant le secrétaire général de l'Organisation de l'unité africaine (OUA), est sans doute le plus optimiste de tous en prévoyant une conclusion favorable. Il a été auparavant ministre des Affaires étrangères du Sénégal[20]. Il souhaite aussi être une sorte de porte-parole des observateurs. L'Ouganda, le Burundi, le Nigeria, la Belgique, les États-Unis sont également représentés (l'Allemagne le sera cinq jours plus tard). Rawson « a une position qu'il ne cherche pas à éclaircir », comme je l'ai écrit à l'époque. Nous n'avons plus qu'à rejoindre la première séance plénière dans la plus grande salle de l'hôtel qui accueille ces hommes. Ceux-ci doivent chercher une issue politique à cette crise, dont la quasi-totalité ne peut méconnaître la gravité.

Je découvre la délégation du FPR dirigée par Pasteur Bizimungu, Hutu, lequel est accompagné de cinq personnalités tutsies : le major Frank Mugambage, le docteur

20. Il continuera une brillante carrière, notamment à l'ONU.

Théogène Rudasingwa, Andrew Rwigamba, le docteur Jacques Bihozagara et enfin Patrick Mazimhaka. Les hommes qui encadrent physiquement, et sans doute politiquement, Pasteur Bizimungu affichent une froideur et une impassibilité qu'ils garderont la plupart du temps. Cette équipe me semble immédiatement beaucoup plus forte et cohérente que celle qui est censée soutenir le ministre rwandais, laquelle apparaît hétérogène à bien des points de vue. Je reviendrai sur ces personnalités du FPR, dont le destin n'est pas sans intérêt pour mieux comprendre leur rôle vis-à-vis de leur chef de délégation.

Le ministre tanzanien ouvre la séance en remerciant les observateurs et lance un appel pour que les parties fassent preuve de souplesse et de pragmatisme : « Pour une question de partage du pouvoir, il faut de la patience et de la souplesse. » Il lit ensuite un message du secrétaire général de l'OUA.

Le ministre rwandais fait une synthèse de sa position initiale après un rappel des résultats des négociations d'août sur les principes du gouvernement à base élargie : « Le pouvoir doit être partagé durablement et exercé par le peuple à travers ses élus. Le Rwanda vit déjà une expérience de partage du pouvoir avec cinq partis et c'est une expérience positive. Le FPR peut aussi partager ce pouvoir. J'agirai avec l'esprit de la recherche d'un compromis. Il faut consolider le système démocratique détaillé lors des discussions d'Arusha II. » Le représentant du FPR, Pasteur Bizimungu, se lève à son tour : « Le partage du pouvoir doit être effectué entre le MRND [parti du président Habyarimana] et les autres forces sociales, dont le FPR. Depuis le 18 août, le MRND a multiplié les actions pour faire échouer les négociations. La préfecture de Kivuyé a été mise à feu et à sang. Ce sont des massacres par Habyarimana et ses hommes. Le 30 août, une position a été pilonnée par les FAR. L'utilisation du cessez-le-feu dans ces conditions est intolérable. Il y a des meurtres dans la population. » Il poursuit par des affirmations anti-junte, des attaques contre Habyarimana et les partis politiques de complaisance, mais également contre la Constitution avant de conclure : « La transition ne peut supporter l'assujettissement à la Constitution. Le gouvernement rwandais n'a jamais eu les moyens de sa politique. Le FPR prouvera qu'il ne veut pas accaparer le pouvoir. »

Le décor est planté, je comprends que nous aurons un match avec deux stratégies opposées, l'une offensive, à la conquête de la moitié du pouvoir – voire plus –, l'autre défensive, en marche rétrograde, d'une concession à l'autre. Les deux hommes rendent compte, l'un au colonel Kagame, l'autre à un Premier ministre issu de l'opposition qui doit, à son tour, voir le président Habyarimana. Dans chaque délégation, certains membres doivent certainement communiquer directement avec les deux hommes forts de cette crise. Pour ma part, après avoir échangé, toujours assez longuement, avec l'ambassadeur Gendreau, je rédige un fax pour le cabinet du CEMA. Je n'ai plus ces documents mais quelques notes prises en séance ; pour ne pas trop alourdir ce texte, je ne ferai apparaître à l'avenir que les déclarations les plus importantes des uns et des autres. Je suis réellement un observateur, car la partie est totalement politique et d'une importance sous-estimée à l'époque.

En effet, il faut rechercher dans ce *sharing power* les points de blocage futurs qui sont parmi les explications les plus pertinentes de la gravissime crise politique d'avril 1994, plus précisément celle qui existait dans les jours précédents immédiatement l'attentat contre l'avion d'Habyarimana. J'ai très vite conscience des intentions des protagonistes. L'idée de manœuvre de Bizimungu (FPR) est simple : isoler le président de la République, Habyarimana, et le dépouiller de ses pouvoirs, le tout sans réclamer *a priori* son départ ; de plus, écarter à moyen terme toute élection. La manœuvre de Ngulinzira, ministre du gouvernement, peut se résumer ainsi : devant l'incapacité de gagner sur le terrain, il faut tout partager avec le FPR, en essayant de préserver la séparation des pouvoirs et la représentation démocratique.

Rencontre avec le FPR

En marge des séances, nous rencontrons longuement Pasteur Bizimungu. Ce n'est pas la première fois que des représentants de la France rencontrent les chefs de la rébellion : en novembre 1990, à Kampala, avec Jean-Christophe Mitterrand ; en août et septembre 1991, avec Paul Dijoud ; en août dernier à Arusha II, avec Belliard ; en septembre, à Paris, entre le président du FPR et La Sablière. L'ambassadeur Gendreau rappelle la position de la France : « Pas d'usage des armes, mais la négociation. » Le représentant du FPR s'exprime à son tour : « Le FPR ne remet pas en cause la coopération avec la France. Pour ce que vous dites sur la prise de pouvoir par la force, il y aurait beaucoup à dire dans l'histoire, etc. En octobre 1990, nous avons accepté un cessez-le-feu qui a été bafoué par Habyarimana. Nous avons toujours accepté de négocier. Ne vous trompez pas, la population ne sera jamais prête pour des élections, le FPR n'est pas opposé à des élections et nous n'avons pas de problème avec l'opposition. » M. Gendreau intervient : « Le FPR est-il un parti politique ? – Nous acceptons d'aller devant les électeurs, mais après le retour des réfugiés. D'ailleurs, ils doivent avoir le choix entre revenir et rester sur place. Il s'agit de plus d'un million et demi de personnes ! » Ce nombre est très largement supérieur à toutes les estimations disponibles. Son adjoint Europe revient sur l'action de force qui n'est pas la volonté du FPR. Gendreau reprend : « Les institutions pourraient être amendées pour la phase intérimaire... » Pasteur Bizimungu conclut cet entretien, qui s'est déroulé calmement : « La France a la clé du problème du Rwanda. Dans ce cas, Habyarimana acceptera les propositions. » Il évoque sans s'en formaliser la présence militaire française à Kigali. Personnellement, je m'attends à de rudes joutes en séance entre les deux chefs de délégation, car le passage devant les électeurs ne semble pas du tout souhaité par le FPR.

Premières réunions

En séance, des échanges de projets relatifs à la charte entre les deux parties débouchent sur des échanges assez vifs entre les chefs de délégation. Le ministre de Kigali : « J'ai vu un fossé entre les deux documents, nous recherchons des précisions du FPR sur leur texte. Quid des institutions ? Du gouvernement et de la séparation du pouvoir entre le comité et le gouvernement ? Mélange entre réconciliation et comité ? Et la séparation des pouvoirs telle qu'exprimée dans Arusha II ? Il y a un décalage entre ce qu'a dit Pasteur

Bizimungu et le texte ? Quid de la charte de transition ? » Celui-ci réplique fortement : « Dans votre texte, je critique la définition du gouvernement à base élargie et le problème de la Constitution, même chose pour le fameux article 101 sur la conduite de la transition. Le préambule écarte l'idée du partage du pouvoir. Dans l'article 2, il faut que le FPR aille discuter à Kigali. On ne peut obliger le FPR à se transformer en parti politique. Je dénie le côté démocratique du gouvernement ! On ne parle pas du partage du pouvoir ! La proposition d'aller à Kigali est une moquerie ! Article 6, ne nous concerne pas. Article 7, ce n'est pas mon problème ! Article 8, pas de partage du pouvoir ! Article 9, décrit le partage du pouvoir entre le président et le gouvernement, le FPR ne se sent pas concerné ! Vous devez vous en remettre à notre document remis en séance. Je rappelle que dans *Le Petit Robert [sic]*, gouverner, c'est la somme de l'exécutif et du législatif ! Notre Comité de réconciliation nationale [CRN], c'est un pas vers la démocratie ! »

Après cette tirade, durant laquelle Bizimungu a tout rejeté, la délégation gouvernementale demande un ajournement, qu'il accepte finalement. Évidemment, les observateurs tiennent chaque jour des séances particulières autour du ministre tanzanien, qui nous recommande d'avoir une action modératrice. Ce ne sera pas facile, le document du FPR proposant un bouleversement total des institutions. Le fameux CRN a tous les pouvoirs : législatif, exécutif et judiciaire. Son mandat serait de quatre ans sans élections. En séance du 10 septembre, le ministre Boniface Ngulinzira répond : « La Constitution ne peut être abrogée sans accord de la nation. La Constitution contient des choix fondamentaux, quelle serait la légitimité de la charte ? La

Constitution pourrait subir des amendements. Pour ce qui concerne le CRN, il n'est pas justifié, car il cumule tous les pouvoirs. Ce serait un affront inacceptable pour le peuple rwandais. Le Rwanda a proposé des commissions travaillant sous l'égide du gouvernement. Ce serait un rôle moral qui irait mieux avec l'idée de réconciliation. Non à la suppression du Conseil d'État, *idem* pour la Cour constitutionnelle. Elle s'occupe des élections et peut juger le président si nécessaire. Pour ce qui est d'une transition de quatre ans, cela va engendrer l'immobilisme et l'absence de crédibilité. Vous demandez la démission collective des agents de l'État, mais il vous faut considérer le contexte interne du Rwanda. Le peuple veut élire ses représentants ; cela ne rimerait à rien d'en nommer d'autres. Ce serait le chaos généralisé. » Il poursuit : « Je propose que des lois soient modifiées. Le FPR peut apporter des améliorations nécessaires, mais elles n'auront de force que si elles sont concertées. Pour ce qui concerne vos remarques, je voudrais dire qu'il n'y a pas d'excès de pouvoir pour le président, ce sont des prérogatives classiques. Nous sommes cependant prêts à revoir les relations avec les organes existants. » Il continue en reprenant point par point les objections du FPR : « Il faut maintenir la séparation entre État et partis. Une transition de six mois serait meilleure. Nous sommes d'accord sur le principe du consensus, mais ici je ne suis pas venu pour faire une conférence nationale. » Le FPR demande à son tour une suspension et le ministre tanzanien met sur pied un comité d'harmonisation des textes entre les deux parties.

Journée du 12, le duel

Le lendemain, le FPR riposte avec le mordant habituel, en la personne de son chef de délégation : « La désintégration du MRND [parti pro-Habyarimana] est une garantie indispensable pour pouvoir éviter le retour de la dictature. Le MRND concentre l'essentiel du pouvoir. Si le gouvernement s'oppose au partage, qu'il le dise, il ne faut pas engager des polémiques sur le terme. Nous demandons le passage de la dictature à la démocratie ! Il faut une période intérimaire et nous ne voulons pas de fédéralisme. » Poursuivant dans un long monologue, il ne juge possibles les premières élections qu'un à trois ans après le début des rapatriements. Puis, il met à mal une idée américaine : « Nous ne voulons pas de structures telles que la CODESA [convention pour une Afrique du Sud démocratique, qui clôture la période de l'apartheid par un dialogue entre les parties], qui est incapable de faire respecter la sécurité. » Après avoir dénoncé les violations de cessez-le-feu et l'existence d'un escadron de la mort, il attaque le MRND, soupçonné d'engendrer l'insécurité et de vouloir se maintenir par la force et la fraude durant les élections. Pour conclure, il revient sur son projet : « La Constitution doit être suspendue ou amendée. Le CND [Conseil national de développement, soit le Parlement rwandais] doit être supprimé. Il faut une juridiction d'exception. Il faut la suppression du Conseil d'État et de la Cour constitutionnelle ! »

La journée du 12 et celle du 13 sont de longues batailles qui se poursuivent de nuit. Pour faire avancer la situation, le facilitateur a obtenu que l'on passe directement à l'étude du premier article après avoir sauté le titre et le préambule !

Le ministre rwandais est obligé de jouer avec les textes du FPR qui, royalement, accepte la séparation des pouvoirs durant la transition.

Des personnalités reflets de courants différents

Tout en suivant les débats, je m'intéresse à ce qui me paraît singulier chez les chefs de délégation et parfois je communique à Paris ces éléments, en me demandant toujours qui cela pouvait bien intéresser. Évidemment, Pasteur Bizimungu est une personnalité que j'essaye de croquer le troisième jour à ma façon ; j'utilise manifestement plus le fusain que la pointe fine ! Je cite : « Commissaire politique, agressif, excellent dans une période de confrontation mais incapable de jouer le jeu de négociations. Trop tendu pour faire un premier pas, avocat ou plus exactement procureur général, il mène une tactique de négociations totalement rigide à base d'arguties, d'injures, de dénigrement et de dialectique à la mode marxiste des années 1960. Curieusement entouré d'hommes calmes ou d'intégristes tutsis, lui, Hutu qui en son temps aurait tué des Tutsis, est maximaliste. Faut-il compter sur un "break" pour qu'il puisse enfin s'engager dans la négociation ? C'est possible, mais pour le moment, rien. » Les années passant, il sera président du Rwanda du 19 juillet 1994 au 23 mars 2000. Alors, en désaccord avec Kagame, il « démissionne ». Il crée un nouveau parti, aussitôt interdit. Condamné à la prison, il en ressort sous conditions en 2007 et quitte la scène politique.

Dans sa délégation, le major Frank Mugambage, devenu major général, fut le commandant de l'APR en 1994, puis le chef de la police avant de devenir le directeur de cabinet du président Kagame. Théogène Rudasingwa fut le secrétaire général du FPR, puis ambassadeur aux États-Unis, où il se réfugia après avoir été condamné à vingt-quatre ans de prison pour désaccord avec Kagame. Andrew Rwigamba deviendra chef de la police ; en mai 2019, il est suspendu par Kagame. Jacques Bihozagara fut ambassadeur en France, s'exila au Burundi pour désaccord avec son ancien leader. Emprisonné en 2015 dans ce pays, il meurt sans doute sous la torture. Patrick Mazimhaka, le numéro 2 de la délégation, a été plusieurs fois ministre et est décédé en 2018.

Le chef de la délégation gouvernementale, Boniface Ngulinzira, Tutsi ou Tutsi-Hutu, seule personnalité qui retient mon attention au milieu d'une équipe quasi inexistante, a eu droit à un petit croquis : « Grand, mince, élégant, le ministre des Affaires étrangères s'exprime parfaitement d'un ton calme, posé, accélérant parfois pour une pointe mesurée. D'un tempérament équilibré, il conduit avec détermination ce qu'il estime être sa mission prioritaire. Il m'apparaît comme particulièrement adapté à conduire une délégation pour des négociations positives. Entouré d'une équipe très hétérogène, véritable coalition d'intérêts, il en est incontestablement le chef, et reconnu comme tel. » Ce ministre sera assassiné le 11 avril 1994 par des miliciens hutus, au tout début du génocide, après que le site où il était réfugié eut été abandonné, sur ordre, par les Casques bleus belges partis se regrouper sur l'aéroport. Sa famille vit maintenant en Belgique. Il aimait à dire : « Ce n'est pas l'ethnie qui fait l'âme ni la valeur d'un homme. »

Un membre de sa délégation, le lieutenant-colonel Ephrem Rwabalinda, est toujours recherché par le TPIR.

Vers les cimes

Le dimanche 13 après-midi, pas de réunion. Les quatre Français de la mission que nous sommes s'échappent en dehors de la ville d'Arusha pour profiter de quelques heures de détente dans la nature. Le mont Meru (4566 mètres) domine la ville, un parc naturel s'étend en direction du Kilimandjaro. Le 4x4 rapidement conduit par un parachutiste grimpe vers un col. Totalement isolé, un lodge, dont j'ai oublié le nom, s'ouvre sur le parc avec, en arrière-fond, le Kilimandjaro. Le spectacle est somptueux. On aperçoit des animaux sauvages qui paissent un peu plus bas dans une savane très verte ; l'œil recherche un éléphant ou une girafe et revient vers le volcan lointain mais dominateur, sans égal. Un couple de Britanniques tient l'habitation, on imagine et on comprend leur bonheur, on aimerait y vivre jusqu'au dernier jour. Le temps passe trop vite. L'air est doux, la lumière commence à baisser, nous nous levons, il est l'heure de rejoindre la terre des hommes.

Le 14, point sur la présidence dans le futur pouvoir

Pasteur Bizimungu attaque très fort : « On aurait aimé avoir les nouvelles propositions du gouvernement plus tôt. Il est demandé au FPR d'accepter la Constitution, ce qui est en contradiction avec la proposition rwandaise d'amendements ! » Il prononce ensuite cette phrase étonnante : « Le conflit ne peut pas être réglé par des dispositions légales. J'accepte que l'accord de paix soit la primauté, mais il se pourrait que la Constitution soit supprimée. Notre document accepte le président, le gouvernement, mais le CNR [Comité national de réconciliation] devra exercer les deux pouvoirs. Pour le président, j'attends des propositions, mais maintenir ces dirigeants serait un obstacle à la transition ! [...] Voici notre proposition : oui pour une présidence avec Habyarimana et deux co-présidents, l'un pour MDR + PL [Parti libéral] + PLD [Parti libéral démocrate], l'autre pour le FPR. Les pouvoirs seront déterminés par la charte ainsi que les pouvoirs exécutifs dévolus au CNR. Pour l'Assemblée nationale, ce seront 40 membres nommés, la coalition, le FPR [six pour chaque groupe, me semble-t-il], cinq venant des associations et cinq autres des autres partis politiques. » Son langage est globalement dur, exigeant et destructeur pour la délégation rwandaise quand il met en doute son mandat, mais aussi avec le gouvernement et le pouvoir du MRND.

Des journées de débat, un premier bilan des négociations

Le 16 est une journée charnière, après un violent incident de séance la nuit précédente où les observateurs se sont interrogés sur la volonté du FPR de poursuivre les discussions. Le ministre tanzanien, qui préside les réunions, met en garde contre les « conséquences inimaginables d'un échec ». Clause de style ? Je ne crois pas, lui aussi connaît les risques majeurs d'un échec total.

Pasteur Bizimungu commence, pour une fois, sur un ton moins agressif, mais il ne lâche rien sur le fond : « Nous nous sommes mis d'accord sur les institutions [il les cite]. Pour le président, le principe est la réduction de ses pouvoirs, il est admis, pas ses modalités. Habyarimana reste président et propose aux partis de choisir un Premier ministre. Nous sommes d'accord pour une Assemblée nationale de transition, mais pas sur sa composition. Nous acceptons un principe d'assainissement pour la magistrature et d'autres organismes étatiques. Le gouvernement et le FPR conviennent que l'accord de paix doit prévaloir sur tout autre texte. Cet accord décrit le partage du pouvoir et nous verrons ensuite s'il est compatible avec la Constitution. Nous sommes en désaccord sur les pouvoirs du président, ils doivent être transmis à un conseil de sept personnes alors que la délégation rwandaise estime que ces pouvoirs appartiennent au gouvernement. »

Le ministre Boniface Ngulinzira répond en citant des points de convergence : « Nous sommes d'accord sur la séparation des pouvoirs, sur le principe d'un document de travail sur le programme du gouvernement, sur la création de commissions, sur un accord de paix garanti constitutionnellement, sur un transfert des pouvoirs du président vers le gouvernement ou vers quelque chose [?]. Mais nous sommes en désaccord sur la répartition de ceux-ci entre le gouvernement et le CNR. » Suivent ensuite de nombreuses considérations sur les multiples points de divergence qui tournent toujours autour de la Constitution, que le FPR veut voir supprimée, et le positionnement du président.

Le facilitateur réunit encore les observateurs avant d'attaquer à 21 h 45 une séance plénière de nuit, qui durera jusqu'à 1 h 15. Le facilitateur trouve que nous dépassons les délais prévus et déjà l'ambassadeur du Nigeria est reparti. Néanmoins il note des progrès et répète que l'enjeu est très important. Il pense à un communiqué de presse pour prévenir toute spéculation malsaine. Du côté des médias, seule la BBC a envoyé un correspondant. La presse française est totalement absente, il est vrai qu'il n'y a encore que le feu dans la brousse! Une réunion doit se tenir fin septembre, à Addis-Abeba, pour commencer à travailler sur le format futur de l'armée rwandaise et l'intégration du FPR/APR. Ibrahima Fall, représentant le secrétaire général de l'OUA, émet une remarque qui sera lourde de conséquences : « La délégation rwandaise est allée plus loin que son mandat, donc il est nécessaire d'expliquer… » En effet, les plus extrémistes des Rwandais commenceront à reprocher à Boniface Ngulinzira d'avoir « vendu » le Rwanda. Cet homme paiera, hélas, de sa vie sa volonté de recoller les morceaux d'un peuple divisé par la guerre civile. Je ne suis pas très optimiste, j'ai bien noté la volonté totale du FPR de réduire Habyarimana à un rôle de potiche. Cela risque évidemment d'exciter tous ceux qui voient au contraire en ce président un garant absolu contre l'Ancien Monde, celui d'avant l'indépendance, celui du passé.

Les Américains ont-ils tenté de modérer le FPR? Je n'en ai pas eu l'impression, ils pourraient le dire. Pour le moment peu (ou pas?) d'historiens ont étudié en détail ces négociations d'Arusha avec leur dose d'espoir. Le *sharing power* est une belle solution théorique, mais le fait qu'il soit mal dosé peut générer de très graves tensions au sein de communautés qui pourtant vivent, pour la majeure partie, ensemble au Rwanda. Ne jamais l'oublier.

Retour à Paris vers d'autres activités

Il avait été convenu avec l'EMA que je ne passerais pas plus de deux semaines à Arusha et que je rentrerais avec les hommes du 1er RPIMa. À charge pour lui d'envoyer ou non un officier pour la suite des négociations, durant lesquelles commencerait à être évoquée la question de la future armée rwandaise. Aucun officier ne sera envoyé. Le 20 septembre, nous rejoignons donc Paris, où je fais le tour des personnes intéressées par l'évolution des négociations. Puis, je me plonge dans mes nouvelles activités censées être plus calmes mais réparties dans un espace beaucoup plus grand.

Il est vrai qu'une très grande partie de mon activité, les quatre mois suivants, va être consacrée non à l'Afrique, mais au Moyen-Orient. Dans les premiers jours d'octobre, l'Amiral m'emmène dans un assez long et très intéressant voyage en Arabie saoudite. Dix-huit mois après la fin de la guerre du Golfe, il estime qu'il est temps de « capitaliser et consolider » avec les Saoudiens, en développant une coopération stratégique confortée par une coopération militaire revisitée, la relance des projets d'accords touchant l'armement échappant complètement à mon domaine d'action. En novembre, je retournerai en mission pour m'occuper de coopération militaire dans ce pays. Le tout sera conclu par un nouvel accord en janvier 1993 pour la signature duquel j'accompagnerai, à Riyad, le général sous-chef des relations internationales de l'EMA. Entretemps, en décembre, je suis le représentant de l'EMA pour discuter à Doha de coopération militaire élargie. On commence à évoquer un futur accord de défense entre la France et le Qatar, qui sera signé deux ans plus tard. Ce texte, toujours en vigueur, précède celui passé avec les EAU, lequel complète la position de la France vis-à-vis des pays du Golfe.

Durant cette longue période, je ne suis pas la crise du Rwanda – ou de très loin – qui se noie au milieu d'autres sujets africains, dont la grave crise en Somalie. Cette dernière nécessite une intervention internationale très importante, sous couvert d'une résolution de l'ONU. L'ONUSOM (Opération des Nations unies en Somalie) puis, en soutien, l'UNITAF Restore Hope[21] commencent. Elles sont difficiles, risquées, et impliquent un fort déploiement de troupes, notamment américaines et françaises[22]. Les formats de ces forces vont évoluer à plusieurs reprises en fonction des évènements. La volonté politique est évidente.

L'accord du 30 octobre à Arusha

Des accords sur le partage de pouvoir sont finalement signés à Arusha, respectivement le 30 octobre 1992 et le 9 janvier 1993. Voici quelques articles sur les principaux points étudiés lors de ce round terminé le 30 octobre. Ils ont toute leur importance pour comprendre la tension politique qui pouvait exister dans les jours précédant l'attentat contre l'avion des présidents rwandais et burundais, le 7 avril 1994 : « Article 5 : À la signature de l'accord de paix, l'actuel président de la République et chef de l'État reste en place jusqu'à la fin des élections devant intervenir à la fin de la période de transition.

Article 6 : En tant que chef de l'État, le président de la République a les prérogatives suivantes :

a) nommer le Premier ministre et les autres membres du gouvernement dans les trois jours de leur désignation par

21. Seize États contributeurs au sein de l'UNITAF (Unified Task Force), soit 37 000 personnes, en soutien de l'ONUSOM II, forte de 28 000 militaires.
22. Plus de 3 000 soldats français engagés.

les instances habilitées. Passé ce délai, le Premier ministre commence ses fonctions et nomme les autres membres du gouvernement. Les modalités de nomination du Premier ministre, et d'autres membres du gouvernement, sont prévues dans le présent accord de paix ;

b) nommer et accréditer les ambassadeurs et plénipotentiaires et envoyés extraordinaires à l'étranger, désignés par le Conseil des ministres ; recevoir les accréditations des ambassadeurs et envoyés extraordinaires des pays étrangers agréés par le Conseil des ministres ;

c) représenter l'État rwandais dans ses rapports avec l'étranger ;

d) sanctionner et promulguer, sans droit au veto, les lois votées par l'Assemblée nationale et les décrets-lois adoptés par le Conseil des ministres, dans les dix jours qui suivent la date de réception de l'arrêt de constitutionnalité de ces lois. Passé ce délai, les décrets-lois seront sanctionnés et promulgués par le Premier ministre, les lois seront sanctionnées et promulguées par le président de l'Assemblée nationale de transition ;

e) déclarer la guerre et signer l'armistice sur décision du Conseil des ministres et après autorisation de l'Assemblée nationale. À cette fin, il porte le titre de chef suprême des forces armées. L'armée et les autres forces de sécurité rendent compte au gouvernement, suivant les modalités spécifiées dans l'accord de paix.

Article 7 : Le président de la République a le droit d'inscrire toute question d'intérêt national à l'ordre du jour du Conseil des ministres.

Article 8 : Le président de la République peut, s'il le souhaite, participer aux réunions du Conseil des ministres. Dans ce cas, il en assure la présidence. [...]

Article 17 : Le gouvernement est garant de la souveraineté et de l'unité nationales.

Article 18 : Le Premier ministre,

a) sur base de l'accord de paix et en consultation avec les forces politiques, élabore le programme du gouvernement ;

b) en conformité avec les modalités prévues dans l'accord de paix, choisit les autres membres du gouvernement ;

c) présente à l'Assemblée nationale le programme du gouvernement et l'équipe ministérielle chargée de son exécution. [...]

Article 62 : La répartition numérique des sièges à l'Assemblée nationale de transition entre les forces politiques est faite de la manière suivante, sous réserve de l'application de l'article précédent :

– MRND : 11 sièges ;
– FPR : 11 sièges ;
– MDR : 11 sièges ;
– PSD : 11 sièges ;
– PL : 11 sièges ;
– PDC : 4 sièges.

Les autres partis agréés auront chacun un (1) siège. »

Un parti n'est pas agréé, c'est la Coalition pour la défense de la République (CDR). Ce parti a été créé en 1992 et donc après le début des pourparlers avec le FPR. Il se faisait le porte-drapeau d'un « pouvoir hutu » et, évidemment, rejetait les négociations d'Arusha. Son créateur sera assassiné en février 1994, en représailles à l'assassinat la veille d'un autre chef politique d'un parti modéré. La milice de ce parti extrémiste, Impuzamugambi, sera parmi les plus cruelles. La CDR disparaîtra en 1994.

Les spécialistes de droit constitutionnel auront peut-être noté à cette époque que la bataille autour des pouvoirs du président n'était pas terminée. Il conservait malgré tout certains de ses pouvoirs, et pour l'évincer légalement le recours à un vote particulier de l'Assemblée nationale de transition serait nécessaire. Mais nous n'en sommes pas encore là. Pour la France, on engrange les avancées positives et le calme relatif sur le front. L'agitation des extrémistes hutus est signalée par le poste diplomatique de Kigali. Comme je l'ai dit, je ne suis pas chargé du renseignement intérieur et ne réintègre pas dans mon récit des informations dont je ne disposais pas à l'époque.

L'année 1992 se termine donc au Rwanda dans une tranquillité approximative, suffisante pour que les protagonistes puissent espérer la résolution de la crise. Pour ce que je peux en connaître, le Rwanda n'est pas une priorité du moment à l'EMA et même au-delà, dans les directions des ministères concernés par la situation en Afrique.

Chapitre 8 – L'effondrement ? (4 au 11 février 1993)

Les ressortissants de Ruhengeri en danger

Le 4 février, au retour d'une mission au Maroc, au sujet de l'organisation de la coopération militaire, je rencontre le colonel Cussac, venu de Kigali en mission à Paris. Il me parle principalement des massacres ethniques qui viennent de se dérouler dans le nord du Rwanda : environ 300 Tutsis ont été tués. Pour lui, ils ont été déclenchés par de hauts responsables et n'ont cessé que lorsque Gasana, le ministre de la Défense, l'a demandé à l'armée [?]. Je note certains de ses propos au caractère prémonitoire : « Le Premier ministre a eu peur de la solution du pire *[sic]* au départ du président Habyarimana, s'il avait eu lieu [?]. » C'est assez abscons et je pense que le colonel me répète ce qu'il a entendu des Rwandais. Toujours selon Bernard Cussac, l'ambassadeur Martres lui a parlé de volonté de détente entre les deux autorités rwandaises, afin de ramener le calme intérieur. Elles auraient prévu que le ministre des Affaires étrangères, Boniface Ngulinzira, rencontre son homologue de la Défense Gasana pour rassurer l'armée sur les discussions qui la concernent. Des débats serrés auraient lieu entre le MRND et le MDR, représentants des Hutus du Nord et de ceux du Sud, plus modérés. Le colonel Cussac doit aussi rencontrer Catherine Boivineau, au Quai d'Orsay, pour lui faire le même compte-rendu.

La journée continue en participant à une rencontre entre l'Amiral et le prince héritier du Maroc, de passage à Paris, afin de préparer le texte final de la commission mixte franco-marocaine.

Le 8 février, en début de matinée, je travaille à l'EMA quand je suis convoqué pour me rendre immédiatement en cellule de crise au Quai d'Orsay, en compagnie de l'attaché de défense à Kigali, le colonel Cussac. Le FPR attaque depuis la veille. Nous sommes à peine tous réunis que La Sablière fait le point en séance, devant tous les représentants des ministères concernés et ceux de l'Élysée : « Le FPR a lancé une offensive le 7, hier, vers Ruhengeri et aurait pris la ville. Vingt-cinq de nos ressortissants sont bloqués chez eux. Des éléments de Noroît ont fait mouvement vers le sud de la ville. Il y a un accord entre le président et le Premier ministre rwandais pour envoyer des instructions communes. Le GOMN ne joue pas son rôle. » L'ambassadeur Martres, qui est au téléphone sur haut-parleur, intervient directement. Il est apparemment tendu : « Pas de renforts Noroît, mais d'urgence des demandes pour obtenir l'arrêt de l'offensive ! » Personne ne surenchérit. Il s'ensuit une discussion entre Jean-Marc de La Sablière et Bruno Delaye, le général Quesnot et le directeur de cabinet des Affaires étrangères sur ce qu'il conviendrait de faire. La Sablière parle de crédibilité de la politique française en Afrique et d'actions à entreprendre auprès des Américains et de l'Ouganda. Le général Varret dit qu'il n'a plus d'argent pour la coopération militaire au Rwanda. On parle de proposition de renforcement de Noroît, une compagnie de plus. L'ambassadeur à Kigali reprend, toujours au téléphone : « On se bat dans les rues de Ruhengeri. J'ai recommandé à nos ressortissants de rester chez eux. La population de Byumba commencerait à être évacuée. Toutes les réserves de l'armée sont engagées. Celles du FPR arriveraient. Je n'ai pas encore d'appel des plus hautes autorités... Personne parmi les Français n'est touché dans Ruhengeri, mais leurs maisons ont reçu des impacts de balles. À Kigali, la population est calme, je ne crois pas à une attaque sur la ville. Enfin, je suis très pessimiste sur la poursuite du processus d'Arusha. » Son inquiétude n'est pas feinte ; fin de la réunion. Les décisions majeures se prennent ailleurs qu'en cellule de crise, mais enfin chacun va repartir avec une vision plus complète.

La cellule de crise s'est terminée plus rapidement que d'habitude, une autre est prévue le lendemain à 10 heures, à laquelle viendrait le général Douin, le major général de l'EMA. Pour le moment, Cussac et moi repartons faire notre compte-rendu au CEMA. Dans son bureau, nous trouvons l'Amiral et le général de division Philippe Mercier, sous-chef opérations de l'EMA. Ils me paraissent soucieux, l'Amiral me regarde faire le point : « Delort, je vous ai entendu au sujet du Rwanda. Les nouvelles sont très inquiétantes. Le FPR a attaqué et semble donc avoir pris la ville de Ruhengeri. Pire encore, des dizaines de ressortissants sont bloqués et apparemment incapables de s'en sortir. Cette affaire ne me plaît pas du tout. »

Le général Mercier enchaîne en parlant d'une attaque générale, avec un effort marqué sur Ruhengeri. Le FPR occuperait toute la partie ouest de la ville, l'aéroport et, de plus, contrôlerait les accès sud et est de la ville, donc l'axe routier vers Kigali est coupé. Une section de Noroît et deux coopérants militaires ont été envoyés au sud de Ruhengeri, en vue d'une récupération ultérieure des ressortissants. Il est envisagé de renforcer Noroît, qui ne dispose actuellement que d'une compagnie d'infanterie, avec une autre unité prélevée sur les éléments français d'assistance opérationnelle (EFAO), stationnés en République centrafricaine. L'Amiral reprend en s'adressant à moi : « L'ambassade et les coopérants nous renseignent, certes, mais je veux avoir une vision la plus claire possible depuis le terrain. Vous allez partir ce soir pour Kigali et l'attaché de défense aussi. »

Je l'écoute avec la plus grande attention, car la priorité est la sécurité des Français et aussi des étrangers qui sont avec eux. Je pense immédiatement à la prise d'otages de Kolwezi et à son dénouement sanglant, même si l'opération militaire française fut une belle réussite. Je sens la mission à haut risque (en langage militaire trivial, on dit « merdique »), mais ce n'est pas dans mon caractère de rechercher un faux-fuyant dans une circonstance pareille. Tout au contraire, je ressens une décharge d'adrénaline bienvenue. Je demande si le colonel Rosier peut m'accompagner ; ce n'est pas possible. Je demande alors que deux officiers du 1er RPIMa partent avec moi. Le général Mercier accepte et va s'en occuper. Après quelques échanges supplémentaires concernant l'arrivée de renforts à Kigali dès le lendemain matin, je salue et me retrouve dans le couloir. Je n'ai plus qu'à rentrer chez moi pour faire une valise avant qu'une voiture me conduise dans la foulée à Roissy, pour le vol direct d'Air France de la fin de soirée. Devant l'immeuble, je croise mon épouse qui part à une réunion de parents d'élèves. Je lui annonce mon départ, elle me demande quand je reviens, je n'en sais rien. Elle va assumer, mais n'aimera pas cette mission trop confidentielle, trop incompréhensible et que, bien sûr, personne autour d'elle ne pourrait comprendre.

À l'aéroport, je retrouve le colonel Cussac et les deux capitaines du 1er RPIMa demandés ; ils ont fait très, très vite pour arriver de Bayonne à temps pour le décollage. Nous utilisons leurs pseudonymes, c'est une règle dans ce régiment de forces spéciales. Je sais qu'ils vont me permettre d'assurer la continuité de mes liaisons avec Paris et les détachements français au Rwanda, quand je serai à gauche ou à droite, et de tenir en permanence le point de situation. C'est le minimum des minima, mais je commence à en avoir l'habitude pour cette crise du Rwanda. L'avion se pose le 9 février, en fin de matinée. Comme souvent, je m'en apercevrai au fil des semaines, il fait très beau le matin ; parfois des orages éclatent en fin de journée, des pluies torrentielles s'abattent, la température baisse un peu puis le soleil revient.

Sur le tarmac, nous rencontrons immédiatement le lieutenant-colonel Henri Boré, chef opérations du détachement Noroît. Il a l'air content de me voir et c'est réciproque, nous nous sommes connus en garnison à Dakar, quatorze ans plus tôt. C'est un officier du 21e régiment d'infanterie de marine (RIMa). Il est grand, mince, vif et son intelligence est fine. Je vois juste après le lieutenant-colonel Philippe Tracqui, chef de corps du 21e RIMa, archétype du colonel puissant, courageux, professionnel, discipliné intellectuellement, ravi d'être engagé dans une opération, et moi aussi de l'avoir dans cette affaire *a priori* très délicate. Il me dit de sa voix grave et rauque : « Mon colonel, je viens aussi d'arriver, à 5 heures ce matin, de Bangui avec deux C160 Transall et une de mes compagnies, la 4e du capitaine Delmas. L'effectif de Noroît est maintenant de presque 300 hommes. J'ai en RCA d'autres unités du régiment si nécessaire, vous pouvez compter sur nous. » Je souris, j'aime bien cette disponibilité totale et nous parlons immédiatement de Ruhengeri, des ressortissants toujours bloqués. Je lui demande de me présenter, dans l'après-midi, des options pour les exfiltrer et je pars voir l'ambassadeur. Martres est visiblement très inquiet de la situation de la vingtaine de Français bloqués dans une ou plusieurs maisons, et les autres ambassadeurs font son siège pour qu'on les aide à tirer de là leurs propres ressortissants. Je vais rapidement rencontrer le CEM Déogratias Nsabimana, qu'évidemment je n'ai pas vu depuis juin dernier, déjà dans des circonstances difficiles. L'impression en entrant dans son état-major est défavorable : je pensais trouver une ruche, même un peu affolée, je vois une salle opérations presque vide et une forme de sidération sur bien des visages. Nsabimana est en contact radio avec le lieutenant-colonel Augustin Bizimungu, que je sais solide, et il espère que ce dernier va reprendre la ville. Il n'a plus qu'une semaine de munitions. Il est très sombre : « La situation est plus difficile qu'en mai dernier, les divisions internes se sont accentuées et il y a le développement d'une cinquième colonne. Le FPR a de nombreux complices, y compris dans les FAR. La situation économique est catastrophique. Des soldats se battent mieux qu'en mai [1992], mais la position de Kigara a été abandonnée ! »

Ma première action est de lui dire de ne pas se presser à Ruhengeri, nous devons d'abord sortir les ressortissants. Je crains qu'à l'occasion des combats, l'une des parties, volontairement ou non, complique tout en tuant des étrangers. Il accepte, je pense aussi qu'il n'est pas prêt militairement à agir et surtout que la situation est pire ailleurs. Il est incapable d'avoir une vision nette de son front. Le lieutenant-colonel Gratien Kabiligi tient fermement la ville de Byumba, c'est sa seule bonne nouvelle. Je discute ensuite au PC de la gendarmerie avec le CEM, mais je n'apprends rien de plus si ce n'est qu'il me parle de désarroi général dans les milieux politiques. Le lieutenant-colonel Maurin, conseiller de Nsabimana, qui m'accompagne, est lui aussi très inquiet de la situation, même s'il a toujours, lui-même, un moral exemplaire, presque inaltérable.

L'opération Volcan

En fin d'après-midi, je tiens une réunion avec les colonels Cussac, Tracqui, Boré et Maurin pour mettre au point l'opération du lendemain qui s'appellera Volcan. Tracqui a amélioré sa connaissance de ce qui se passe dans la ville de Ruhengeri. Le FPR tient les points clés, empêchant toute pénétration discrète dans la ville. Les combats se poursuivent et le piton sud-est fortement tenu par une unité FPR dotée de mitrailleuses lourdes et appuyée par une section de mortiers. Tracqui a plusieurs modes d'action, gradués, avec leurs avantages et leurs inconvénients. Puis, je livre mes premières impressions par fax (toujours chiffrant) au général Mercier.

Je considère que les ressortissants français sont des otages de fait, dans la mesure où, pour le moment, ils ne peuvent plus bouger. Ils se trouvent dans une partie de la ville de Ruhengeri contrôlée, à défaut d'être tenue, par le FPR. Celui-ci peut exploiter cette « présence » pour figer toute forme d'action française au Rwanda. Il est à noter qu'il n'y a, semble-t-il, pratiquement pas de Belges, d'Américains ou d'Allemands dans la ville. Un simple téléphone nous relie à un coopérant militaire français, commandant de gendarmerie, qui se trouve parmi les civils français et nous pouvons être coupés brutalement de tout contact avec eux. Parmi les modes d'action envisagés pour les libérer, je suis favorable à l'action en souplesse, qui devra être préalablement mutuellement acceptée par le FPR et les FAR, avant d'envisager toute autre opération en force potentiellement lourde de conséquences.

Je demande à Tracqui de préparer une compagnie d'infanterie de marine pour rejoindre sur ordre Ruhengeri en passant, si possible, par Basé ; je fais aussi regrouper les 12 parachutistes du DAMI (appelé Panda, chargé de l'instruction tactique) à Kigali même. Je prépare aussi avec Tracqui une option de libération en force, mais elle devrait nécessiter plus de temps et plus de moyens de combat à faire venir au Rwanda. Je parle aussi au général Mercier de l'offensive du FPR et des besoins en armes et munitions des FAR. Enfin je lui écris, je cite : « Il m'est encore difficile de me faire une idée de l'évolution de la situation dans les prochains jours, mais je pense que le FPR va poursuivre son attaque pour disloquer, ou au minimum tronçonner, le front et provoquer l'effondrement de l'armée. Ceci tout en proposant à "l'opposition" de discuter avec lui. C'est une formule du quitte ou double. »

Nous en savons un peu plus sur les ressortissants : outre 15 Français, on trouverait 14 Autrichiens, trois Italiens, deux Allemands et autant de Canadiens, un Américain au nom inconnu, quatre Belges sans compter cinq autres religieux belges qui souhaitent rester sur place. Enfin, le FPR a pris contact par téléphone avec des Français pour leur dire qu'il ne comptait pas s'en prendre à eux. C'est un point positif, on ne cherche pas la provocation. À minuit heure de Paris, le COA donne le feu vert pour le mode d'action en souplesse. Les ordres écrits spécifient également : « Si une action en souplesse s'avérait impossible ou échouait, il conviendrait d'envisager une action de type MA4 (option étudiée[23]) pour laquelle des moyens EFAO sont en alerte ; vous me proposerez un schéma d'opération ; l'ordre de déclenchement serait donné par l'EMA… » Les ordres sont pour nous à Kigali, les commandants de forces françaises à Bangui et à N'Djamena, le cabinet du ministre de la Défense est en information.

Je peux finir par rejoindre quelques heures le grand hôtel Méridien à côté de l'aéroport, refuge des officiers du GOMN, et d'ailleurs toutes leurs grosses voitures blanches sont bien alignées sur le parking. Personne donc sur le terrain ! C'est tout de même étonnant de leur part, enfin pas trop…

À 2 heures du matin, Tracqui et la 1re compagnie du 21e RIMa, aux ordres du capitaine Heywang, font mouvement en direction de Ruhengeri via Gitarama. L'infiltration, qui se veut discrète, est difficile, les pistes le long de la vallée de Nyabarongo sont glissantes, boueuses et plusieurs

23. Option « en force ».

véhicules s'enlisent. Mais la colonne progresse. Le contact avec le premier élément du 21e RIMa, déjà sur zone, a finalement lieu vers 13 heures, onze heures plus tard. Nous sommes toujours dans les temps.

En début de matinée du 10, je vois le général Opaleye, chef du GOMN, pour lui demander deux choses. D'abord, qu'il prévienne le FPR que nous irons, cet après-midi, récupérer les étrangers et qu'il faut donc établir un cessez-le-feu entre 15 heures et 16 h 30. Deuxièmement, qu'il lui communique que ces ressortissants de différentes nationalités se regrouperont avec 20 véhicules devant la préfecture et seront recueillis par Noroît, 1 000 mètres plus au sud. Je lui parle aussi de la population prise entre deux feux. Il me dit que ce n'est pas son problème et enfin qu'il n'y aura personne du GOMN avec notre colonne; cela aurait pu me surprendre, ce ne fut pas le cas. Opaleye veut que les véhicules soient panneautés en blanc et qu'ils soient conduits par des Blancs *[sic]*. Son accueil est donc très froid, moins que neutre en tout cas. Je ne peux pas en espérer plus.

Peu après, je demande à notre ambassadeur qu'il intervienne auprès du président Habyarimana, afin que les FAR ne compliquent pas la récupération par une contre-attaque intempestive. Boré se prépare alors à rejoindre la compagnie Noroît; il est clairvoyant, mais notre opération est très risquée. Les FAR et le FPR s'accusent mutuellement de profiter de ces moments particuliers pour améliorer leurs positions de combat dans Ruhengeri. La moindre bêtise d'un « tonton flingueur » d'un camp ou de l'autre et on finit dans la tragédie. L'après-midi est tendue. Après bien des palabres, le général Opaleye accepte de partir avec le lieutenant-colonel Boré en hélicoptère des FAR pour Ruhengeri.

À 16 heures, une fois sur place, étant donné que des combats sont en cours, il ne veut pas entrer en ville.

Le colonel Tracqui, qui lui aussi est sur zone, pour commander l'opération, voit que cela traîne trop et que les risques augmentent pour tout le monde. Intelligemment, il lance en avant, avec détermination, l'une de ses sections d'infanterie et pénètre, lui aussi, dans la ville, suivi à distance de Boré et Opaleye. Les tirs continuent dans la ville, le cessez-le-feu n'est pas respecté et Tracqui constate la présence de cadavres de villageois[24], abattus sur place très vraisemblablement lors de l'avancée de l'APR dans ces quartiers de Ruhengeri.

À 17 heures, le contact est effectif avec la majorité des ressortissants. Les hommes du 1er RPIMa présents avec le 21e RIMa s'affairent pour récupérer des isolés, la connaissance de la ville et leur sang-froid permettant cette belle réussite. Moins d'une heure plus tard, ce sont exactement 67 ressortissants de différentes nationalités qui sont regroupés à l'université et approvisionnés en eau et nourriture par les marsouins de la compagnie du 21e RIMa. Un blessé grave rwandais reçoit des premiers soins. Rentrer ne sera pas facile, trois convois sont formés, les derniers véhicules escortés par une section Noroît arriveront à 2 h 30 au centre culturel français de Kigali.

À 18 heures, je peux annoncer à Paris que la récupération des 67 ressortissants étrangers et de quelques Rwandais est faite, que les convois vont faire route vers Kigali. Immense soulagement de nous tous, que ce soit les interlocuteurs à Paris, l'ambassadeur, le colonel Cussac et de toute l'équipe

---

24. Il me le rappellera vingt-six ans plus tard.

du PC. L'opération Volcan est terminée, elle s'est déroulée dans des conditions difficiles, mais sans malchance. Le pire n'est jamais certain ; je me le suis dit souvent. Tracqui et Boré peuvent être contents de cette affaire rondement menée. Sans cette écharde majeure, je peux me rendre immédiatement chez le CEM Nsabimana pour entendre ce qu'il saurait de ses forces.

Je le trouve dans un état asymétrique, une forme d'ivresse – le lieutenant-colonel Bizimungu vient de reprendre en fin de journée Ruhengeri – qui précède un tableau sombre des perspectives à court terme. Il pense que le FPR va contre-attaquer à Ruhengeri à partir des positions qu'il occupe sur les escarpements au nord de la ville, entre celle-ci et les volcans qui dominent majestueusement toute la vallée. Il craint une attaque sur Gisenyi [?] au bord du lac Kivu à l'ouest, et son ancien secteur du Mutara est « désorganisé » *[sic]*, voire pire encore. De l'armement lourd a été perdu dans le secteur de Cyanika sur la frontière ougandaise. Il y aurait des infiltrés, me dit-il ; une hantise récurrente quand tout va mal et qui se répétera l'année suivante. Le secteur de Byumba a fléchi aux ailes et risque d'être encerclé. Pour lui, le FPR pourrait même contourner Byumba pour descendre vers Kigali. Il n'a plus de moyens disponibles et, quand je regarde sa grande carte murale, son dispositif me paraît incomplet et – pire encore – pas à jour, ce qui prouverait la perte de liaisons avec beaucoup d'unités, de bataillons. Je livre mon impression personnelle au général Mercier : « Si le FPR a encore quelques ressources, il va finir par tronçonner le front et l'effondrement est possible à brève échéance, deux à sept jours ? »

Par le général Mercier, je sais qu'une cellule de crise s'est tenue à 19 heures et que l'Amiral a demandé que l'on exerce une pression sur le président Museveni. De plus, il a précisé que les deux unités à Kigali avaient pour mission la sécurité des ressortissants et le maintien de la plateforme (comprendre l'aéroport). À cette réunion, à laquelle assistent tous les représentants des ministères concernés et ceux de l'Élysée, il est évoqué une mission du conseiller Afrique Bruno Delaye sur zone, et il est prévu que l'ambassadeur reçoive des consignes.

PC de campagne

Je fais d'une partie des bureaux de l'attaché de défense mon PC. Une salle assez grande pour les opérations et les réunions, avec au mur les cartes de situation et sur une table quelques postes radio ou téléphoniques. Une petite pièce pour mon bureau, avec un téléphone chiffrant. En attendant une officialisation de la chaîne de commandement, j'assure tout le volet militaire ; au colonel Cussac de poursuivre son travail pour renseigner au mieux l'EMA et la DRM sur la situation intérieure. Il existe entre nous, notamment lors de l'opération Volcan, une synergie efficace. À lui de discerner entre les vraies et fausses nouvelles sur les exactions voire massacres des uns et des autres, qui ne sont peut-être pas très nombreux mais bien réels. Il peut utiliser comme sources de renseignement les quelques coopérants gendarmes bien placés auprès de leurs homologues. Le colonel Cussac a pris toute la pression ces derniers mois et a besoin de reprendre quelques forces, ce qu'il fera rapidement, je le comprends parfaitement. Je lis, comme les officiers de la DRM, ses analyses depuis des mois, elles sont toujours intéressantes et équilibrées. Nous sommes dans une phase où le pilotage doit être très délicat et mon contact par téléphone chiffré et par fax avec le général Mercier en est la meilleure garantie.

Dans les jours et semaines qui suivent, mon programme journalier va se stabiliser : à 7 heures du matin, je fais le point au PC et communique avec Paris puis j'attends un éventuel retour des décisions prises lors de la réunion matinale du CEMA. Je me rends ensuite chez l'ambassadeur pour partager nos informations et impressions. En milieu de matinée, je fais le point avec le CEM des FAR. En début d'après-midi, je pars presque toujours en reconnaissance sur le terrain, j'y reviendrai. Au retour, c'est le briefing général avec le colonel Tracqui, patron de Noroît, le lieutenant-colonel Maurin, le chef du détachement du 1er RPIMa et bien sûr l'attaché de défense. Le lieutenant-colonel Michel Robardey, de la gendarmerie, va rapidement y participer. Je poursuis par un échange téléphonique avec le général Mercier et plus fréquemment par un compte-rendu écrit avec des questions et des demandes. La soirée est déjà bien avancée.

Les nuits à Kigali sont plutôt calmes, avec parfois un tir isolé ou une rafale d'arme automatique qui sont autant de rappels d'une situation erratique. Je traverse chaque jour plusieurs fois la ville sans m'y arrêter, le trafic des voitures est assez dense et il n'y a rien d'exceptionnel à remarquer sur le plan de la sécurité. Les forces de l'ordre sont très peu présentes et je ne suis pas capable de dire si les citadins sont inquiets ou non.

Le chaos ?

Au matin du 11 février, ma préoccupation est de pouvoir, si nécessaire, procéder sans pertes à l'évacuation de tous les ressortissants français, et sans doute d'autres étrangers, du Rwanda. Il faut éviter pour cela d'être surpris par une situation militaire en plein changement. L'armée rwandaise semble « sonnée », donc je veux mettre un dispositif discret sur quelques directions me permettant d'anticiper une nouvelle dégradation de la situation. Depuis la veille, des sections du 21e RIMa ont réactivé les contacts avec les responsables d'îlots, qui permettent la relation sécuritaire avec tous les Français de la capitale. Je demande à Tracqui d'étudier et de me proposer le déploiement d'une compagnie d'infanterie aux sorties nord et ouest de Kigali, et au détachement DAMI du 1er RPIMa, qui n'a plus d'instruction à faire, de concourir directement au renseignement sur les approches de la capitale.

Je me rends à l'état-major FAR, mais ne trouve pas le CEM Nsabimana. Le seul officier supérieur présent, le chef du renseignement, Anatole Nsengiyumva, qui m'est toujours aussi antipathique, m'annonce que le CEM a perdu son jeune frère ou beau-frère, officier, tué dans les combats très violents lors de la reprise de Ruhengeri (rien que sur un piton traité aussi par l'artillerie rwandaise, plus de 33 corps du FPR avaient été abandonnés). Nsabimana est parti dans sa famille pour les cérémonies de circonstance. Le lieutenant-colonel Nsengiyumva me parle de massacres de civils par le FPR et s'apprête à y emmener la presse, si elle en reçoit l'autorisation. J'essaye de savoir ce que les FAR comptent faire ; il évoque de possibles contre-attaques côté ouest.

Je sens une déroute, au moins dans certains secteurs du front. Je regarde la carte de situation du front, celle qu'il tient en permanence. Je ne vois plus de figuratifs de bataillons sur une quarantaine de kilomètres autour de ce qu'il indique être comme un grand saillant de l'APR entre Byumba et Ruhengeri, qui descend à une vingtaine de kilomètres au nord-ouest de la capitale. Dans ma tête, je perçois les « voyants » tous au rouge. Quand je regarde cette salle opérations presque déserte, je me dis qu'ils sont « dans les cordes » ; exceptés, il est vrai, sur le terrain, quelques chefs déterminés et qui commandent bien leurs hommes. L'offensive FPR semble, heureusement pour eux, marquer un temps d'arrêt.

À 11 heures, je rédige un fax au cabinet du CEMA et au général Mercier à propos de ces sujets et de la pénurie à venir, à très court terme, en munitions de gros calibre des FAR. En début d'après-midi, le général sous-chef opérations m'informe, après décision en cellule de crise au Quai d'Orsay, qu'une mission va être envoyée à Kigali, puis Kampala, dans le but de rencontrer le président Habyarimana puis le président Museveni. Bruno Delaye, le « Monsieur Afrique » du président Mitterrand, et Jean-Marc de La Sablière arriveront le lendemain à Kigali. Il me dit de me préparer à les accompagner, y compris à Kampala. Dans ma tête, je trouve le schéma très original, mais je comprends que l'Amiral souhaite des informations de première main et qu'il ne soit pas dit « n'importe quoi » sur le dispositif militaire.

L'après-midi, les FAR mettent à ma disposition un hélicoptère Gazelle. En effet, je veux me faire ma propre appréciation des menaces. Ce sera mon unique reconnaissance avec des moyens des FAR, car je considère qu'il y a grande urgence à évaluer immédiatement la réalité de la situation militaire. Nous survolons longuement la zone au nord puis au nord-ouest de la capitale. Le pilote rwandais est silencieux et très attentif. Je vois de nombreux « camps » de déplacés en cours d'installation. Ce sont des groupes de huttes de branchages coupés à la va-vite, à la machette, et même pas encore recouvertes de bâches plastique. Je fais quelques photos. La fumée des feux de bois monte dans un ciel clair. Je suis impressionné de voir des dizaines et des dizaines de gens, des femmes avec des enfants parfois dans les bras, courir – oui courir –, par groupe ou isolément, sur les pistes qui vont du nord au sud en direction de ces rassemblements au flanc d'une colline, près d'un simple bois d'eucalyptus. Par centaines, d'autres coupent des branchages et les portent sur leur tête pour confectionner des abris minimalistes. Je n'ai jamais vu un tel tableau : ils « votent » avec leurs jambes. Nous progressons lentement vers le nord en observant régulièrement, à très basse altitude. Le pilote n'a aucune idée de l'endroit où se trouvent les unités FAR. Et d'ailleurs nous n'en voyons pas. Il pilote sans carte, mais il connaît très bien le terrain. Je suis notre parcours sur la mienne, afin d'être certain de nos positions et de notre itinéraire. Nous arrivons maintenant à la hauteur de villages-rues désertés, qui s'allongent sur les lignes de crête. Stop !

Je vais finir par rendre visite aux unités de l'APR ! Nous sommes en vol au-dessus d'une sorte de *no man's land*. Plus âme qui vive ! Un paysage apparemment vide de présence humaine. J'ai pris quelques repères sur ma carte au 1/50 000. Nous repartons vers le sud, toujours à très basse altitude et à faible vitesse. Nous retrouvons, quelques collines plus loin, des attroupements de déplacés toujours très agités. Certains font des signes avec les bras comme des appels au secours. À 20 ou 30 mètres d'altitude, les visages et les expressions sont parfaitement visibles et compréhensibles. Une vraie débâcle ! La Croix-Rouge estimerait déjà à 550 000 le nombre de déplacés ! Le lendemain, un hélicoptère Écureuil des FAR sera abattu par le FPR[25] et d'autres plus tard, comme je l'ai déjà écrit ; les menaces n'ont rien de virtuel.

Les dizaines de milliers de déplacés, voire les centaines de milliers, se blottissent donc dans des camps de huttes de branchages totalement improvisés, encore sans aide non gouvernementale, établis plus que sommairement sur un arc de cercle allant du nord-ouest au nord-est à environ 15 à 20 kilomètres au nord de la capitale.

Aucune unité des FAR repérée au nord et au nord-ouest de la ville, telle est la conclusion de ma longue reconnaissance héliportée. C'est évidemment la pire situation qui soit : si le FPR continue de progresser, il va atteindre la capitale et nous avec. Je n'ai pas fini de méditer cette situation pendant toutes les journées qui vont suivre. Je n'ai pas encore pleinement conscience que je rentre dans une partie qui va se jouer à plusieurs ; bien sûr le colonel Kagame, avec son PC quelque part, pas si loin, en sera toujours l'homme déterminant.

Comment apprécier l'intention de l'autre et évaluer les risques ? C'est évidemment la question que je me pose, mais le colonel Kagame très certainement aussi ; il ne peut pas

25. Circonstances inconnues.

en être autrement. Quelles sont les intentions des Français et que peuvent-ils faire ? Pour l'APR, relancer l'offensive ou non ? Entre nous deux, ou à côté, le CEM Nsabimana doit se poser des questions analogues.

En fin de journée, le lieutenant-colonel Tracqui me propose son ordre d'opération. Je regarde plus particulièrement s'il est conforme à la mission donnée et aux règles d'engagement, qui doivent être strictes et claires. Il s'agit bien, outre la mission à Kigali, de renseigner sur les mouvements éventuels du FPR aux abords nord de la capitale, et d'être en mesure de gagner les délais nécessaires à une opération d'évacuation des ressortissants. La 4e compagnie a trois directions à surveiller : Kigali-Ruhengeri, Kigali-Byumba et Kigali-Muhazi, c'est beaucoup ; les positions d'observation ne pourront être tenues à chaque fois que par un volume d'une dizaine de marsouins. Ces derniers devront être d'autant plus discrets qu'ils sont peu nombreux. À ce stade, seule la légitime défense est prescrite. Le tout se mettra en place le 12 à partir de midi, dispositif totalement déployé le 13. Aux entrées nord et nord-ouest, deux postes vont être installés à hauteur de barrières totalement abandonnées par la gendarmerie rwandaise, dans cette atmosphère de déroute qui règne toujours dans les esprits.

Je ne veux pas être surpris par l'entrée dans la ville de gens armés, à pied ou en véhicule, déserteurs des FAR ou combattants de l'APR. Par mission, il m'incombe des obligations supérieures de sûreté quand l'armée comme la gendarmerie sont temporairement défaillantes, et c'est bien le cas. Je vais immédiatement réclamer, auprès des CEM, des gendarmes rwandais pour contrôler les passages routiers. Cela prendra trois jours[26] après des efforts répétés et quelques menaces. Je reviendrai sur ce sujet plus loin à propos d'un incident qui impliquera… un Français. Pour être d'emblée clair sur un aspect important, les soldats français n'ont jamais remis de civils, Hutus ou Tutsis, à quiconque. Les mesures de précaution que je prends tombent sous le sens de tout officier qui a la responsabilité de troupes en campagne. Le but de ces postes de contrôle n'était pas de trier entre bons et mauvais Rwandais, mais d'éviter l'entrée, par surprise, d'éléments armés dans la ville au risque d'empêcher ou de perturber une éventuelle évacuation qui serait ordonnée. Cette décision sera plus tard critiquée par des personnes qui ont toujours considéré nos actions comme malfaisantes au Rwanda. Ces personnes peuvent être opposées à l'engagement militaire français, mais pour ce qui concerne les mesures militaires de troupes en campagne qui en découlaient, elles n'y entendent rien.

Je valide donc l'ordre d'opération de Tracqui, mais je sais que je suis vraiment très faible militairement en dépit de la qualité de ses hommes, seuls mes chefs à Paris doivent le savoir. Dans l'histoire militaire, tout le monde cherche à intoxiquer l'autre et se trompe aussi souvent sur l'évaluation de son adversaire. J'y pense et je vais découvrir un peu plus tard comment mon « vis-à-vis », le colonel Kagame, va finir par surévaluer considérablement la présence militaire française. La situation générale est critique, proche de l'effondrement du régime de la transition en cours, loin de l'objectif de la France dans le cadre des négociations d'Arusha.

---

26. J'ai dit « trente-six heures » à la commission d'information de Paul Quilès, mais cela ne change rien à mon intention.

Entretien surprenant avec le président Habyarimana

Dans cette atmosphère de déstabilisation de l'armée et sans doute aussi du pouvoir, je suis prévenu que le président Habyarimana demande à me voir d'urgence, en tête à tête, à son domicile en fin de journée. Ce n'est pas la première fois qu'il demande à un officier français de passage de le rencontrer. J'ai en mémoire sa demande de mai dernier et aussi qu'un colonel du ministère de la Coopération, en décembre 1991, avait été ainsi sollicité. Après accord de Paris, je me rends chez lui alors que la nuit est déjà tombée à Kigali. J'arrive au camp de Kanombé, dans une villa aux dimensions apparemment modestes. Je suis introduit dans un salon de petite taille dans un décor assez quelconque, mal éclairé, bien loin du luxe ostentatoire de résidences présidentielles que j'ai pu voir en Afrique. Je ne verrai qu'une seule personne apportant des rafraîchissements, son épouse, qui ne fera que les déposer. C'est la première fois que je rencontre Juvénal Habyarimana. C'est un homme assez grand, massif, qui a la mine sombre et contrariée.

« Mon colonel, je vous remercie d'être venu, je suis content que les personnes bloquées à Ruhengeri aient été ramenées à Kigali. Je souhaiterais que vous me donniez votre opinion sur la situation des FAR, car je suis inquiet.

– Monsieur le président, je viens d'arriver et je ne peux avoir qu'une vision très partielle de ce qui se passe depuis le 7 février. Néanmoins, les contacts que j'ai eus avec le colonel Nsabimana les 9 et 10 février montrent que la situation militaire est grave pour les FAR. Depuis, votre chef d'état-major n'est plus joignable, il est pris par le deuil de son frère tué dans les combats ou par des pillards. Ce qui me préoccupe, c'est le trou que je crois constater dans le dispositif des FAR au nord et au nord-ouest de la capitale, qui la rend très vulnérable. Vous savez qu'il est hors de question que les forces françaises se substituent aux FAR, et elles ne sont là que dans l'hypothèse où la France déciderait d'évacuer ses ressortissants et ceux des pays qui le demanderaient. À mon avis, vous êtes dans une période de grande vulnérabilité. Il appartient aux FAR de rétablir rapidement l'intégralité de leur dispositif. D'autre part, la population de la zone perdue s'est regroupée en arrière dans des conditions absolument déplorables. »

La discussion se poursuit pendant une courte demi-heure sur ces points. Manifestement, il rumine cette attaque-surprise. Je suis moi-même étonné de voir ce président comme perdu et, apparemment, ne sachant trop quoi faire. Il a les épaules voûtées, tassé dans son fauteuil, plongé dans de sombres pensées contradictoires. Ce petit salon mal éclairé est à l'image de l'homme déboussolé que j'observe. J'en retire l'impression qu'il ne sait pas tellement quoi faire sur le plan militaire et peut-être aussi sur le plan politique, lequel n'est pas abordé. Il me remercie encore d'être là avant que nous nous séparions. Je ne sais pas s'il connaît lui aussi la venue toute prochaine d'une mission « politique » de Paris, c'est très probable, il n'en dit mot. Nous nous séparons, je n'ai plus qu'à partager ce que j'ai retenu de cet échange, pas grand-chose de constructif, avec le général Mercier et, le lendemain matin, avec l'ambassadeur Martres.

Le lendemain arrivent les émissaires français qui vont entamer toute une série d'entretiens avec les autorités rwandaises avant d'aller voir le président Yoweri Museveni.

Je rejoins l'hôtel en fin de soirée avec deux officiers parachutistes et nous nous apprêtons à prendre l'ascenseur pour rejoindre le restaurant afin d'avaler rapidement quelque chose avant qu'il ne soit trop tard. Les portes s'ouvrent, je vois alors avec stupéfaction deux officiers du FPR/APR en treillis vert qui manifestent une forte surprise, je les perçois inquiets. Cinq secondes passent, ou à peine plus, un parachutiste m'affranchit. Ce sont deux représentants du FPR/APR au sein du GOMN, rien à dire. C'est tout de même étonnant d'avoir ainsi sur les arrières des FAR de tels hommes. Il est presque certain qu'ils doivent renseigner leur commandement, je le ferais à leur place. Nous nous effaçons pour les laisser sortir avant de poursuivre notre chemin. Quelques jours plus tard, je quitterai cet établissement, beaucoup trop cosmopolite à mon goût, pour un lieu plus discret, plus calme et sobre, où logent quelques hommes du 1er RPIMa.

Chapitre 9 – Kigali, ville ouverte ou interdite ? (12 au 19 février 1993)

Les entretiens militaires puis politiques à Kigali

La visite matinale à l'état-major des FAR est moins que rassurante, le CEM Nsabimana est toujours absent et personne ne sait quand il va réapparaître. Le lieutenant-colonel Nsengiyumva, qui manifestement a passé la nuit dans la salle opérations, n'en sait pas beaucoup plus qu'hier. Il m'avoue des défections dans certaines unités et la perte d'armes lourdes. « Dans le Mutara, trois unités ont quitté leurs positions et sont en cours de regroupement près de Gitarama. Mais il y aurait des bataillons combatifs et celui de Miyove est encerclé. » m'affirme-t-il. Il continue : « Le FPR devrait reprendre l'offensive quitte, en cas d'échec, à discuter. Il n'y a pas suffisamment de forces de combat sur Kigali. Nous ne sommes pas unis et, quand le FPR sera à Kigali, le sort sera le même pour tout le monde. La situation est grave. »

Il me montre sa carte et je tique sur ce « saillant de l'APR » qui pointe toujours au nord-ouest de Kigali et que personne ne semble surveiller. Il me dit qu'il n'a pas de ressources disponibles. Je lui dis, encore calmement, qu'il doit en trouver pour ne pas exposer la capitale à des désordres difficilement contrôlables. J'ai en tête l'arrivée de vagues de déplacés. Il me regarde de son air rogue et je lui oppose une froideur déterminée. Décidément, le courant ne passe pas. C'est un dur, mais il est loin d'être un imbécile, et comment véritablement en vouloir à un officier qui tient comme il peut – presque seul – les opérations de son armée ? Je repars très préoccupé par cette situation, plus que confuse, qui perdure.

L'ambassadeur a organisé un grand et bref déjeuner de travail avec les émissaires parisiens et les principaux officiers en place à Kigali. Bruno Delaye, « Monsieur Afrique » du Président, est l'animateur principal de ce moment ; homme au tempérament flamboyant, il retrace les différentes phases de l'action diplomatique française pour aider à résoudre la crise rwandaise. Jean-Marc de La Sablière me demande plus discrètement mon avis sur la situation et je ne peux que lui confirmer une position qu'il connaît de Paris. À 14 heures, l'entretien avec le président Habyarimana débute par un point de la situation militaire et avec un focus sur la menace au centre. Habyarimana n'a pas vu le CEM Nsabimana depuis trente-six heures ! La discussion est assez décousue du fait du président. Bruno Delaye essaye de clarifier : « Si vous êtes attaqués de l'extérieur, il faut caractériser l'agression extérieure ! C'est indispensable pour une saisine du Conseil de sécurité de l'ONU, ensuite viendra une proposition de système de vérification des frontières. » La Sablière ajoute : « Cela suppose que le Rwanda dise qu'il a été agressé. » Habyarimana enchaîne : « Que faites-vous des lourdeurs du Conseil de sécurité ? Et Museveni m'a toujours dit qu'il ne soutenait pas le FPR ! À Kigali, nous n'avons plus de troupes.

La CDR [parti extrémiste exclu des accords d'Arusha] est une force incontournable. » La Sablière : « Nous sommes dans le cadre d'une stratégie indirecte et nous tenons à y rester. Par contre, il devrait y avoir une intervention des politiques rwandais pour doper la détermination de certaines unités sensibles aux troubles politiques des gouvernants. » Bruno Delaye envoie son message : « Il faut un front intérieur uni, avec une plateforme d'entente traitant d'abord du problème militaire et ensuite du règlement politique. Pour la France, c'est une condition *sine qua non* ! » Habyarimana encaisse et reprend avec véhémence : « Le GOMN est nul ! » Finalement, les émissaires parisiens et l'ambassadeur insistent sur l'union intérieure et les concessions réciproques à définir et respecter. Cet entretien non conclusif n'apporte qu'un élément clair d'Habyarimana : que le FPR se retire sur les lignes de départ.

Chez le Premier ministre, je constate que le discours est aussi décousu : « Certaines unités ne savent pas pourquoi elles se battent. Il faut que la situation intérieure soit assainie. Nous avons des problèmes de vivres, de soldes. Il faut quelqu'un pour faire comprendre tout cela à tout le monde *[sic !]*. Nous exigeons le retour sur les positions initiales. Je ne peux pas exclure que Kigali tombe, mais je crois à l'isolement des préfectures du nord [Byumba et Ruhengeri]. Pour nos partis [d'opposition], il n'y a pas de difficultés à discuter avec le FPR. » La discussion aborde de nouveau la problématique du Conseil de sécurité et celle de l'union intérieure. L'après-midi se termine. Les relations entre les deux autorités rwandaises ne sont manifestement pas bonnes et la situation militaire actuelle n'a fait que renforcer une méfiance réciproque. Une séance entre tous les interlocuteurs se tient en soirée, pour se terminer après minuit sans avancée certaine, excepté sur le fait que « le FPR doit reculer ». Entretemps, j'ai téléphoné au général Mercier, qui va m'envoyer une directive. Une clarification de la chaîne de commandement me paraît en effet souhaitable. Il me parle d'aide aux déplacés et me confirme l'ordre d'accompagner les missionnaires.

Dans la soirée, un avion DC8 français transportant des mitrailleuses de 50 et des munitions pour les FAR se pose sur l'aéroport de Kigali. Il conviendra de les former au maniement de ces anciennes, mais efficaces, armes lourdes d'origine américaine. Encore faudrait-il que soient arrivés tous les lots (unités collectives) qui accompagnent normalement les armes, ce qui n'est pas le cas. Sans ces lots, pas de réglage possible, et ces armes restent donc inutilisables. D'autres avions transporteront dans les jours suivants des munitions, notamment de 105 mm, jamais en quantités suffisantes au regard de l'engagement au combat d'une armée. Les FAR ne disposent que de cinq canons de 105 mm HM2 et d'encore moins de 122 mm, d'origine russe, pour lesquels nous n'avons évidemment aucun obus. C'est très peu pour un front si large. D'ailleurs la batterie de 105 est à Ruhengeri et celle de 122 à Byumba, contrôlées par les deux chefs militaires les plus aguerris des FAR ; les autres chefs de secteur n'ont que quelques mortiers et très peu de munitions.

Mission auprès du président Museveni

Au petit matin Delaye, La Sablière et moi-même, pour ce qui me concerne en treillis le plus impeccable possible, nous retrouvons au pied d'un C160 Transall pour un vol spécial sur Entebbe. De là, nous irons retrouver le président Museveni dans une résidence présidentielle proche du lac Victoria. Le C160 Transall est trop bruyant pour que nous puissions aborder de nouveau la discussion à venir. À l'arrivée, l'ambassadeur de France en Ouganda, Yannick Gérard, accueille la délégation. À ma surprise, il ne me semble pas que les Ougandais aient prévu qu'il assiste à la rencontre. J'embarque pour ma part dans un second véhicule type jeep, conduit par un gendarme de l'ambassade qui me dit très clairement et fortement le plaisir de voir un officier. Cela m'a marqué jusqu'à aujourd'hui. Très vite, une fois arrivés dans ce superbe et grand lodge de style colonial entouré de jardins magnifiques et dominant un peu le lac Victoria, nous sommes reçus dans le jardin principal par le président Museveni. L'entretien va durer trois heures.

Museveni est simplement accompagné de son ministre des Affaires étrangères, lequel ne fera que prendre des notes, assis en retrait de son président. Museveni nous fait prendre place dans de grands fauteuils, un peu distants d'une table de jardin largement pourvue en fruits et boissons. Seule la seconde moitié de la réunion sera consacrée au Rwanda. Museveni et Delaye se lancent dans de grandes discussions sur l'Afrique, presque tous les États y passent, puis l'OUA, l'ONU, les grandes puissances de ce monde. Manifestement, cet homme – qui est toujours au pouvoir vingt-sept ans plus tard – est très doué, rusé et complexe. Il manie l'ironie tout en surveillant les trois invités de coups d'œil rapides et amusés. La Sablière et moi, très attentifs, sirotons des jus d'orange ou buvons des thés à la hauteur de l'évènement. Après ce long moment international, Delaye reprend la position de la France concernant le Rwanda.

L'historique est fait avec précision, et le soutien au principe de négociation est presque martelé. La Sablière retrace les différentes phases d'Arusha et les accords qui en découlent et en particulier les accords politiques d'Arusha III, qui ne datent que de fin octobre 1992 et janvier 1993. Les réponses du président sont longues, aimables ; on se croirait loin d'un débat concernant une crise aussi dangereuse.

« J'ai dit à l'ambassadeur [de France], à de nombreuses reprises, l'implication de pays étrangers qui sont trop d'un seul côté. L'avantage de l'Ouganda, c'est qu'il n'a pas de problèmes frontaliers. Nous ne sommes pas alignés, ni est, ni ouest. Nous n'avons pas d'accords militaires avec des pays étrangers. On fait des compromis. En 1985, on a rejeté une force de maintien de la paix… et jusqu'à quand aurait-il fallu la garder ? Le FPR n'a pas beaucoup d'expérience et de finesse… ici aussi on s'est beaucoup battu… Kagame est un jeune… Dans l'affaire actuelle, il y a eu rupture du cessez-le-feu après des menaces contre les Tutsis. Le problème principal, c'est l'affaire des massacres. Le FPR pousse un cri. Kanyarengwe [président du FPR] me l'a dit. Il y a trop de monde dans ce petit pays[27]… Il faut un gouvernement neutre non militaire. La France peut avoir une action pour que Habyarimana accepte le protocole. Il faut aller à la paix. Qui bloque la paix ? Nous avons ici 20 tribus qui vivent en bonne intelligence. Habyarimana a toujours ignoré nos conseils. J'ai écrit au président Mitterrand sur cette affaire pour qu'il use de son influence sur Habyarimana. » Bruno Delaye répond : « On a affaire à une offensive générale, le FPR n'est pas sincère. Habyarimana et le Pre-

27. Sans doute le président fait-il allusion à la densité très élevée du Rwanda par rapport à la plupart des pays africains.

mier ministre pourraient demander l'aide de la France. Il faut éviter que ce soit le Liberia. Il faut maintenir la crise à l'intérieur du Rwanda ; mettre en place un cessez-le-feu ; établir des mesures de confiance le long de la frontière ; aller à Arusha. »

Museveni dit son accord pour le cessez-le-feu et qu'il veut bien que l'on porte le sujet à l'ONU, mais sans le Rwanda ! À propos des armements du FPR, il reconnaît explicitement qu'il est vrai qu'il en fournit, ainsi que des instructeurs ; néanmoins il nie toute présence de sa propre armée, la NRA, sur le territoire du Rwanda. L'argent du FPR proviendrait des cotisations de la diaspora ; en tout cas, c'est ce qu'il affirme.

Vers la fin de l'entretien, il s'adresse directement à moi, « les yeux dans les yeux » : « Colonel, qu'est-ce que vous ferez si le FPR continue d'avancer vers Kigali ? » Je comprends instantanément qu'il cherche à me faire parler de ma mission : « Monsieur le président, bien entendu, je remplirai ma mission ou celle qui me sera donnée. » Il me fixe longuement sans animosité, mais avec la plus grande attention et il enchaîne sur les négociations d'Arusha. Peu après, il me regarde de nouveau et me demande : « Mais enfin, mon colonel, si le FPR progresse, est-ce que vous ferez tirer ? » Toujours aussi poliment, je réplique, sur le même ton de voix calme et lent – de plus, pour être complet, je m'exprime évidemment, comme lui, en anglais : « Monsieur le président, vous savez, je suis un soldat, je reçois une mission et vous pouvez être sûr que je la remplirai la plus efficacement possible. » Être clair sur ce thème, mais ne rien dire d'autre, me dis-je. J'ai clairement conscience qu'il m'examine en ayant en tête les déclarations de la France, par la voix de ses diplomates qui ne veulent pas d'une prise de Kigali par la force. Kigali est-elle une ville ouverte, si l'armée rwandaise est en déroute, ou une ville interdite par les Français ? Ce moment étrange et important est resté fixé dans ma mémoire. Jeu de go ou poker ? Plutôt le premier, où le hasard a moins de place.

Delaye et La Sablière résument tous les points d'avancée, notamment à propos du futur cessez-le-feu, et après quelques amabilités supplémentaires, nous quittons ce lieu superbe et ce président qui a de l'avenir. Celui-ci donne devant nous instruction à son ministre des Affaires étrangères d'appeler directement Kagame pour le mettre au courant de l'état final des discussions. J'ai toujours pensé que Museveni avait appelé directement Kagame pour lui donner son impression sur les discussions et très certainement des conseils appuyés. Il avait toutes les cartes en main pour le faire. Sans l'Ouganda, pas de FPR ; il viendra une époque où le protégé n'aura plus aucune reconnaissance ; à Museveni alors de découvrir l'ingratitude[28].

Le C160 Transall, qui nous attendait à l'aéroport d'Entebbe, nous ramène vers Kigali. Aussitôt arrivés, les deux diplomates visitent l'ambassadeur avant de reprendre l'avion pour Paris. Le lendemain ils seront en cellule de crise au Quai d'Orsay. Ils ont sans doute des sentiments partagés : oui, il y a eu des progrès à l'occasion de leur mission, mais le président rwandais et le Premier ministre n'ont toujours pas été capables de signer un communiqué commun, le second refusant notamment d'employer le terme d'« agresseur » souhaité par le premier. La confusion a atteint la tête de l'État rwandais.

28. Au premier semestre 2019, les relations étaient carrément exécrables entre les deux présidents africains et cela semble durer.

Dans la soirée, j'écris à propos de cette rencontre avec le président ougandais : « [Entrevue] très intéressante, durant laquelle Museveni a fait briller intelligence, pragmatisme, expérience et duplicité. Ougandais et Français sont d'accord pour proposer au gouvernement rwandais et au FPR : un cessez-le-feu à compter du lundi 15 février, 12 heures ; un retour sur les lignes antérieures définies par les accords d'Arusha dans un délai d'une semaine ; le GOMN servira de joint pour annoncer cette prise de position dès que les deux parties concernées se seront décidées. Par ailleurs, Museveni est d'accord pour que le Conseil de sécurité soit saisi afin que soit surveillée la frontière commune Ouganda-Rwanda par une trentaine d'observateurs de l'ONU. » Une note assez succincte sera signée et adressée par Bruno Delaye au Président, mais je ne la lirai que vingt-sept ans plus tard. Les aspects militaires de la rencontre m'ont paru presque gommés. Or, le Président est aussi le chef des armées. Pour moi, c'est un manque.

KIGALI, VILLE OUVERTE OU INTERDITE ?

Telle est la question que doivent se poser toutes les parties. Le colonel Kagame ne peut que savoir que, devant ses unités situées au sud du saillant principal, il n'y a pas de positions tenues par les FAR et que, 20 kilomètres plus loin, s'ouvre la ville. Sur les flancs de ce saillant, deux secteurs, Byumba et Ruhengeri, solidement commandés par les colonels Kabiligi et Bizimungu qui disposent de presque tous les meilleurs bataillons des FAR, dont les parachutistes et un autre, celui dit de « Ruhengeri ». Les risques d'attaque de flanc sont faibles, mais ne peuvent être écartés. Dans la capitale, il pense trouver la garde présidentielle et l'escadron d'AML, des blindés légers, et puis les Français. Certes, il fait compter, par ses agents de renseignement, les rotations de C160 Transall, mais évidemment, sans le savoir, il commence à surestimer le volume de Noroît. Dix jours plus tard, il estimera ce renfort à plus de 1 500 hommes, avec une hypothèse haute à 3 000, alors que je n'en recevrai que le tiers. Ce que je ne sais pas, moi non plus, c'est de combien d'unités ou de bataillons il dispose pour relancer sa « pince », à l'est de Kigali et à partir du saillant central pour soit prendre la capitale, soit au minimum encercler Byumba, dont on a dit la grande valeur symbolique dès l'offensive de 1992.

Ces manœuvres, je pressens qu'il les a en tête tout aussi clairement que je les devine en étudiant sur la carte la situation militaire avec, il est vrai, une évaluation incertaine du nombre de bataillons FPR. Je ne crois pas fiable la situation établie par le service de renseignement FAR. À la regarder de près, les FAR estiment la force adverse à un volume comparable à leurs unités présentes sur le front ; elles les surestiment mais de combien ? Néanmoins, pour les lecteurs non avertis, la guerre est aussi un affrontement des volontés tout autant que des engagements brutaux. La dissuasion est un concept où l'opposition des volontés est particulière ; à l'échelle de ce conflit, je le souligne, j'ai conscience que je suis pour partie dans ce registre. Pour revenir à Kagame, qui a échangé avec Museveni avant et après notre passage en Ouganda, je pense qu'il compare en permanence les déclarations de la France – en faveur des pourparlers mais aussi contre une prise du pouvoir par la force – avec la réalité de ce qu'il perçoit du déploiement militaire français.

Du côté du président Habyarimana, et dans une moindre mesure du CEM Nsabimana, l'absence de FAR au nord-nord-ouest de la capitale, bien que non voulue au départ, ne serait pas si catastrophique que cela. Tant que les Français sont présents dans la ville, ils font peser une incertitude très importante pour Kagame. Que le FPR avance et il risque de franchir une éventuelle ligne rouge, fictive ou non. Pendant le temps gagné, les FAR peuvent essayer de se remettre en ordre de bataille – dans certains secteurs du front, ce fut la déroute –, recevoir quelques équipements et, pour Habyarimana, essayer surtout de redonner un peu de cohérence à l'équipe politique du pays. Les dissonances entre les principales autorités du pays sont du plus mauvais effet au plan international.

Pour ce qui me concerne, ma mission est toujours d'être prêt à commencer une opération d'évacuation des ressortissants sans se faire surprendre par une dégradation brutale de la situation. Je n'ai jamais reçu mission d'interdire ou de défendre Kigali, mais, implicitement, notre dispositif supposé peut paraître en accord avec les déclarations politiques françaises refusant une prise de pouvoir par la force. Je m'ouvre presque tous les jours de « mon problème » au général Mercier qui m'écoute avec patience et attention : « Je ne pourrais pas rester longtemps avec si peu de forces pour remplir correctement ma mission et pouvoir laisser croire que je pourrais en avoir une autre, explicite ou implicite. De plus, les FAR doivent absolument reprendre en main le secteur centre pour sortir de l'ambiguïté qui augmente nos risques militaires donc politiques. Je suis très favorable à ce que l'on aide rapidement les FAR sur le plan de l'organisation du commandement en y envoyant quelques conseillers de qualité. »

Tout cela évidemment sous couvert d'une parfaite adéquation avec la politique que veut suivre la France. Laquelle n'est pas mon problème. Elle est traitée à Paris et *in fine* le Président tranche. J'ai une absolue confiance en l'Amiral et dans le général Mercier pour que le dilemme soit étudié sans retard. Je vais logiquement faire tourner chaque jour ces questions dans ma tête, jusqu'à l'établissement réel d'un cessez-le-feu et nous n'y sommes pas.

Les moments critiques

Le 14 février, je transmets à l'Amiral, au général Mercier et au colonel Fruchard, du cabinet du ministre, ce que je sais des Rwandais, avant qu'ils n'entrent à 19 heures en cellule de crise au Quai d'Orsay. Les autorités rwandaises, elles aussi en réunion à Kigali, n'ont pas encore décidé d'accepter un cessez-le-feu. Enfin, sur un calque, je fais apparaître le très léger rideau de surveillance FAR au sud du saillant FPR. Une seule compagnie de parachutistes rwandais et quelques groupes de leur police militaire ou de la garde, symboliques. Dès l'issue de cette cellule de crise parisienne, j'imagine que des propositions seront faites au Président aux plans politique et militaire. Cela peut prendre plusieurs jours pour un tour décisionnel complet si certaines options doivent être détaillées. J'en connais le principe. Pour le moment, je retrouve le CEM Nsabimana qui court une grande partie du temps d'un PC de secteur à l'autre.

Dès son retour à son état-major, il est appelé par les ministres et sans doute le président, chacun lui posant des questions sur ce qu'il envisage dans chaque cas de figure... et je comprends qu'il est aussi harcelé par certains politiques ou officiers qui veulent une attitude de combat à outrance, mais il hésite car il connaît les faiblesses de son armée. De plus, cette dernière n'a presque plus de munitions de gros calibre : 250 coups de 120 mm, rien en 81 et 82 mm. Presque catastrophique ! Depuis deux ans et demi, cette armée s'inscrit dans la défensive et une guerre de positions qui ne se joue qu'à l'initiative de l'APR ; celle-ci peut concentrer ses efforts comme ses moyens, et utiliser la surprise sur le lieu de l'attaque comme sur le moment choisi. Pour conclure, les FAR n'ont presque pas de réserves opérationnelles, faute rédhibitoire.

Finalement, le gouvernement rwandais propose au FPR un cessez-le-feu assorti d'un retour sur les lignes antérieures ; ce qui va faire tiquer celui-ci. Je peux donc écrire ce soir-là, le 15, que « je ne suis pas très optimiste pour la suite. Il est donc possible que les combats se poursuivent et se rapprochent de la capitale sans que le FPR cherche à y entrer. Le départ ou l'évacuation de nos ressortissants ne justifierait plus la présence de Noroît… Ce scénario, parmi d'autres, permettrait au FPR de négocier dans un rapport de force encore plus favorable. »

Les reconnaissances dans le *no man's land*

Dans une période où les incertitudes sont si fortes, il m'est apparu indispensable d'effectuer par moi-même des reconnaissances dans le secteur le plus délicat, c'est-à-dire au nord-nord-ouest de Kigali, au-delà de Rutongo, Murambi, Mugamba. Je fis ces sorties, dès les premiers jours, l'après-midi, sur un itinéraire m'amenant généralement sur la grande ligne de crête est-ouest entre Ntarabana et Rusamanzuki. Les hommes du 1er RPIMa disposaient d'un bon 4x4 rouge, prêté par un expatrié. Je décidai de le conduire moi-même, après avoir mémorisé l'itinéraire, pour deux raisons particulières : je pourrais m'arrêter exactement où je le souhaitais pour observer à la jumelle, mais surtout pour que les trois parachutistes, puissamment armés, aient les meilleures dispositions pour nous défendre. Derrière le 4x4 suivait un véhicule de Noroît, une P4 radio avec des hommes du 21e RIMa, me permettant d'avoir des liaisons nécessaires et permanentes avec le dispositif français.

Pendant environ trois heures, nous pouvions effectuer un point réel dans toute cette zone sensible. D'évidence, les FAR n'occupaient aucune position de défense dans ce secteur. Une fois que l'on passait les derniers camps de déplacés, on rentrait dans une sorte de *no man's land* déserté de tous. De la ligne de crête de Taba, au plus loin, je n'arrivais pas à distinguer clairement les positions de l'APR situées de l'autre côté de Buyoga, sur la ligne de crête qui nous faisait face. Si nos véhicules étaient observés, ce qui est très vraisemblable, cela participait, pour moi, de notre présence intermittente, nous « battions l'estrade » pour entretenir le doute sur nos intentions. Les autres passages des patrouilles de reconnaissance du DAMI, puis, ultérieurement, celles effectuées dans le cadre de Chimère[29] ont dû également y contribuer fortement.

Une seule fois un incident survint. En achevant une reconnaissance et en revenant plein sud, entrant dans un bois près du mont Jali, 10 kilomètres au nord de la capitale et à 2 000 mètres d'altitude, nous fûmes pris sous un

29. Détachement du 1er RPIMa créé pour cette mission.

violent tir d'armes automatiques qui m'a paru proche et sur notre droite, un peu plus haut dans la pente. J'écrasai l'accélérateur dans le chemin qui descendait, faisant bondir le 4x4. La jeep P4 radio dut faire pareil. Personne n'a répliqué de notre côté. Quelques centaines de mètres plus loin, je suis remonté par une piste vers le sommet du mont Jali, où se trouvait le grand centre des transmissions gouvernementales, lequel était encore bien gardé. L'officier qui commandait le détachement m'a dit que ses hommes s'entraînaient au tir... Nous avons plutôt pensé que ses postes avancés avaient ouvert le feu en entendant des véhicules venant du nord. Plus de peur que de mal ? En fait, aucune peur chez qui que ce soit dans la patrouille. Nos soldats sont de vrais professionnels.

En rentrant à Kigali, j'étais certain de ce que j'écrirais au général Mercier quand j'affirmerais que les FAR n'étaient pas en place. Était-ce bien raisonnable qu'un colonel fasse de telles reconnaissances ? En théorie non, mais j'avais lu depuis bien longtemps tant d'exemples de chefs allant devant pour bien comprendre que je ne faisais rien de si extraordinaire, même si c'était contraire à la prudence admise. Le colonel Salvan, mon chef au Liban en mai 1978, avait été très grièvement blessé par des Palestiniens dans un cas comparable. Je l'ai toujours beaucoup respecté comme chef en opération. Je savais aussi que personne parmi les soldats sous mes ordres ne pouvait douter de mon engagement physique, comme eux le pratiquaient tous les jours. Je me rappelais aussi mes temps de capitaine « au feu », au Liban, puis au Tchad quinze ans plus tôt, avec mes formidables marsouins du 1er escadron du régiment d'infanterie chars de marine (RICM), « l'Escadron bleu[30] ». Je ne les ai jamais oubliés. Partager quelques risques, c'est aussi possible, et j'ajouterai souhaitable, pour un chef. Autant le préciser à ceux qui sont moins familiers de ces aspects du commandement.

En passant régulièrement près de camps de déplacés au début des reconnaissances, il m'est arrivé de m'arrêter un certain nombre de fois et de discuter avec les quelques personnes apportant une aide humanitaire, des étrangers ou des Rwandais. Une fois, j'ai eu une assez longue discussion avec un médecin français qui arrivait du Cambodge. Il était très marqué par ce qu'il avait vu là-bas et très touché aussi par ces déplacés ici. Il trouvait qu'il y avait une forte similitude entre ce qu'il constatait, et il employa une expression qui m'est restée en tête : « Le FPR se comporte comme des Khmers noirs. » Dans la fragilité des déplacés, leur peur du FPR, il retrouvait ce qu'il venait de voir dans certains endroits du Cambodge. J'eus l'imprudence et fis l'erreur de citer ce médecin, avec ses propos, lors d'un échange quelques semaines plus tard, le 24 mars. France Inter la diffusa le 28 mars, à 13 h 15. Cela me fut reproché par tous les plus farouches opposants à l'action menée alors par les forces françaises, non dans les semaines qui suivirent mais des années plus tard, et inscrit à charge. Certes, ce n'était qu'une citation d'une tierce personne, mais on eut vite fait de faire l'amalgame entre son propos et ma pensée.

J'en tirais un certain nombre de conclusions personnelles, d'autant plus que, quelques mois plus tard, au cours de deux missions assez longues au Cambodge, je pus consta-

30. Dominique Delort, *L'Escadron bleu, Liban-Tchad (1977-1979)*, Lavauzelle, 2018.

ter l'horreur des génocidaires khmers rouges. Pendant cet entretien à Kigali, ai-je voulu forcer le trait en répondant à une question de la journaliste ? Certainement, et ce ne fut pas de la bonne façon, surtout quand on considère la catastrophe qui se transformera en génocide l'année suivante. Catastrophe de grande ampleur, personne n'imaginait un génocide, que nous voulions éviter. Moi-même ne l'avais-je pas écrit dans un rapport, en juin 1992, comme je l'ai raconté dans un chapitre précédent ?

Crise et aide humanitaire ?

Dans l'après-midi du 15, je fais un déplacement vers deux centres de regroupement dans la commune de Murambi. La situation est hautement déplorable avec des gens sous des huttes de branchages, sans vivres ni médicaments ou assistance. Nous roulons doucement sur la mauvaise piste de campagne. De chaque côté, des huttes de branchage, des arbres coupés en cours d'élagage. Des enfants courent dans une fausse insouciance, tant les visages des plus grands sont fermés.

Des images me frappent. J'emporte toujours dans ma sacoche mon appareil photo. J'aime bien prendre des clichés, sauf en opérations, car je sais que cela nécessiterait une attention particulière alors que je me dois d'être totalement dans la mission. Cependant, je m'arrête et fixe ce qui me paraît symbolique d'une situation générale. Cet enfant juché sur des moignons d'eucalyptus ou cet autre accroché à un tronc nu sur un arrière-plan de collines, oui ceux-là, j'appuie sur le déclencheur. Cette dernière photo fait la couverture du livre. J'en prends quelques autres, mais elles n'ont pas cette même charge émotionnelle. L'un des enfants me regardait comme s'il me demandait si l'espoir était encore possible. L'autre, comme s'il n'y croyait déjà plus.

Je suis passé ensuite par un établissement religieux, dont les sœurs m'ont dit leur peur de voir arriver le FPR. Parallèlement à la situation politico-militaire se développe un problème humanitaire d'une ampleur considérable, sous réserve que l'on y prête intérêt. Ailleurs dans le monde, à ce moment-là, c'est l'ex-Yougoslavie qui mobilise toujours toute l'attention de la presse internationale. Le général Morillon, commandant la FORPRONU, fait des déclarations reprises par tous les grands reporters qui focalisent l'attention de l'opinion publique sur une situation en Bosnie-Herzégovine extrêmement délicate et sanglante. Mais, au cœur de l'Afrique, des populations souffrent aussi. L'ambassadeur Martres estime, comme moi, que le Rwanda est face à un déplacement de plusieurs centaines de milliers de personnes, qui sont en cours de regroupement dans des camps de huttes faites de branchages, couvertes ou non de bâches, dans une zone comprise entre 10 et 40 kilomètres au nord et au nord-ouest de la capitale.

Le ministère de la Coopération vient d'accorder 10 millions de francs au Rwanda pour faire face, dans des délais extrêmement courts, aux besoins de ces populations insuffisamment soutenues par des autorités gouvernementales débordées ou incompétentes. La coopération française locale disposerait déjà de 30 tonnes de couvertures et de ravitaillement, mais elle se sent incapable d'organiser, acheminer et distribuer cette aide. Martres me dit qu'il va faire un télégramme diplomatique pour obtenir l'aide de Noroît. Immédiatement, je donne mon avis au général Mercier en lui disant qu'une aide des forces françaises pourrait être vue favorablement au moment où des partisans de la cause FPR les accusent de participer au combat. Je propose qu'une section, une vingtaine de marsouins, soit affectée dès le lendemain matin aux premières distributions en utilisant camions et stocks de la coopération civile, et je joins une carte avec le positionnement de 14 grands « camps ». Ils sont tous situés quelques kilomètres au sud de la ligne de front, c'est la directive des autorités gouvernementales aux maires des communes touchées par l'avance de l'APR. Dans les jours qui suivent, les soldats du 21e RIMa vident les stocks disponibles pour les distribuer, mais l'ambassadeur ne verra se débloquer qu'une petite partie de l'aide financière promise par les autorités parisiennes ; une fois encore, des gens ralentissent les décisions étatiques, sciemment ou non, je ne saurais encore maintenant rien prouver.

Sur le plan militaire, la présence de camps proches de la capitale est une grave préoccupation. Un ou plusieurs coups de mortier pourraient brutalement remettre en marche vers le sud des foules considérables et incontrôlables qui rentreraient dans la ville, débordant le très faible rideau de surveillance rwandais là où il existe, rendant plus délicat encore une évacuation des ressortissants en bon ordre. Ces derniers sont 600, auxquels s'ajoutent 3 400 expatriés d'autres nations qui demanderaient l'aide de la France. Cette foule de déplacés rwandais risquerait aussi de noyer les quelques postes d'observation de Noroît se trouvant non loin de certains lieux de regroupement.

Les milliers de jeunes déplacés vivent dans des conditions absolument minimales, indignes serait plus juste !

Apeurés, désorientés et désœuvrés, ils seront des cibles faciles pour les extrémistes hutus qui profiteront de leur désarroi pour en recruter dans les milices Interahamwe ou Impuzamugambi, de sinistre mémoire. La haine explosera en avril 1994 dans la plus ignoble des sauvageries.

La directive du 16 février

Je reçois un fax avec la directive du CEMA n° 3133 signée par le général Mercier. Elle est courte : « Vous avez été mis en place au Rwanda sur décision du CEMA qui vous a confié une mission particulière. En plus de cette mission et si la situation se dégradait, imposant un nouveau renforcement de Noroît, vous seriez alors désigné comme commandant opérationnel du détachement français. » C'est clair dans ma tête ; un autre texte, n° 3134, adressé à Cussac et moi, précise les responsabilités de chacun, actuelles et futures.

Les Belges sur le départ ?

Dans la nuit, « évasion » des unités des FAR, qui avaient été encerclées à Kirambo, avec la majeure partie du matériel lourd. Les FAR allègent le dispositif au nord du Mutara, dans le nord-est du pays. Elles reculent mais font des efforts pour mieux disposer leurs unités, semble-t-il. On me signale des articles de presse du *Monde*[31] et du *Canard enchaîné*[32].

31. Jacques Isnard, « Rwanda : selon les services de renseignement français, les rebelles bénéficieraient du soutien de l'armée ougandaise », *Le Monde*, 17 février 1993.
32. Maxime S., « Mitterrand nous cache une guerre africaine », *Le Canard enchaîné*, 17 février 1993.

C'est suffisamment rare pour que je le note. Le 17, les incertitudes sur la capacité des FAR à se redresser sont toujours bien présentes alors que les combats continuent violemment dans le secteur de Byumba, qui semble être le nouvel axe d'effort du FPR/APR. Je ne sens pas une manœuvre d'encerclement d'envergure, mais plutôt une attaque plus frontale qui m'inquiète un peu moins. Les FAR sont dans une situation très difficile dans le secteur de Kirambo, au nord-ouest de la capitale, avec un nouveau risque d'encerclement d'unités ; là, cela indiquerait un élargissement vers l'ouest du saillant principal. Le colonel Vincent, chef des coopérants militaires belges, demande à me voir et voici l'essentiel de son message : « Mon colonel, je dois vous dire que si la ville de Byumba tombe, la totalité de la communauté belge du Rwanda sera évacuée. En tout état de cause, si la communauté française était évacuée, alors les Belges suivraient l'exemple. Vous avez ainsi les deux raisons possibles de notre évacuation. Mais que ferez-vous si le FPR veut prendre la capitale ? » Je réponds aimablement au Belge, qui lui aussi cherche à percer mes intentions, de la même façon qu'au président ougandais. Il me demande de le tenir informé de toute décision d'évacuation, ce que je ne manque pas d'accepter. Je verrai peu les Belges coopérants, chacun a son rythme et ses préoccupations. La Belgique, pays ex-colonisateur, aurait peut-être aimé peser plus lourd dans cette recherche de sortie de crise, mais elle n'a que peu de moyens pour appuyer ses prises de position, et mon interlocuteur en souffre discrètement.

17 février soir, nouvelle accélération. L'ambassadeur a été appelé, au téléphone, par le président Habyarimana qui se dit affolé par des massacres de Hutus et qui serait prêt à

toutes les concessions pour que les massacres cessent. Il demande un bataillon français pour tenir l'axe Kigali-Ruhengeri. Pour le moment, aucune délégation gouvernementale n'est partie pour rencontrer le FPR. Nous discutons ensemble. L'ambassadeur va rédiger des télégrammes diplomatiques pour Paris et ajouter les deux possibilités suivantes : laisser faire ou dissuader. Deux termes clés. Lui comme moi attendrons une décision dans un sens ou dans l'autre.

Prise de décision à Paris

Le 18, le COA multiplie toute la journée les appels à notre PC pour envisager, discuter, préparer, et évaluer les différentes hypothèses concernant les forces françaises au vu du télégramme diplomatique de l'ambassadeur et des ordres du CEMA. Le général François Regnault, chef du COA, est à la manœuvre avec des colonels expérimentés, dont Michaux, Dubost et Canicio (nous nous connaissons tous). Ses équipes travaillent très bien et vite, et les fiches doivent remonter sans retard vers le CEMA et les autorités politiques concernées. Une cellule de crise, à laquelle participait le CEMA, s'est tenue au Quai d'Orsay dans la journée, pour discuter des ébauches de scénario de l'ambassadeur, avec des variantes plus musclées, vite abandonnées.

Le général Mercier m'informe, en soirée, que des décisions politiques vont être prises et que je vais recevoir les forces nécessaires pour remplir une mission conforme à l'intention politique qui semble globalement inchangée : permettre que le processus d'Arusha aille à son terme, tout en évitant une prise de pouvoir par la force. Par ailleurs, le CEMA a décidé de me nommer officiellement COMOPS (commandant opérationnel) de toutes les forces françaises du Rwanda. Je devine que le général Varret, du ministère de la Coopération, va se sentir dépossédé de son contrôle sur les coopérants militaires, mais dans une situation pareille, l'unité de commandement sur le terrain est de loin la meilleure des règles. Cette clarification est bonne, même si pour Noroît et les hommes du 1er RPIMa, il n'y a jamais eu aucune ambiguïté.

Ultérieurement, certains se sont émus de cette prise de contrôle des coopérants par le CEMA, par mon intermédiaire, mais enfin il faut être militairement complètement incompétent pour persister dans la critique. Je peux, pour ma part, affirmer que c'était bien évidemment la meilleure solution pour que chaque coopérant militaire soit totalement à l'abri d'une double hiérarchie opérationnelle dans une crise ouverte ; hélas, je ne suis pas sûr que le ministère de la Coopération ait ensuite travaillé avec les armées dans le meilleur esprit. Le général Varret a sa version. Quelles que soient ses qualités, il ne pouvait pas disposer de toutes les informations du CEMA pour juger objectivement cette évolution. Et puis, une fois de plus, à chacun son niveau de responsabilité ! Bien entendu, il ne fut pas le seul officier à alerter sur les dangers inhérents à la crise rwandaise. Crier « au feu », c'est bien ; travailler sans états d'âme avec les pompiers, c'est mieux. C'était mon point de vue. Il n'a pas changé.

Le 19 au matin se tient un conseil restreint à l'Élysée, et les contacts se multiplient avec le COA qui finalise les options à présenter ; le spectre est large. De l'option avec les forces actuelles et le repli, à la protection de Kigali avec des variantes, et enfin une option plus lourde ouvrant le champ des manœuvres possibles, comme nous le disons en langage militaire. On pense, au plus, à 2 500 hommes; assez curieusement, ce sera le volume projeté pour Turquoise, avec une tout autre mission toutefois. C'est dans la fourchette haute du volume de forces immédiatement disponibles au sein de la force d'action rapide de l'armée de terre (FAR). Au politique, au Président plus exactement, de prendre la décision. C'est son rôle et son devoir.

Les Belges me préviennent que le lendemain, ils évacuent Gisenyi, près de la frontière zaïroise. Pas de commentaires, c'est leur choix.

De Paris, le général Mercier me confirme, peu après la tenue de la réunion élyséenne, que deux compagnies de combat et une batterie de mortiers lourds de 120 mm sont prévues pour renforcer Noroît, un détachement du 1er RPIMa doit également arriver pour cette aide, au commandement des FAR, que j'ai souhaitée. Le renforcement commencera le 20, soit le lendemain matin, par des rotations de C160 Transall. Sur le moment, j'ai eu l'impression d'avoir de nouveau les « deux pieds au sol »! Le général Regnault, chef du COA, me donne toutes les précisions nécessaires concernant le renforcement qui va débuter.

Les informations sur le terrain font état d'avancées du FPR dans deux secteurs, où il ne fait face qu'à un faible rideau défensif des FAR. À l'occasion d'une visite au CEM Nsabimana, qui se trouve alors en déplacement, je mets sévèrement et brièvement en garde ses collaborateurs directs. Ceux-ci sont responsables de l'incurie que je constate dans la tenue et l'entretien de la situation au sein de la salle opérations. Ce seront les uniques remarques que je ferai à des officiers rwandais, mais ils dépassaient vraiment les bornes! Plus cet état-major est faible, plus les risques pour les forces françaises augmentent!

Du côté des observateurs de l'OUA, je ne suis pas étonné de constater que le GOMN est toujours à l'hôtel Méridien, au lieu d'essayer d'établir ce que serait un quelconque début de ligne de cessez-le-feu. J'interroge Paris sur la possibilité de faire intervenir le président de l'OUA auprès du général Opaleye. C'est le président Abdou Diouf, et je pense imaginer qu'il est renseigné par le colonel sénégalais Gueye qui est au sein du GOMN. Le même général Opaleye n'hésite pas à rendre visite dans la journée à l'ambassadeur de France, avec le but évident de connaître ma mission, sous couvert d'entendre ce que serait l'attitude de la France en cas de dégradation de la situation. Je ne peux, hélas, que le soupçonner d'être le « petit télégraphiste » du FPR. Je regrette qu'il ne m'ait jamais donné l'occasion d'avoir une autre perception de lui.

Le lieutenant-colonel Tracqui me présente son ordre de conduite n° 7, prenant en compte le renforcement de Noroît, qui commence durant la nuit qui vient. Allons-nous réussir à faciliter la stabilisation sur le terrain, indispensable à la mise en place d'un véritable cessez-le-feu ? Son ordre est clair et ses capitaines vont le recevoir dès qu'ils auront mis pied à terre sur le tarmac de l'aéroport. Pour le moment, ils s'apprêtent, de Libreville, Bangui et Bouar, à une projection intra-africaine. La réactivité du dispositif en Afrique est très grande et permet des bascules de forces qu'aucune armée européenne n'était en mesure de faire à cette époque ; et c'est toujours le cas. La France est l'un des cinq membres permanents du Conseil de sécurité de l'ONU et a signé un certain nombre d'accords avec des pays africains ; son dispositif militaire n'est que la conséquence logique de son rang et de la défense de tous ses intérêts stratégiques. Ce dispositif est ajusté au strict minimum d'une décennie à l'autre, voire plus régulièrement.

Dans la soirée, je reçois la directive n° 3158 du CEMA signée par le général Mercier ; elle rappelle les renforcements et ma désignation, enfin précise ma mission : « Concernant l'emploi de Noroît, il s'agit de montrer clairement notre détermination à nous opposer à toute menace contre nos ressortissants à Kigali. À cet effet, tout en conservant des moyens pour assurer la mission initiale de Noroît en ville, vous mettrez en place un dispositif dissuasif aux sorties nord de Kigali, sur les axes de Ruhengeri et Byumba, en mesure de gagner, soit par votre seule présence, soit par l'usage des armes, les délais nécessaires au regroupement et à l'évacuation éventuelle de nos ressortissants. Vous pourrez alors être appelé à ouvrir le feu. Dans toute la mesure du possible, si les délais le permettent, vous solliciterez préalablement mon autorisation.

Pour ce qui est de l'emploi de la cellule RAPAS[33] [1er RPIMa], son personnel est destiné initialement à renforcer notre assistance au commandement rwandais, sans descendre toutefois en dessous du niveau de commandant de secteur, et à assurer le guidage avancé d'éventuelles actions aériennes. Vous me ferez connaître les dispositions que vous aurez prises à cet égard.

Vous m'adresserez pour approbation votre ordre d'opération et porterez à la connaissance de l'ambassadeur de France le contenu de la présente directive. »

Tout est clair pour moi. Notamment en cas d'attaque inopinée, je ne perdrai aucune minute à attendre une autorisation pour ouvrir le feu ; je le précise pour ceux qui imagineraient un circuit long quand le temps presse…

33. Recherche aéroportée et action spéciale.

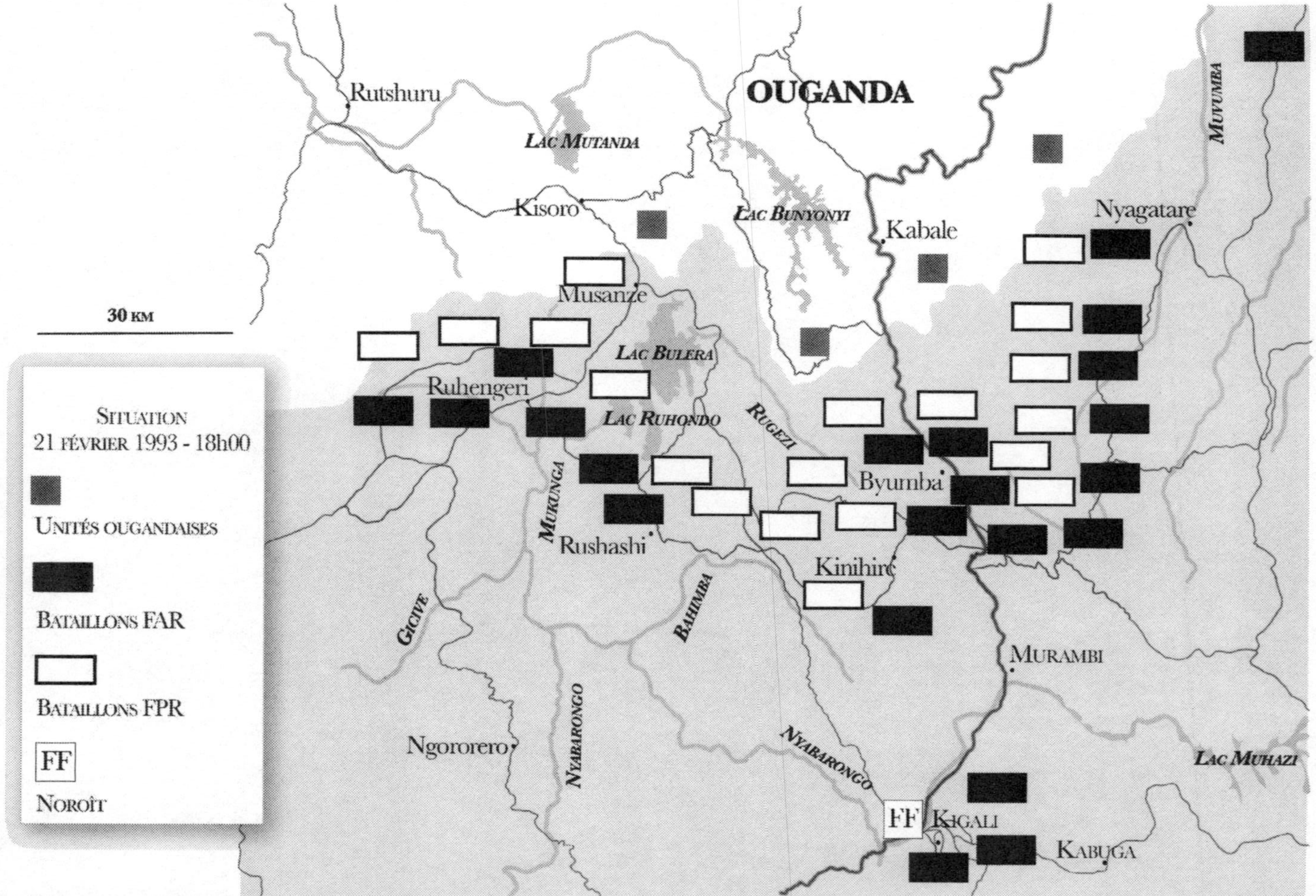
OUGANDA
Rutshuru
Lac Mutanda
Kisoro
Lac Bunyonyi
Kabale
Nyagatare
Muvumba
Musanze
Lac Bulera
Ruhengeri
Lac Ruhondo
Rugezi
Byumba
Mukunga
Rushashi
Kinihira
Gicive
Bahimba
Murambi
Nyabarongo
Ngororero
Nyabarongo
Lac Muhazi
FF
Kigali
Kabuga
30 km
Situation
21 février 1993 - 18h00
Unités ougandaises
Bataillons FAR
Bataillons FPR
FF
Noroît

Chapitre 10 – La stabilisation du front (20 février au 9 mars 1993)

Le nouveau dispositif français

Le samedi 20 février, à 11 heures, se posent l'un derrière l'autre, arrivant de Bangui, deux C160 Transall transportant la 2e compagnie du 8e RPIMa. Les 120 parachutistes partent immédiatement vers l'ouest de la ville dans des véhicules civils et militaires. Deux heures plus tard, deux autres avions venant de Libreville déposent la compagnie d'éclairage et d'appui (CEA) du 21e RIMa et les 120 marsouins partent vers le nord de la capitale dans des cars civils ; oui, décidément, nous avons peu de moyens de transport propres et les véhicules civils nous sont prêtés par des entreprises tenues par des expatriés de différentes nationalités. Ils avaient besoin de nous et réciproquement. L'ordre d'opération est remis aux capitaines. Des glossaires français-kinyarwanda, réalisés par Noroît, sont distribués à tous les cadres, ils doivent faciliter les relations avec la population locale, qui n'est que partiellement francophone et certainement pas anglophone.

Le lendemain et le jour suivant, neuf autres C160 Transall permettent l'arrivée d'une section de mortiers lourds (SML) avec tous ses véhicules militaires et ses munitions de

120 mm. Cette batterie aux ordres du capitaine Moutiers, qui provient du 68e régiment d'artillerie (RA), ne sera jamais évoquée publiquement. Le FPR ne semble pas l'avoir détectée, ce qui me surprend. Elle donne la puissance suffisante pour arrêter, par ses tirs de mortier de 120 mm (7 à 13 kilomètres de portée), une attaque qui mettrait en danger le bon déroulement d'une évacuation de ressortissants. Cette batterie bien entraînée délivrerait des tirs puissants et précis (la puissance d'un obus de mortier de 120 correspond à celle d'un obus d'un canon de 155 mm), qui n'ont rien à voir avec un « arrosage » en direction de l'adversaire souvent observé dans ce conflit, comme dans d'autres.

Aucun coup de mortier ne sera tiré par ces artilleurs français, mais cet *ultima ratio* est une garantie de solidité du dispositif français. L'effectif de Noroît monte à 600 hommes durant cette fin de semaine. Le lieutenant-colonel Tracqui met en place ses unités ; une compagnie sur l'aéroport, une autre en ville notamment dans les emprises de l'ambassade, une encore aux approches nord, une enfin à celles de l'ouest, et la SML légèrement à l'est, tubes de 120 mm en position de tir face au nord. Ce dispositif doit me permettre de gagner le temps nécessaire pour conduire, à mon rythme, une opération d'évacuation de ressortissants dont je rappelle le nombre, environ 4 000 dont 600 Français. Évidemment, le message implicite est aussi que la ville ne sera pas enlevée par surprise dans cette période de désorganisation avancée du dispositif rwandais.

Bien entendu, le CEM Nsabimana a été ravi d'apprendre l'arrivée des deux unités d'infanterie, mais j'ai bien insisté sur la mission de protection des ressortissants. Des reconnaissances du 1er RPIMa ont permis de constater le début d'une mise en place d'une légère surveillance rwandaise de ce trou à l'extrémité sud du saillant, elles ont aussi constaté que le FPR/APR faisait des travaux d'enfouissement sur certaines de ses positions. Plus à l'est, à la limite des secteurs de Byumba et du Mutara, une contre-attaque locale des FAR, appuyée par leurs canons de 122 mm, est un demi-succès… Je termine mon compte-rendu journalier en estimant que dans les deux jours à venir nous pourrions percevoir comment le FPR interprète le renforcement du dispositif.

Le dimanche soir, je transmets au général Mercier, pour approbation, mon ordre d'opération et, devant la probabilité de voir arriver d'Europe des journalistes, je souhaite, si possible, disposer d'une cellule du SIRPA pour accompagner cet aspect particulier. Il faudra attendre pour en voir arriver, j'en reparlerai ; toujours focalisés sur l'ex-Yougoslavie, les médias continuent de négliger cette grave crise africaine et ces soubresauts qui mettent à mal tout un processus de sortie de crise. Certes, je ne suis pas « monté sur une jeep » pour appeler la presse internationale à Kigali, mais celle-ci est suffisamment mature et indépendante pour savoir ce qu'elle a à faire. Je regrette qu'elle ait tant tardé à couvrir ce qui sera, hélas, un drame immense à peine plus d'un an plus tard.

Peut-être que si les autorités politiques françaises avaient mobilisé l'attention des journalistes sur cette crise, leurs articles auraient pu avoir des effets bénéfiques pour le rétablissement de la paix. Supposition plus qu'affirmation certes, mais la communication « bas niveau de lumière » voulue par les autorités françaises ne fut vraiment pas une réussite, à lire des années plus tard autant d'absurdités sur notre engagement politique et militaire au Rwanda.

Ordre d'opération

Les ordres sont indispensables pour chaque échelon ; ils doivent comprendre le sens de l'action, énoncer la mission, retenir ce qui est l'intention du chef, permettre à chaque destinataire de s'immerger dans sa propre mission et savoir ce que font tous ses amis et les autres, etc. Je ne vais pas redonner le contenu intégral de cet ordre, sorti le 21 février et légèrement modifié le 26, mais m'arrêter sur les « mission-intention-répartition » des missions : « Mission : montrer clairement notre détermination à nous opposer à toutes menaces contre nos ressortissants à Kigali tout en renforçant notre assistance au commandement rwandais.

Intention : renseigné si possible en temps réel le jour sur la situation sur le front, et en particulier au nord de la capitale, je veux : interdire toute action au FPR aux abords de la ville et conserver la maîtrise de la sécurité de l'aéroport et des axes essentiels. Agir sur l'état-major FAR (EM/FAR) et au minimum sur deux commandements de secteur pour dynamiser le suivi de situation et la conception des opérations.

Répartition des missions :

– Noroît : renseigné jusqu'à 10 kilomètres de la capitale, surveiller les accès nord et ouest de la capitale en faisant effort du nord-ouest au nord-est en mesure de les interdire temporairement ; assurer la sécurité des ressortissants tout en contrôlant l'aéroport.

– Chimère : rehausser le niveau technique dans le domaine opérationnel de l'EM/FAR et d'au minimum deux commandements de secteur. Participer à la sûreté éloignée du dispositif Noroît à chaque fois que la situation le nécessite. S'assurer ou compléter le niveau d'instruction des FAR sur les équipements spécifiques. Former le personnel rwandais sur les équipements nouveaux perçus par les FAR.

– Bureau OPS/RENS (PC) : évaluer en permanence la situation militaire. Assurer l'ensemble des synthèses renseignement. Connaître les missions et localisations des éléments Chimère hors Kigali. Coordonner l'échange de renseignements entre Noroît et Chimère. »

Les règles d'ouverture du feu ont été affinées avec trois stades : légitime défense, riposte autorisée en cas de harcèlement et tirs d'interdiction si le dispositif est menacé par une progression de l'agresseur. Le passage d'un stade à l'autre se fait sur mon ordre.

L'approche des législatives

Déjà à Paris, l'approche des législatives, qui vont avoir lieu les 21 et 28 mars, commence à peser. Dans un mois... Les spécialistes prévoient l'arrivée de la droite au gouvernement et donc le début d'une seconde cohabitation pour le Président. Il est certain qu'à un mois des élections, aucune autorité en place ne souhaite de « clash » en Afrique. Les mêmes présupposent que la politique africaine du Président risque de rencontrer très vite une opposition gouvernementale sur certains dossiers. Ici, à Kigali, il s'agit donc toujours de faciliter le retour à Arusha des deux parties, sans faiblir et sans « casse ». Le général Mercier me fait comprendre ces aspects politiques, qui ne doivent pas nous empêcher de poursuivre la mission fixée. Il n'y aura jamais aucune ambiguïté entre nous et chaque fois qu'il l'estime nécessaire il me confirmera, de sa main, ses directives. J'ai apprécié cette force de caractère dans cette période délicate. Il ne m'a jamais donné d'ordres qu'il n'ait pas été en mesure de me confirmer par écrit. Ce ne fut pas souvent nécessaire tant la mission resta semblable pendant la phase que je décris.

Jamais personne, autre que le général Mercier (par ordre du CEMA), ne me donna d'ordre au Rwanda. C'est toute la force d'une chaîne de commandement claire. Nous sommes très loin de ce qui est raconté dans des ouvrages multiples comme jeux troubles de Parisiens, entre africanistes supposés et africains de passage, autres « bidonneurs » professionnels, la plupart d'ailleurs n'ayant aucune influence réelle sur la politique française, qu'elle soit diplomatique ou militaire. Lors de la cohabitation, des points de vue différents se confronteront, le président François Mitterrand et le Premier ministre Édouard Balladur auront à trouver une ligne de compromis, ce fut alors leur responsabilité entre avril 1993 et septembre 1994, à la fin de l'opération Turquoise.

Chimère

Dans le cadre du renforcement souhaité, l'Amiral a décidé de m'envoyer un détachement du 1er RPIMa aux ordres du chef de corps, le colonel Didier Tauzin, successeur du colonel Rosier dont j'ai dit l'action efficace pendant l'été 1992. Je suis heureux de l'accueillir. Il aura toute ma confiance pendant cette mission au Rwanda et je demanderai par écrit son maintien quand, cinq jours plus tard, Paris avait pensé le retirer car tous les principaux officiers du 1er RPIMa se trouvaient engagés à Kigali, loin de Bayonne et du gros du régiment. Il n'aurait pas eu ma confiance que j'aurais demandé, et très vraisemblablement obtenu, son rappel immédiat. C'est un officier intelligent, extrêmement dynamique, prêt au maximum. Évidemment il n'a pas le cadrage politico-militaire permanent qui est le mien pour comprendre l'esprit de la mission que j'ai reçue. Pour être plus clair, il n'a jamais manifesté d'opposition à mes ordres dans les moments délicats que nous aurons encore à connaître. Cela peut être une réponse à certaines phrases qu'il a consacrées à notre relation dans son livre sur le drame du Rwanda. J'y reviendrai. Après Tracqui pour Noroît, Tauzin devient le chef de l'action d'assistance opérationnelle d'urgence auprès des FAR. Il est secondé par le lieutenant-colonel Chéreau, chef du bureau opérations, officier subtil et efficace, avec un grand sens des nuances.

Je mets immédiatement aux ordres de Tauzin tous les hommes du 1er RPIMa, excepté mon conducteur-garde du corps, déjà présents au Rwanda ; ce DAMI prend le nom de Chimère, et je lui fixe une mission en quatre points. Il doit rehausser le niveau technique dans le domaine opérationnel de l'EM/FAR et de, au minimum, deux des PC de secteurs. Chimère doit aussi participer à la sûreté éloignée de Noroît à chaque fois que la situation le rendra nécessaire. Le détachement doit compléter le niveau d'instruction sur les équipements spécifiques et former le personnel FAR sur les équipements nouveaux. Pour moi, comme pour lui, les objectifs que j'avais fixés devaient concourir indirectement à arrêter les forces FPR en direction de Kigali et à desserrer la menace sur Byumba.

Le colonel Tauzin rendra compte trois semaines plus tard, le 9 mars, et pour information, de ses activités au nouveau COS, qui vient d'être créé par le CEMA et qui est aux ordres du général Maurice Lepage. Le COS n'est pas chargé d'opérations spéciales au Rwanda en 1993, néanmoins, certains se mettent à réfléchir à l'organisation souhaitable dans l'hypothèse où elles se révèleraient nécessaires. Cela préfigurerait pour partie ce qui se fera les années suivantes. Mais, le jour même de l'annonce officielle du cessez-le-feu, c'est dépassé. Cela n'a plus aucun sens. Toutes les actions militaires, dans la gestion d'une crise, doivent être liées aux effets politiques recherchés.

Pour le moment, je n'ai plus qu'à aller présenter Tauzin au CEM Nsabimana et lui expliquer la mise en place des parachutistes de Chimère. Le volume sera au maximum d'une bonne soixantaine d'hommes, dont de nombreux cadres expérimentés. Au cours de toute cette période, un unique parachutiste du détachement (un brigadier-chef) sera légèrement blessé par un éclat de mortier et recevra trois points de suture à la tête. Un seul petit élément sera obligé d'ouvrir le feu contre l'APR, en état de légitime défense. Si la chance est pour quelque chose dans l'absence de pertes chez Chimère, malgré la proximité des combats, cela tient aussi au professionnalisme du 1er RPIMa et au respect des missions données par Tauzin à chaque petit détachement isolé. Il n'aura pas tort d'écrire qu'ils ont parfaitement rempli leur mission « spéciale » qui, du seul point de vue tactique et technique (pour paraphraser un entraîneur célèbre), est une réussite.

Contrairement à ce que certains ont pu dire, penser ou écrire, Didier Tauzin n'a jamais « commandé » l'armée rwandaise. Il n'en avait pas la mission, et le commandement FAR ne l'aurait pas accepté. Ce n'était ni l'esprit ni la lettre de la mission du colonel Tauzin. De plus, « commander au combat », c'est emmener ou envoyer des soldats remplir des missions comportant des risques extrêmes, c'est aussi être responsable de leur mort ; nous n'avons jamais été dans ce cas de figure concernant les soldats des FAR. Laissons aux officiers rwandais la grandeur et les malheurs de leur charge. Les conseils très avertis du DAMI Chimère ont aidé les FAR à se redresser et à faire face au mieux, j'en conviens bien volontiers, et c'est tout. Historiens de circonstance et grenadiers de tout poil racontent, le plus souvent, n'importe quoi à ce sujet, dans une avalanche de fantasmes qui n'a pas cessé depuis cette époque.

En fin d'après-midi du 22, je présente donc au CEM Nsabimana le colonel Tauzin et je rappelle au premier les limites de son action, conformément à nos discussions à ce sujet depuis deux jours. Il se montre très satisfait d'un renfort pour « le suivi de situation et la conception des opérations au niveau de la salle opérations », ce sont les termes employés. Dès le lendemain, les équipes de Chimère rentrent en liaison avec les PC opérationnels des FAR qui leur ont été désignés. En souplesse, les officiers parachutistes français apportent leurs savoir-faire à des officiers rwandais en pleine crise.

Le colonel Tracqui, chef de l'opération Noroît, a été autorisé à mener quelques patrouilles en deçà d'une ligne des 10 kilomètres autour de la capitale. En effet, je ne veux en aucun cas être surpris par une dégradation de la situation militaire. Noroît et Chimère sont les deux piliers de l'action militaire française, ils sont complémentaires. Le succès de Noroît devra à la réussite de Chimère, Noroît était aussi l'assurance-vie de Chimère. Tous les soirs, nous faisons ensemble, tout le temps nécessaire, la synthèse des activités réalisées, et recherchons comment se rapprocher du souhaitable en considérant les dispositifs militaires rwandais et français. Les risques physiques concernant les hommes de Chimère, et dans une mesure moindre de Noroît, étaient à évaluer chaque jour. Le risque zéro n'a jamais existé. Avoir de la chance ? Sans doute. On peut en parler après une opération, jamais pendant.

Contrôles et incident

Après de nombreuses interventions auprès du CEM de la gendarmerie rwandaise, il est possible d'obtenir qu'une vingtaine d'élèves officiers gendarmes rwandais viennent réoccuper les postes de contrôle aux entrées nord et ouest de la ville – abandonnés le 7 février –, cela afin de ne plus avoir à demander aux soldats français de les tenir, ce qu'ils ont dû faire pendant trois jours. Un officier de Noroît est désigné pour assurer la liaison avec la gendarmerie rwandaise. Pendant les trois jours où nos soldats ont été seuls, pour éviter l'entrée facile et rapide d'éléments armés incontrôlés (ou d'armes) en ville, aucune personne, Hutu ou Tutsi, n'a été remise aux autorités locales, d'ailleurs totalement absentes. Seuls quelques soldats isolés, ou peut-être déserteurs, ont déposé leurs armes à ces postes. De plus, les piétons qui auraient voulu éviter ces contrôles routiers auraient pu le faire aisément, il suffit de regarder le terrain avec un zeste d'objectivité. Une fois les gendarmes rwandais revenus, deux ou trois au maximum en permanence, les hommes de Noroît n'ont plus eu qu'à s'occuper de la sécurité d'ensemble.

Il ne manquera cependant pas d'arriver un incident, le 26 février, avec un ressortissant français attaché à l'ambassade, le chef de la mission de coopération et d'action culturelle, sur lequel je me dois d'être précis. Michel Cuignet va intervenir directement, deux jours plus tard, devant le ministre Debarge, lors de la visite du ministre de la Coopération à Kigali. Le côté inopportun et les propos excessifs tenus à cette occasion n'ont pu que choquer les membres de la délégation présents. Indiquant alors qu'un rapport serait adressé à l'ambassadeur, j'exprimai le regret que des ressortissants français critiquent des soldats de Noroît et la politique de la France. Les années suivantes, Cuignet parlera souvent de cet incident d'une manière outrée, voire, semble-t-il, mensongère, dans lequel il se donne le rôle de victime.

Il est temps de donner la version telle que j'ai pu l'avoir à cette époque et à laquelle je crois. En liaison avec les gendarmes rwandais, le lieutenant D. du 21e RIMa participait à la sûreté d'un contrôle établi à hauteur de l'église de Karama sur la piste Rubungo-Kigali. Le vendredi 26 février, à 11 h 05, un véhicule 4 x 4 venant du nord se présenta, et le lieutenant D. vit que le chef de bord du véhicule ordonnait à son conducteur de continuer sans s'arrêter devant le gendarme rwandais. Le lieutenant, ne voyant aucun signe particulier sur le 4 x 4, lui fit signe de s'arrêter. Je préfère citer la suite de son rapport hiérarchique : « Le chef de bord, visiblement très excité, cria qu'il ne comprenait pas pourquoi il était contrôlé puisqu'il était le chef de la mission française de coopération et d'action culturelle. Je lui répondis que mes soldats et moi-même ne pouvions pas deviner sa fonction. Le chef de bord haussa le ton et pendant quelques minutes se laissa aller à quelques gentillesses sur les militaires bêtes et bornés. Il déclara remercier le ciel ne pas avoir au Rwanda la même mission que nous. Notre mission pour lui se résumait à faire peur à la population. Je lui précisai alors que j'obéissais aux ordres reçus et aux termes de ma mission, et que j'étais surpris de la part d'un compatriote d'une telle réaction face à un banal contrôle. Il me répondit, ce qui me choqua profondément, que pour lui nous n'étions pas de la même nationalité ! Enfin il m'indiqua en me laissant sa carte de visite, qu'il rendrait compte directement en haut lieu. »

Le lieutenant-colonel Tracqui fut lui aussi d'autant plus choqué que la population rwandaise et la communauté internationale – à l'exception de quelques compatriotes ! – multipliaient des témoignages d'amitié. Je rendis compte moi aussi à Paris. L'ambassadeur leva un peu les bras en écoutant la relation de l'incident ; il n'était pas roi chez lui. Michel Cuignet témoignera lui aussi en 1998 devant la commission de Paul Quilès. Bien entendu, il ne souffla mot de son propre comportement. Ce concitoyen ne demanda jamais à me voir à Kigali, durant toute la période décrite. Courageux devant un lieutenant, moins devant un colonel ? Je n'ose le croire. Ses sympathies pour le FPR semblaient évidentes, peu importe aujourd'hui comme hier, mais en tant que fonctionnaire de la République, chef de mission qui plus est, il n'aurait pas dû dénigrer publiquement la politique de la France et ses soldats.

Je retrouve dans mes notes des consignes d'allégement de notre présence aux deux check-points dès le 23 février. Ces ordres seront complétés dans le même sens le 5 mars, et la présence de Noroît disparaîtra totalement lors du cessez-le-feu quelques jours plus tard, le 9.

Le renseignement opérationnel

Toujours avec le souci de pouvoir me faire une appréciation indépendante sans m'intoxiquer avec des informations non recoupées ou me faire intoxiquer par les FAR – que je soupçonne de surestimer le volume de leurs adversaires –, je demande au COA deux stations d'écoute. Elles doivent me permettre des interceptions VHF et HF des réseaux radio de l'APR. De plus, je souhaite recevoir des stations de goniométrie permettant la localisation précise des PC d'unités de l'APR. Ces stations seraient utiles dans la situation présente, mais aussi dans le cadre de l'établissement et de la surveillance d'un cessez-le-feu à venir. L'EMA répond favorablement et les stations d'écoute et le personnel arrivent à la fin de la semaine, les stations « gonio » mettront deux semaines de plus à arriver à Kigali, au lendemain du cessez-le-feu ! Il existe aussi d'autres sources de renseignement françaises, mais elles me semblent, par ordre, plus orientées vers la surveillance des réseaux rwandais – et peut-être les nôtres, que d'énergie perdue ! – et donc inutiles pour ce qui concerne mes besoins militaires en renseignement. Le positionnement de leurs antennes radio ne permettait plus une écoute des réseaux du FPR. Afin de protéger les propres réseaux de Chimère, je fais une demande de postes supplémentaires de transmissions cryptées, qui sera assez rapidement satisfaite.

« Tout le monde » écoutant tout le monde, protégeons nos communications sachant que les gens ont toujours tendance à trop parler, que ce soit au Rwanda ou sur n'importe quel autre théâtre d'opérations. Il aurait été utile aussi de disposer de radars de trajectographie, dont les premiers exemplaires, de fabrication britannique, ont été connus au moment de la guerre du Golfe. L'armée de terre n'en ayant pas en dotation, nous ne pouvons donc pas détecter les positions de tir des armes lourdes de l'APR ou de la NRA (Ouganda), s'il en était. Connaître, comprendre, déduire…

D'autres capacités rejoignent le dispositif Noroît, notamment une partie d'une antenne chirurgicale avancée (ACA) en provenance de N'Djamena. Ce détachement santé est parfaitement adapté à la prise en charge des blessés de guerre ; les chirurgiens sont généralement excellents, avec plus ou moins d'expérience des théâtres africains. L'ACA s'installe pour partie dans une grande salle mise à disposition par l'hôtel Méridien. Quelques médecins militaires volontaires effectuent des actions médicales au profit de camps de déplacés, l'ambassadeur comme moi-même ne pouvons que féliciter ces hommes. Les ONG sont assez peu présentes au Rwanda et leurs petites équipes médicales paraissent véritablement submergées par la situation constatée dans les camps.

Des logisticiens viennent compléter le dispositif Noroît et l'effectif global des détachements français, Noroît plus Chimère, culminera à environ 800 hommes début mars. On est loin d'un dispositif lourd comparable à d'autres opérations de cette époque ou ultérieures.

La presse

Avec l'envoi des renforts pour Noroît, il faut s'attendre à l'arrivée de quelques journalistes, même si j'ai dit le peu d'intérêt de ceux-ci pour cette crise africaine[34], loin

34. L'AFP, durant toute la période de cette offensive, assurera une couverture régulière des volets politique et diplomatique qui lui étaient connus.

du seul théâtre d'opérations qui les attire tous. Effectivement, les évènements graves se déroulant en ex-Yougoslavie concentrent tous les grands reporters. Je demande cependant, au général Mercier, une cellule du SIRPA pour contrôler cet aspect particulier de la communication. Un journaliste belge d'une télévision (BST) souhaite s'entretenir avec un officier français et effectuer des prises de vue. Mes consignes pour les soldats français sont claires : n'accepter aucune entrevue, mais orienter vers l'ambassade d'éventuels journalistes. Martres en est informé et lui-même a répondu à une sollicitation de RFI. Globalement, le suivi par les médias internationaux de la situation au Rwanda est très faible et les centaines de milliers de déplacés vivant comme des pauvres gueux sont ignorés. Je demande au lieutenant-colonel Robardey, coopérant gendarme, qui travaille dans mon PC, de collationner tous les éléments de la presse locale ayant trait à la situation générale et aux évènements actuels au Rwanda et de les faxer presque chaque jour aux médias français, dont l'AFP.

L'incurie des services de presse rwandais est à la hauteur de leur désarroi alors que des correspondants locaux de quelques journaux rwandais continuent de relater des évènements qui ont un intérêt. Je dois dire que je n'ai jamais écouté de radio locale francophone et encore moins en kinyarwanda, et de fait radio Mille Collines, de sinistre mémoire – qui de toute façon n'a commencé à émettre que plus de quatre mois plus tard. Les journalistes français et internationaux connaissent leur rôle. Quelques éléments d'actualité peuvent susciter leur intérêt et ils savent bien enquêter, vérifier et informer ; chacun son métier. Le lieutenant-colonel Robardey fera prestement et intelligemment la tâche demandée et je le lui dirai alors. Les années passant, très marqué par les évènements, il aurait affirmé à l'occasion de l'une de ses déclarations que « Delort ne connaissait rien au Rwanda et qu'il avait une vision apaisante ». Je ne sais pas s'il avait raison en tout, mais au moins, pour le second point, il ne s'était pas trompé… (Je l'écris avec un sourire.)

Paris réagit vite à ma demande de « cellule communication » et une dizaine de jours plus tard, le CEMA m'envoie le colonel Charrier pour suivre la relation avec les journalistes et les aspects communication du COMOPS, commandant opérationnel des forces françaises au Rwanda, cela en liaison très étroite avec Paris. Charrier connaît bien de nombreux journalistes accrédités défense, mais il en aura très peu à accompagner. Dommage. À la veille de la visite ministérielle, on me dit qu'en France, une campagne de presse importante est menée contre la politique africaine. J'enregistre.

Les actions politiques, la visite du ministre de la Coopération

Marcel Debarge, ministre délégué à la Coopération et au Développement, arrive à Kigali le 27 février soir. Il doit rencontrer les deux principales autorités rwandaises qui sont en désaccord sur la conduite à tenir pour arriver à un cessez-le-feu avec le FPR. Il vient tout d'abord dans mon « mini » PC pour que je lui expose la situation militaire devant la grande carte murale. Il est là pour poser de multiples questions. À Paris, tous ne sont pas d'accord avec la politique à appliquer même si le Président n'a en rien modifié le cap et que la diplomatie française le suit le plus efficacement possible. C'est peut-être au sein de son ministère que le questionnement est le plus fort ; sans parler de la sortie violente de Cuignet, chef de sa mission sur place, que j'ai relatée plus haut.

Très vite, Marcel Debarge me demande un entretien particulier, auquel, à sa demande, seul Georges Martres assiste, pour m'interroger sur ce que font réellement les hommes de Chimère, puis sur ce qu'il serait possible de faire au plan militaire. Je lui réponds avec un maximum de clarté, je n'ai pas d'état d'âme, nous ne faisons que mettre en œuvre une mission décidée au plus haut niveau, celui du Président. C'est la singularité du militaire, dans une démocratie comme la nôtre, cet apolitisme et cet esprit de discipline au service du pays qui surprennent parfois les plus hauts fonctionnaires et certains hommes politiques. Le citoyen Dominique Delort pense ce qu'il veut, et il pense ; le colonel Delort, lui, remplit la mission qu'il a reçue ; heureusement que c'est la règle générale !

Sans entrer dans les détails devant le ministre, j'évoque l'évacuation des ressortissants, accompagnée peut-être d'une « interdiction » face à une menace explicite et, si nécessaire, d'une « sanction par le feu » si l'APR perturbait les opérations en cours. Je lui dis que j'ai les moyens pour tout ce que je viens d'énoncer. Les termes sont sans ambiguïté sur l'emploi de la force dans l'application des ordres que pourrait donner le CEMA. Je note sur le moment qu'il n'a pas l'air surpris et, à mon avis, il en avait déjà connaissance.

Dans l'après-midi, il a des entretiens successifs avec le Premier ministre et le président rwandais. Aux deux, il tient un discours dans son style, direct, fort, sans ambages, que j'imagine alors assez bien : « Si dans les tout prochains jours, le président et le Premier ministre ne concrétisent pas de façon formelle et visible un rapprochement devant la situation d'urgence qui est celle du Rwanda, il faut s'attendre à ce que la France prenne une décision importante et tenant compte de ses intérêts généraux. » Il fait alors allusion au tout prochain conseil restreint qui doit se tenir à Paris le mercredi suivant. Auprès du président Habyarimana, il a insisté sur le fait que les troupes françaises ne se substitueraient pas aux FAR, l'avertissement semble avoir été pris au sérieux, surtout qu'il n'est pas le premier du genre. À l'opposition gouvernementale, il a rappelé que sa position vis-à-vis de la présence française devait être claire et stable : « La réclamer quand on a peur ou demander son départ quand on est un peu rassuré n'est pas une ligne politique. »

Entre deux rencontres, le ministre Debarge a visité avec moi un camp de déplacés de plusieurs dizaines de milliers de personnes, accroché à une colline à quelques centaines de mètres d'une position d'une section de combat de Noroît. Il a été très affecté par ce qu'il a vu, par la dimension du problème humain et les conditions de vie catastrophiques de la population qu'il qualifiera d'infrahumaines. En plus, celle-ci vient de subir des orages d'une grande violence qui ont noyé tous ses abris de fortune. Paris avait prévu que j'accompagne Marcel Debarge lors de sa rencontre fixée le lendemain avec le président Museveni, à Kampala. N'ayant aucune envie de mobiliser spécialement un C160 Transall pour pouvoir revenir de Kampala, je lui demande s'il juge ma présence nécessaire lors de l'entretien avec Museveni. Le ministre a alors estimé aimablement et raisonnablement qu'il était préférable que je reste à Kigali. Je subodorais que le subtil président ougandais n'hésiterait pas à me reposer les mêmes questions insidieuses que deux semaines auparavant. Ma place est à Kigali. Le ministre décolle pour Kampala. Un mois se dérouleront les élections législatives en France, puis un autre ministre d'un autre bord politique lui succèdera, une partie des soldats français sera toujours à Kigali ; autant de constatations mettant en exergue que le temps politique est souvent plus rapide que le temps militaire…

Je livre mon sentiment au général Mercier : les quelques journées qui nous séparent d'une rencontre entre le Premier ministre rwandais et le président du FPR à Dar es-Salaam, capitale de la Tanzanie, risquent d'être déterminantes. L'ambassadeur Martres a un rôle clé pour éclaircir si oui ou non les « forces politiques intérieures » sont décidées à jouer ensemble et face au FPR. Nous sommes dans le désormais classique *talk and fight*, à nous de ne pas nous faire surprendre.

Noroît sur le qui-vive

Dans la nuit du 26 au 27 février, des pluies torrentielles se sont abattues sur la région de Kigali. Les positions de tir de la SML de Noroît sont inondées, et les embases des mortiers lourds ne sont plus stabilisées. Les tirs ne seraient donc plus assurés correctement. Il faut tout remettre en condition et rechercher une nouvelle position de tir, laquelle est trouvée près de Kacyiru. Dans la journée, des pilotes d'avions d'attaque au sol Jaguar, stationnés à Bangui en République centrafricaine, arrivent par C160 Transall à Kigali, et nous nous rendons sur les lignes de crête au nord de la ville. Avec Tracqui, nous leur présentons la zone d'action où ils pourraient intervenir si j'étais amené à en faire la demande au général sous-chef opérations de l'EMA et sous réserve qu'elle soit acceptée. Avec les spécialistes du guidage aérien du 1er RPIMa, ils observent et prennent quelques notes techniques, préoccupés, à juste titre, par la qualité des liaisons air-sol qu'il nous faut améliorer encore pour garantir sûreté et efficacité des missions.

Ces mesures préparatoires sont classiques dès lors que des officiers anticipent méthodiquement différents cas de figure, y compris naturellement les défavorables. Je ne pense pas avoir besoin d'un appui aérien, mais en aucun cas je ne veux être dépassé par une situation, et cela au détriment de nos forces ou de la mission d'évacuation. Je donne d'ailleurs pour directive à Noroît d'avancer les patrouilles jusqu'à la « ligne des 10 kilomètres » à partir du lendemain 1er mars. De plus, je souhaite que notre détachement de guerre électronique (DAT) reconnaisse sans tarder la crête du mont Jali, à hauteur des postes avancés de la compagnie du 8e RPIMa. Je connais bien cet endroit, qui domine la région au nord de la capitale, et je sais que le DAT aura la meilleure position possible pour écouter le trafic radio. Bien sûr, Noroît le protégera. Des petits éléments débarquent à Kigali durant le week-end pour compléter les capacités de Noroît avec des équipes de tireurs Milan du 21e RIMa équipés de leurs missiles anti-véhicules, mais aussi celles de Chimère, qui reçoit deux patrouilles sur jeep P4 du 13e régiment de dragons parachutistes (qui va faire partie des forces spéciales), expertes, entre autres, de l'acquisition du renseignement tactique.

Visite attendue à la compagnie de parachutistes

Le 1er mars, je peux enfin aller inspecter l'unité parachutiste du 8e RPIMa du capitaine Toussaint, qui est perchée aux sorties nord-ouest de la ville, en compagnie du lieutenant-colonel Tracqui. En fait, c'est surtout une visite, car je sais que Tracqui veille à ce que toutes les missions soient bien remplies. Nous abandonnons nos véhicules pour monter rapidement sur un piton coiffé d'arbres, il fait un chaud soleil d'après-midi. Le capitaine et sa section de commandement sont installés sous quelques tentes militaires montées au milieu de la végétation. Tout est déjà impeccable, du fanion de l'unité planté près de la tente du capitaine aux sommaires bancs et tables d'eucalyptus construits par les hommes pour permettre des repas en commun. Évidemment, il me présente son unité puis, sur une carte, les positions de chacune de ses sections. Le dispositif est étiré sur plusieurs kilomètres, presque dilué, mais il ne peut pas faire autrement s'il veut surveiller et contrôler tous les axes de pénétration dans son secteur. Il m'explique que chacun de ses groupes a creusé des emplacements de combat, mais que le soutien mutuel entre sections de combat sera difficile si les infiltrations adverses sont simultanées.

Son plan de feu a été préparé intelligemment, les armes automatiques battent les zones d'infiltration possibles. Je constate bien sur le terrain ce que je savais dès la conception du plan d'opérations : nous serions incapables d'arrêter une poussée déterminée de l'APR. Tout au plus, la retarder suffisamment avec l'appui des mortiers lourds du

68e RA. Mon dispositif global reste néanmoins cohérent et les dispositions tactiques de Tracqui sont très bonnes. Dissuasion, oui ; défense ferme, non.

Je descends rapidement de la colline avec les officiers pour me rendre auprès d'une section de bérets rouges qui serait en mesure d'interdire temporairement le pont de Gitarama. Le chef de section est enthousiaste et les quelques mots échangés avec ses hommes me confirment l'excellente impression que j'ai d'eux. La campagne est magnifique, tout est calme, cela a tout d'un Rwanda en paix, ce qui, hélas, n'est qu'une illusion. Pour terminer, je dis quelques mots aux cadres et aux parachutistes présents sur le sens et l'importance de notre mission, sur leur rôle et leur place dans ce dispositif français qui devra en imposer à d'autres si cela devenait nécessaire. Les propos classiques d'un chef à ses hommes, mais c'est aussi une occasion de nous rencontrer les uns et les autres. Je repars vers Kigali avec le regret qu'il faille déjà le faire ; nos guerriers font plaisir à voir.

UNE VISITE SURPRISE, UN OFFICIER AMÉRICAIN

Le mardi 2 mars matin, on m'annonce qu'un colonel américain, « conseiller militaire du colonel Kagame » – on me le présente ainsi –, souhaite me rencontrer. Je donne mon accord, ce sont nos alliés, et je le reçois dans mon bureau, après lui avoir très rapidement fait traverser la salle opérations. C'est le lieutenant-colonel Anthony Marley accompagné de quelqu'un de l'ambassade américaine à Kigali. J'ai déjà parlé du lieutenant-colonel Marley, qui a connu le major Kagame en stage aux États-Unis. Cet entretien, de deux heures tout de même, est étrange ; après des présentations très – trop ! – succinctes, nous commençons par évoquer la situation du Rwanda, qu'il paraît connaître fort bien, et celle des forces françaises à Kigali.

Il me semble avoir deux objectifs très différents : me connaître et je dirais « m'évaluer » et aussi essayer de me faire parler de ma mission. Il a certainement tiré quelques conclusions sur le premier aspect, mais rien de probant sur le second. C'est un homme posé qui ne paraît pas avoir été gêné par l'incongruité de sa venue, que nous n'avions pas demandée. Il ne me parle pas de Kagame, bien que j'eusse aimé qu'il m'en dise quelque chose d'utile. Je ne sais pas s'il est effectivement un conseiller actif ou simplement un porteur de messages. En effet, il ne me semble pas taillé pour être un officier des forces spéciales, véritable conseiller opérationnel, mais plutôt relever du renseignement et de l'action politico-militaire.

Sa position dans l'équipe africaine du State Department, que je connaîtrai plus tard, le positionne bien au niveau politico-militaire. Je pense, le jour de notre rencontre, que Marley voit fréquemment le colonel Kagame et que sans doute il séjourne parfois au PC de celui-ci. Des décennies plus tard, j'estime que ses contacts étaient plus espacés que je ne l'ai cru en 1993. Évidemment, il ne m'a rien dit clairement de sa position réelle auprès du chef de l'APR. Il serait temps pour lui de témoigner de quels types de messages il était porteur.

Le colonel Marley a aussi participé aux premières négociations d'Arusha en juillet 1992 et a suivi de près l'homme fort du FPR jusqu'à la chute du régime de Kigali. Personnellement, j'ai toujours cru dans l'alliance entre la France et les États-Unis, mais nous nous trouvions dans un cas non conforme. C'est dommage. Là encore, je ne peux que renvoyer les historiens à l'étude des archives du Conseil de sécurité nationale. Quantité d'archives ont été déclassifiées, elles me semblent laisser apparaître le jeu dangereux mené dès lors que tout n'était pas fait pour que les négociations d'Arusha débouchent sur des accords viables. Nous nous quittons sur une solide poignée de main, sans chaleur ; je le reverrai le 13 décembre, à Paris, mais la situation sera tout autre. Des années après le génocide, il se désolera publiquement de l'inaction de son pays à ce moment-là ; sur ce point, nous sommes à l'unisson. À titre purement personnel, je n'appréciais pas d'avoir un officier américain « en face » dans ce rapport de force tendu que nous vivions, du moins je l'ai cru ainsi de nombreuses années.

Dans la soirée j'ai de longs échanges téléphoniques avec le colonel Michaux du COA, dans l'hypothèse d'un renforcement de mes moyens militaires si la situation venait à déraper. Travaux obligatoires quand on connaît son métier.

Je finis tard par une nouvelle appréciation des aspects politico-militaires avec le général Mercier. Il pense que le conseil restreint devrait déboucher sur un statu quo. Tout est pesé : les risques, les coûts, les moyens.

Chimère remplit sa mission mais les FAR marquent le pas

De mes discussions particulières avec le CEM Nsabimana et le colonel Tauzin, je sais que les FAR essayent de monter depuis le 26 février une contre-attaque, locale mais d'envergure par le volume des forces engagées, dans le secteur de Byumba. Elle aurait pour but de diminuer la pression dans le saillant des gouvernementaux et d'être un succès nécessaire au moral des forces et des responsables politiques rwandais. Cette attaque, déjà repoussée par l'état-major rwandais car leurs forces n'étaient pas prêtes, a été tentée une première fois le 1er mars au soir, mais a été éventée trop rapidement. Les quelques parachutistes rwandais (CRAP), cette fois bien équipés en moyens de vision nocturne, chargés de prendre de nuit un petit pont sur une rivière permettant de faire passer deux bataillons FAR à l'intérieur du dispositif FPR, ont été contrés violemment par des combattants de l'APR, discrètement installés en embuscade aux abords de ce passage obligé. C'est d'emblée l'échec et les bonnes occasions ne doivent pas être gâchées… Tauzin me paraît agacé, je le comprends.

Cette attaque, modifiée, replanifiée mardi soir 2 mars, est cette fois retardée à mercredi soir, sur ma demande auprès du CEM Nsabimana et sous couvert de raisons comme la nécessité que ses unités affinent leur préparation opérationnelle après l'échec de la veille au soir. Cela afin de ne pas interférer avec d'éventuelles décisions politiques parisiennes, concernant notre ligne diplomatique, qui doivent être prises le lendemain lors du conseil restreint à l'Élysée, que j'ai déjà évoqué. Il ne faut pas en effet exclure, *a priori*, un incident grave avec une incidence médiatique où la France serait concernée directement. Des années plus tard, le général (2s) Tauzin m'a, semble-t-il, reproché indirectement ce souhait du report de l'attaque du 2 mars exprimé auprès du CEM Nsabimana. Il omettait à cette occasion d'évoquer l'échec récent des FAR à franchir la première ligne de défense de l'APR quand cela paraissait possible. Les CRAP rwandais réussiront tout de même une infiltration le mardi 2 mars au soir, mais ils étaient seuls et pour cause : aucun bataillon des FAR ne les avait suivis. C'est ainsi ; à chacun son niveau de responsabilité, là comme ailleurs.

Cependant, cette attaque voulue par les FAR ne peut pas être encore retardée plus longtemps de notre fait, ce n'est pas le sens d'une directive que j'ai reçue du général Mercier : les Rwandais sont maîtres chez eux, nous ne commandons rien ; et puis l'APR prépare elle aussi son offensive. En effet, des renseignements fragmentaires en notre possession nous laissent penser qu'elle est prête à lancer d'importantes actions militaires dans les jours suivants. Nous sommes incapables d'en connaître le point d'application majeur, n'arrivant pas à préciser la position des différents bataillons de l'APR, car les stations de goniométrie ne sont pas encore arrivées pour renforcer Noroît.

En cette soirée, je vois se dessiner une fin de semaine délicate : mercredi 3 soir, une attaque possible des FAR, bien que je n'aie aucune confirmation en ce sens, et vraisemblablement une attaque FPR entre le 5 et le 8 mars, au moment de la pleine lune. Les combattants du FPR ont une certaine appétence pour ce type de combat de nuit qui nécessite cependant des hommes entraînés et si possible aguerris. Pour être complets, sur demande de l'EMA, nous travaillons dans la journée sur une option durcie donnant des moyens supplémentaires à Noroît et Chimère si la situation empirait dangereusement ; ce sont des travaux d'état-major classiques et qui ne préfigurent pas une orientation politique souhaitée ou prévisible. Nous n'aurons pas besoin d'aller beaucoup plus loin dans la préparation d'une option qui de toute façon aurait dû être d'abord validée par le CEMA et décidée par l'autorité politique. Le 2 mars, la DRM, à Paris, écrit « que l'APR cherche à rompre les positions du 51e bataillon pour contourner la ville de Byumba par l'est et la couper de ses ravitaillements. Dans le secteur du Mutara, les rebelles occupent maintenant Rurenge menaçant l'axe Ngarama-Nyagatare, alors que la zone a été dégarnie ces derniers jours pour renforcer Rulindo et Byumba. Sur l'ensemble du front, on craint une action rebelle la nuit prochaine. »

Les tentatives des FAR et de l'APR entre les 3 et 8 mars

Les FAR connaissent de gros problèmes d'approvisionnement en munitions, qui leur proviennent pour partie de pays africains, dont en premier lieu l'Afrique du Sud, mais aussi d'Égypte et enfin de France. Les autorités rwandaises font de multiples demandes. Je ne suis pas le détail de celles-ci, mais sur le fond, je ne peux que comprendre qu'une armée qui se bat ait besoin de munitions et que sans munitions, ce soit aussi la faillite politique. Lors d'une rencontre sur le terrain, j'ai vu un élément rwandais qui n'avait que 20 cartouches par homme, un chargeur ! Un seul chargeur ! C'était déjà bien de le trouver encore sur sa position, beaucoup d'autres unités seraient parties…

Parfois, nous pensions que des bataillons FAR n'avaient pas de « mordant », mais je constatais aussi que certains n'avaient pas grand-chose pour se battre. Difficile d'avoir du « mordant » avec un seul chargeur garni de 20 cartouches pour son arme automatique ! Cependant, le problème principal, qui est le mien, n'était pas celui des munitions des

FAR, mais l'objectif de l'APR. Que savions-nous des munitions du FPR/APR ? Les combattants de l'APR ne pouvaient que les prendre « au cul » des camions ougandais. D'ailleurs le président Museveni l'avait dit expressément devant moi à peine quinze jours plus tôt à Kampala. Les Américains livraient des armes aux Ougandais qui en livraient à l'APR, sans doute d'autres achetées ailleurs ; la France livrait elle aussi quelques munitions au Rwanda, dont certaines de 105 mm, épuisant de vieux stocks… d'origine américaine.

En fin de journée du 3 mars, alors que je m'attendais à une action des FAR, nous arrivent des premiers renseignements d'origine électromagnétique, autrement dit des « écoutes », nous mettant en garde contre une possible attaque imminente de l'APR. Des messages, en swahili (langue ougandaise) sur la fréquence 151,650 MHz, sont traduits sommairement et évoquent « quelque chose de prévu à 3 h 30 et beaucoup de véhicules engagés. Une attaque est prévue à l'aube et les déplacements commencent à 21 heures. Une attaque serait prévue dans le secteur de Tumba » et à 1 heure du matin, un dernier message parle de « départ immédiat ». Nous interceptons les réseaux de deux bataillons reliés à un PC opérationnel plus important. Chimère est prévenu, donc l'état-major FAR, et Noroît mis en alerte complète à 21 heures. Bien évidemment, tout mon PC est totalement activé. Chimère communique vers 1 heure du matin que des mouvements de population s'enfuyant dans la nuit vers le sud sont observés par les FAR. C'est un indice concordant. Une attaque préemptive de l'APR est envisageable, elle avait pour effet immédiat de geler toutes les réserves des FAR et de bloquer toutes les actions qui pouvaient avoir été envisagées par leur commandement pour prononcer leur propre attaque.

Tumba est presque à la pointe sud du saillant du FPR, ce qui pourrait laisser supposer un axe d'effort dans ce secteur, qui est le plus faible du dispositif rwandais. L'état-major des FAR décide de repositionner immédiatement sa batterie de 122 mm en l'envoyant du secteur de Byumba à Shyorongi, au nord-ouest de Kigali, face à la région de Tumba. Le bataillon parachutiste est envoyé également sur-le-champ pour prendre position avec le même objectif. Cette unité est à ma connaissance la seule réserve à la disposition de l'état-major FAR. Le temps s'écoule lentement, nous sommes prêts à réagir si la situation venait à déraper pour l'un de nos éléments postés dans la nature. À 5 heures du matin, mises à part quelques prises de contact radio, il n'y a plus aucun trafic sur le réseau de transmission du FPR/APR. Pas d'attaque, je n'en suis pas surpris, les mouvements des véhicules des FAR – tous feux allumés et sans oublier les bruits de moteur – sortant de Kigali ne pouvaient que mettre en garde le commandement de l'APR ; de plus, il y a suffisamment d'agents de renseignement FPR en ville pour informer la rébellion que leur attaque était éventée. Attaque réelle du FPR ou action d'intoxication ? Impossible de trancher à ce jour ; toujours cette sorte de jeu de go qui, cette nuit, n'a pas causé de pertes.

Le 4 au soir, je rends compte au général Mercier que j'ai longuement rencontré, par deux fois en quarante-huit heures, le CEM Nsabimana pour lui présenter les risques d'une attaque FAR, à partir de Byumba, en laissant la capitale sans protection et lui rappeler que Noroît n'avait pas mission de se substituer aux FAR pour défendre Kigali.

Finalement, après de longs échanges, il a décidé de reporter puis pratiquement d'annuler cette offensive importante pour lui prévue à Kisaro. C'est son choix et il commande les FAR. Il a donné l'ordre de mettre en place une sorte de nouvelle ligne de défense à base de quelques unités réservées positionnées entre son très léger rideau de surveillance et… Noroît.

Mon objectif implicite depuis trois semaines est atteint, à savoir ne pas se retrouver au contact direct du FPR, ce que lui aussi devait sans doute chercher à éviter. Je crois que la sagesse l'a emporté, mais le risque majeur qui pesait sur Kigali pèse maintenant sur Byumba, saillant FAR orienté au nord qui fait six kilomètres de large. Le général sous-chef opérations me téléphone et nous continuons d'examiner la situation avec toute une série d'hypothèses tenant compte du début des discussions à Dar es-Salaam. Nous souhaitons qu'elles débouchent sur un nouveau cessez-le-feu acceptable par les deux parties.

Les dernières actions militaires des FAR ne devaient pas gêner les ultimes journées d'une négociation sur le cessez-le-feu. Personnellement, je ne croyais pas à un succès marquant des gouvernementaux, tant leur incapacité avait été criante trois semaines plus tôt. Chimère était efficace, mais tout de même ! Pas au point de transformer une armée en quelques jours et même deux semaines ! Par ailleurs je m'agace, pour une fois, contre la DRM ; un rédacteur de bulletin de situation a péché par excès de zèle et pourrait avoir compromis des opérations FAR en préparation – opérations qui, même si elles ne sont pas les nôtres, n'auraient pas dû être dévoilées –, et avoir omis de citer des exécutions sommaires de civils par le FPR. Ces bulletins sont lus au sein du ministère de la Défense et parfois au-delà. L'étanchéité devient de ce fait plus aléatoire. La DRM est une excellente maison, je l'ai toujours pensé. Ma remarque, celle que je fis à cette époque, n'est citée que parce qu'elle répond à l'adage « le diable se cache dans les détails ».

En tout début de journée du dimanche 7 mars, j'apprends que le CEM Nsabimana a eu un accident de voiture dans la nuit, en rentrant du terrain. C'est une très mauvaise nouvelle dans la situation présente et je perds un interlocuteur connu. Je passe rapidement le voir. Il devrait rester à l'hôpital pour y subir une opération et y séjourner au moins trois semaines, suivies de deux mois de convalescence. C'est un coup dur pour les FAR; par son autorité et son charisme, il est la cheville ouvrière d'une armée qui compte peu de cadres de valeur. Il a aussi joué un rôle important dans le rapprochement entre le président Juvénal Habyarimana et le Premier ministre Dismas Nsengiyaremye, car il avait la confiance des deux. Il reprendra plus tard ses fonctions et périra dans l'attentat du 6 avril 1994 perpétré contre l'avion présidentiel. Certains, plus tard, ont écrit qu'il était un extrémiste; je ne l'ai jamais ressenti comme tel quand je l'ai rencontré pendant toute cette période. Il n'a jamais tenu de propos équivoques sur les Tutsis devant moi. Il ne voulait pas perdre la guerre, qui peut l'en blâmer?

L'intérim est assuré par le lieutenant-colonel Anatole Nsengiyumva, chef du renseignement. J'ai dit dès décembre 1991 que c'était un officier antipathique, mais intelligent et actif. Il est très marqué, d'après mes renseignements, « genre CDR » (parti extrémiste hutu) et je l'écrivis. Hélas, je ne me trompais pas, il sera condamné ultérieurement à la prison à vie par le TPIR. L'organisation du commandement FAR a beaucoup d'importance au moment même où un communiqué est publié à l'issue des rencontres qui se sont tenues à Dar es-Salaam depuis le 5 mars entre les représentants rwandais et FPR.

L'après-midi, j'emmène l'équipe du SIRPA, qui vient d'arriver, voir des camps de déplacés. Elle doit poursuivre vers des sections de Noroît. Photographe, cameraman et chef d'équipe font leur métier. Nous ne sommes pas encore des rois en termes de communication et le temps perdu ne se récupère jamais. Les armées ont fait des progrès de nos jours, mais l'art est et reste très difficile.

Le lendemain matin, j'apprendrai qu'une ultime tentative des FAR dans la région de Tumba a échoué la nuit précédente. Je n'avais pas été informé de ce projet par quiconque et je ne suis pas du tout surpris du résultat de cette attaque locale. Il faut « vouloir et pouvoir » et ce dernier point nécessite que les conditions opérationnelles soient réunies, elles ne l'étaient manifestement pas... Des soldats sont morts inutilement ; hélas, on sait qu'ils seront très nombreux à tomber l'année suivante dans un dernier affrontement fratricide.

Stephen Smith sur le terrain

La venue d'un journaliste à Kigali est annoncée. Il s'agit de Stephen Smith, journaliste à *Libération*. Il est connu pour écrire régulièrement des articles sur l'Afrique, dont la teneur est considérée comme critique vis-à-vis des actions menées par le gouvernement français. Ce journal « de gauche » a une réputation de qualité. De plus, son engagement politique est plus marqué qu'au *Monde*. Le colonel

Charrier, chargé de la communication, me dit qu'il serait bien que je le rencontre au cours d'un dîner le 7 mars pour lui parler en « off » de la situation. Après réflexion et sans négliger le danger du « off », j'accepte en lui demandant d'être présent. Stephen Smith respectera le « off ». J'avais déjà eu un entretien avec un interlocuteur respectueux de sa parole, il en existe. Nous dînons donc le 7 tous les trois, pour un vaste tour d'horizon de la situation politique et militaire à quelques jours d'un éventuel cessez-le-feu. C'est un homme de moins de 40 ans, assez froid, curieux, vif et très professionnel. De nationalité américaine, il travaille depuis des années en France et en français.

Le lendemain, il est prévu qu'il aille rendre visite au lieutenant-colonel Kabiligi, qui commande le secteur de Byumba. Les FAR mettent à sa disposition un de leurs rares hélicoptères et il part accompagné du colonel Charrier. À Byumba, on a tiré à l'arme lourde des deux côtés durant la journée du 7, et le déplacement en hélicoptère paraît le plus sûr. Contrairement à la journée précédente, tout sera calme à Byumba quand Stephen Smith y sera et l'APR ne tirera aucun coup de mortier. Je reste persuadé que la mission était éventée et qu'un agent avait retransmis l'information au FPR. De toute façon, le cessez-le-feu est proche et un certain nombre de chefs des deux bords sont au courant. Le calme à Byumba est donc de rigueur ce jour-là ; cela me conforte dans l'idée que des médias plus présents auraient pu contribuer à un retour au calme plus rapide sur le terrain, comme à une meilleure connaissance de la situation.

Le lieutenant-colonel Kabiligi recevra longuement Stephen Smith et l'emmènera sur le toit du château d'eau de la bourgade pour lui décrire le terrain, ses collines perdues, reprises et encore perdues ou conservées. Kabiligi évoquera aussi la relation Hutus-Tutsis, qui n'est pas toujours aussi mauvaise qu'on le dit, y compris au sein des FAR, puisque son conducteur personnel est un Tutsi, en tout lieu et en tout temps! « Il serait si facile de me balancer dans un ravin », disait-il. Je rappelle qu'il sera acquitté de tout acte de génocide par le TPIR. La presse de gauche reprocha à Stephen Smith ses articles sur le Rwanda, nous appréciâmes le premier paru le 9[35], allant jusqu'à qualifier de « retournement » son point de vue sur la crise. Pour ma part, il reste l'un des très rares grands journalistes à avoir essayé de « comprendre et discerner dans la complexité ». Il écrit toujours; après avoir rejoint *Le Monde,* il le quitta pour continuer d'écrire sur l'Afrique en ayant toujours le courage de ses opinions, surtout quand elles ne sont pas partagées par la majorité de ses confrères. Manifestement, il n'aime ni le mensonge ni l'hypocrisie.

Cessez-le-feu annoncé

Connu de certains à Kigali dès le 7 mars, mais publié officiellement à Dar es-Salaam le mardi 9 mars, le communiqué indique qu'un cessez-le-feu doit être effectif le jour même à minuit. Le GOMN doit tracer les lignes des futures positions respectives entre le 10 et le 13 du mois. Les rebelles doivent se replier, entre le 13 et le 17 mars, sur les positions qu'ils occupaient avant l'offensive du 8 février. Enfin, il est demandé le retrait immédiat des

35. Stephen Smith, « Les grands périls de la trêve rwandaise », *Libération*, 9 mars 1993.

« forces étrangères » et leur remplacement par une force internationale sous l'égide de l'OUA et de l'ONU. Le terme « forces étrangères » vise bien évidemment les forces françaises, mais a dû être accepté par le FPR, qui voulait que soit écrit « forces françaises », alors que la communauté internationale avait des doutes sur l'absence de conseillers militaires et de forces ougandaises aux côtés de l'APR. Une autre phase vers la sortie de crise commence ; mais je suis tout d'abord satisfait que la tension puisse diminuer et que les objectifs de la France dans cette affaire africaine – dont elle sait, comme les États-Unis, le grand potentiel de dangerosité – soient toujours atteignables.

J'envoie cependant immédiatement mes commentaires sur des aspects opérationnels et pratiques. Le cessez-le-feu me paraît réalisable pour les FAR, dont beaucoup d'unités « n'en veulent plus » ; mais aussi pour l'APR, qui a reçu des tirs d'artillerie rwandais précis et qui a surévalué le dispositif Noroît à plus de 1 500 hommes ! Le colonel Alexis Kanyarengwe, président du FPR, l'a dit directement, à Dar es-Salaam, au Premier ministre rwandais Dismas Nsengiyaremye en ajoutant aussi que Noroît avait des « intentions offensives » *[sic !]*. Noroît et Chimère ont donc indirectement poussé les protagonistes à retourner à la table des négociations. C'est un beau succès même si nous sommes très peu à le constater, et pas beaucoup plus à le reconnaître encore des années plus tard.

Pour ce qui est de l'identification des positions sur le terrain des uns et des autres en trois jours, cela me paraît irréalisable par un GOMN dont on a constaté précédemment l'inefficacité, excepté l'excellente et sympathique équipe d'officiers sénégalais. Le retrait des forces du FPR/APR concerne des centaines de kilomètres carrés dans une région couverte de hautes collines. Les deux parties peuvent craindre d'être bernées et redoutent l'infiltration de l'une ou le maintien de forces de l'autre. Pour ce qui est du retrait français, il aurait dû être lié au retour effectif du FPR sur ses bases de départ. L'euphorie de l'équipe du Premier ministre Dismas Nsengiyaremye est au zénith, mais il va falloir appliquer correctement cet accord qui doit assurer la reprise du quatrième round des discussions d'Arusha, celui qui concerne l'armée rwandaise. Le *sharing power* est dur à obtenir, mais l'espoir est encore possible !

Chapitre 11 – Cessez-le-feu et désengagement (9 au 29 mars 1993)

Premières réactions des Rwandais

Je rencontre le nouveau CEM des FAR qui vient d'être nommé, le colonel Gasake, puis celui de la gendarmerie, le colonel Augustin Ndindiliyimana. Ils pensent que le nouveau cessez-le-feu sera sans doute appliqué, mais que l'action du GOMN sera très délicate. Ils doutent de la réalité d'un retrait du FPR sur ses lignes du 7 février. Pour eux, la population de déplacés ne retournera pas sur les collines évacuées pendant l'offensive FPR s'il n'y a personne pour les protéger. C'est évidemment potentiellement très grave de voir se maintenir des centaines de milliers de gens dans de telles conditions d'hygiène, de sécurité et de dignité. Sur le terrain, il y a encore de très violents combats dans le secteur de Ruhengeri et les pertes seraient lourdes de chaque côté. En cette fin de journée qui précède le cessez-le-feu, le sentiment d'euphorie n'a pas persisté chez les hommes politiques rwandais. Chefs politiques et militaires veulent cependant espérer, mais surtout ne pas être dupés. Le renseignement est toujours aussi crucial et je fais une nouvelle demande pour améliorer mon détachement de guerre électronique, en particulier pour que toutes ses liaisons soient cryptées.

En matinée de cette journée du 10, début du cessez-le-feu officiel, je m'entretiens longuement avec le colonel Gasake qui a été tiré de ses fonctions de directeur des affaires juridiques et administratives au ministère de la Défense pour remplacer le colonel Déogratias Nsabimana, blessé. Il m'avoue qu'il n'a aucune expérience des opérations militaires et une très mauvaise connaissance du terrain où se déroulent les combats. Sincère et humble, mais inquiétant tout de même ! En revanche, il semble mieux maîtriser les aspects politiques de la situation actuelle. Il est difficile de déterminer encore avec certitude sa sensibilité politique, mais je le classerais comme MRND modéré – en novembre 1994, il sera « le ministre de la Défense du gouvernement rwandais en exil » réfugié au Zaïre ! J'écris à ce moment-là à Paris qu'il est très bien disposé vis-à-vis de l'aide française et très sensible aux efforts de la France. Il aura tout de même des difficultés pour imposer son autorité aux quelques « seigneurs de la guerre », rares il est vrai, comme les lieutenants-colonels Bizimungu et Kabiligi.

Les officiers de Chimère me disent que l'« on parle » beaucoup dans l'armée rwandaise ; une sorte de grogne est en train de s'installer. Les officiers rwandais en voudraient au président Habyarimana et au Premier ministre de s'intéresser si peu à leur condition et à celle de leurs hommes. Ils reprochent au Premier ministre d'avoir été incapable, lors des entretiens à Dar es-Salaam, de stigmatiser les atrocités du FPR contre la population. Cela rejoint ce que m'a dit le CEM gendarmerie : le colonel Nsabimana n'était pas insensible au ras-le-bol des officiers des FAR, qu'ils soient sur le front ou en état-major. Sur le moment, j'indique à mes correspondants parisiens que je ne crois pas à une tentative de coup d'État. Les FAR ne disposent pas d'homme providentiel. Par contre on peut supposer que leur pression va s'accentuer sur les « politiciens » pour qu'ils œuvrent dans le sens de l'intérêt national plutôt que de défendre des acquis personnels ou développer des rivalités partisanes.

Le CEM Gasake ne manque pas, le jour suivant, de me relater son entretien avec le général Opaleye, chef du GOMN. Ce dernier lui a déclaré qu'il pensait pouvoir remplir sa mission en trois jours bien que le FPR ne dispose pas de cartes d'état-major *[sic]*. Il ne faut pas prendre les enfants du bon Dieu pour des canards sauvages. Il a ajouté qu'il n'avait pas les moyens de contrôler les zones évacuées par le FPR.

De nouveau, le CEM Gasake me dit souhaiter que le Premier ministre se rende à New York pour appuyer les démarches en cours auprès du Conseil de sécurité de l'ONU. Il estime que l'accord de Dar es-Salaam met en cause la sécurité de la population et la « sérénité » des négociations d'Arusha si le contrôle des zones évacuées par le FPR n'est pas effectif. Sur le terrain, au deuxième jour de l'accord, on relève une brutale violation du cessez-le-feu le long de l'axe ouest, entre Ruhengeri et Gisenyi. Nos interceptions (écoutes) font une référence directe à la NRA aussi bien sur le réseau VHF que HF, ce qui laisse supposer une intrication substantielle. Tout ceci m'amène à livrer mon appréciation de situation au général Mercier : « Le problème clé des jours prochains reste l'éventuel retrait du FPR. Si les Rwandais ont la conviction que rien n'est fait pour qu'un minimum de contrôle ait lieu, ils vont tous s'accrocher à la présence militaire française à son niveau actuel. La pression diplomatique de la France me paraît efficace sur l'Ouganda et le FPR. » Je fais allusion aux discussions en cours à New York, lesquelles vont déboucher sur la résolution 812[36].

La résolution 812 adoptée par le Conseil de sécurité le 12 mars

La diplomatie française n'est pas restée inactive, tant à Paris qu'à New York, afin de porter un projet de résolution auprès des membres du Conseil de sécurité où, chacun sait, cinq pays disposent d'un droit de veto. Les opérations internationales sont très nombreuses à être déployées en ce début des années 1990. Elles sont difficiles, risquées et coûteuses. Les États-Unis prennent une part importante et même prépondérante dans le financement de ces opérations et sont évidemment très attentifs aux objectifs politiques et aux moyens militaires de chacune d'entre elles. La Chine et la Russie sont tout autant attentives à un éventuel interventionnisme des Occidentaux. Quant à la Grande-Bretagne, elle est vigilante pour tout ce qui effleure sa zone d'influence, dont l'Ouganda fait partie.

Néanmoins, sous l'active pression de notre ambassadeur auprès des Nations unies, Jean-Bernard Mérimée, le Conseil de sécurité se met d'accord sur un texte de résolution qui devrait permettre les conditions d'une reprise des négociations d'Arusha. Le plus simple est de la présenter en entier en annexe ; elle constitue encore un exemple évident de l'action de la France pour sortir les Rwandais de leur crise.

Le Conseil de sécurité appelle donc les deux parties à respecter le cessez-le-feu et invite le secrétaire général à étudier

36. Résolution 812 en annexe 1.

une contribution des Nations unies, notamment pour établir une force internationale « chargée entre autres de l'assistance humanitaire et de la protection de la population civile et du soutien à la force de l'OUA pour le contrôle du cessez-le-feu et à lui faire rapport dans les meilleurs délais. Invite également le secrétaire général à examiner la demande du Rwanda et de l'Ouganda pour le déploiement d'observateurs entre ces deux pays ».

Cette résolution 812 est évidemment une excellente nouvelle. Elle pose les fondations d'un futur arc-boutant au processus de *sharing power* souhaité et poussé par les Anglo-Saxons, et retenu par la France pour sortir les Rwandais des dangers du chaos de la guerre civile. Je sais aussi que le processus onusien est long et itératif et qu'il faudra sans doute des mois pour voir arriver une force internationale sur le terrain ; et quelle force ? Quant aux observateurs aux frontières, la volonté et les moyens modernes sont les indicateurs pour réussir ou bâcler une mission de ce type. De Kigali, je constate la cohérence de la politique française entre action diplomatique et présence militaire, laquelle va aller en diminuant.

Noroît efficace

Le COA bloque sur place les compléments guerre électronique et le renfort venant du 1er RPIMa en attente à Bangui, et lève l'alerte « Rwanda » des avions de combat Jaguar accompagnés de leur avion ravitailleur KC135. Autant de mesures classiques et logiques ; en langage civil, cela s'appelle la réassurance. Rien concernant Noroît, toujours aucun incident concernant nos forces, parfois visibles en ville et plus encore du côté de l'aéroport. Les unités continuent de remplir leur mission calmement, puisque la pression est sensiblement retombée. Des sections de marsouins de Noroît participent à la distribution de l'aide de la coopération française ; c'est assez faible en volume, les moyens financiers du ministère de la Coopération n'étant pas en place. Le lieutenant-colonel Tracqui ne signale rien de particulier ces jours-là, si ce n'est l'abandon total de la surveillance des entrées routières de Kigali.

Par ailleurs, la minorité tutsie, plus présente en ville que dans les campagnes, ne bouge toujours pas ou presque, et cet indicateur m'a toujours laissé espérer une issue favorable. Quelques dizaines de personnes réclamant le départ des forces françaises se sont rassemblées devant l'ambassade de France. D'autres, beaucoup plus nombreuses, manifestent, toujours devant l'ambassade, pour demander le maintien des forces françaises. Ce n'est pas un problème réel puisque la France a déjà accepté le retrait des renforts envoyés à Kigali.

Le dimanche 14 mars arrivent enfin sur l'aéroport deux véhicules Toyota « gonio » qui vont permettre de relever la présence ou l'absence de PC de l'APR dans la zone censée être évacuée. Tracqui tique en voyant ces véhicules peints couleur sable avec encore le grand V peint sur la carrosserie datant de la guerre du Golfe, deux ans auparavant. Il les fait mettre immédiatement en position, en limite avant du dispositif des deux compagnies extérieures à Kigali, avec la protection d'une section à chaque fois. J'ai annoncé au lieutenant-colonel Tracqui un prochain allégement de Noroît et il se prépare à partir avec l'une de ses compagnies d'infanterie de marine le week-end suivant.

L'une des deux compagnies situées à l'extérieur de la ville va être retirée. Il écrira quelques semaines plus tard dans son rapport de mission : « Ces unités ont été déployées en pleine nature dans des conditions de vie extrêmement précaires, sous les orages qui marquaient le début de la saison des pluies, certains éléments installés sur des pitons à plus de 1 800 m d'altitude ou sur des pentes à 45°. Elles ont construit des abris solides et des postes de combat enterrés, étayés de troncs d'eucalyptus. Ce système défensif a d'ailleurs fait l'admiration de militaires rwandais qui n'avaient jamais rien vu d'équivalent. » C'est dire ! Son dernier ordre de conduite, n °9, annonce et organise le désengagement progressif et la nouvelle répartition des missions des unités restantes. J'apprécie son professionnalisme, jamais pris en défaut. Nous nous quitterons avec le sourire, comme nous nous étions rencontrés.

Inspection du DAT et reconnaissance

Dimanche 14 mars, je souhaite aller voir, dès son installation, notre dispositif de localisation installé à l'extérieur de Kigali sous la protection des parachutistes du 8e RPIMa. Avec Tracqui, nous déjeunons sous les arbres, à la popote du capitaine, entourés de quelques parachutistes. Nous savons que notre mission touche à sa fin et il va falloir les uns et les autres repartir, là-bas ou ailleurs. Dans la foulée, nous nous rendons sur une position d'un véhicule de goniométrie qui, associé à un autre, a pour mission de localiser tous les postes radio de la zone et bien sûr de détecter les PC de l'APR, petits ou grands. Je connais le principe, mais je me fais expliquer la technique par des sous-officiers très compétents qui me racontent aussi leur arrivée toute récente et leur surprise d'être installés sur un piton dans des conditions si spartiates. Ils sont rassurés par la présence d'une section parachutiste, mais visiblement le technicien est surpris par le retour à la tactique opérationnelle et la vie en campagne. Ces hommes sont efficaces et, depuis leur arrivée, je compte sur eux pour savoir si oui ou non l'APR se retire. Je fais mes comptes-rendus au général Mercier sur ce point capital en fonction de leurs travaux. Arrivé tardivement, depuis déjà une petite semaine, le DAT fait un bon travail, à sa façon, pour le retour au calme sur ce front. Mais tout n'est pas encore clair le 18 mars concernant le retrait effectif de l'APR. Le DAT me signalera encore la présence de 15 stations radio dans le saillant de Tumba. C'est certes beaucoup moins que cinq jours auparavant…

En rentrant, le colonel Charrier m'annonce le retour en France de l'équipe de l'ECPA et l'arrivée le lendemain, à Kigali, de Forestier de *Paris Match* ainsi que de Fritscher, correspondant du *Monde*. Je trouve qu'ils arrivent bien après l'orage… Ils écriront leurs articles ; un seul journaliste traitera du sujet principal[37].

Chimère a atteint l'objectif

Le colonel Tauzin et ses hommes de Chimère poursuivent leur mission de remise en ordre des états-majors de trois secteurs et la formation sur les équipements collectifs. On ne reconstruit pas des bataillons de combat en quelques jours ; ils sont arrivés trois semaines plus tôt seu-

---

37. Frédéric Fritscher, « Le président Habyarimana se bat sur deux fronts », *Le Monde*, 20 mars 1993.

lement, mais ils participent le plus efficacement possible à l'effort entrepris après la déroute rwandaise de février. La soixantaine de parachutistes, du colonel au 2e classe, aussi brillants soient-ils, a un impact mesuré sur cette armée d'environ 15 000 hommes dont 6 000 sur le front.

Certains hurluberlus, c'est une litote, ont dénoncé, après 1994, la formation de miliciens génocidaires. C'est une vaste entreprise de dénigrement ; et le « ridicule ne tue pas » comme nous le savons tous. En tout cas, ces propos furent totalement inappropriés. Que le lecteur cherche à imaginer un parachutiste hautement qualifié apprenant l'emploi d'une machette à des paysans rwandais ! C'est absurde, totalement absurde ! Non, jamais Chimère n'a formé d'autres officiers et soldats que ceux des FAR.

À la réflexion, les hommes du 1er RPIMa ont-ils trop bien réussi dans leurs formations tactiques ? Puisque le FPR/APR mettra presque trois mois à faire craquer et à disloquer l'armée rwandaise un an plus tard. Je reviendrai sur ce point, il a toute son importance. Le colonel Tauzin a été physiquement beaucoup plus engagé auprès des FAR que le lieutenant-colonel Tracqui et il a très certainement vécu de très près aussi bien leurs échecs et demi-succès, que leurs attentes. D'autre part, il reviendra avec Turquoise au Rwanda, et les drames vécus à ce moment-là n'ont pu que le marquer plus profondément encore. Les missions de Chimère et de Turquoise étaient complètement différentes, c'est évident mais, je le souligne, certains hommes étaient les mêmes.

Revenons sur le fond, en cette période de préparation du désengagement de l'armée française. Je ne suis pas sûr que la question de la diminution de la coopération opérationnelle soit comparable à celle de la présence d'unités de combat. Partir oui, mais sans créer de nouveaux déséquilibres militaires. Je propose donc que le dispositif d'assistance opérationnelle soit légèrement augmenté pendant deux ou trois mois, avant de décroître logiquement si la situation est celle espérée. C'est ce que je dis en substance au général Mercier, qui va en tenir compte dans la déflation progressive et modulée du dispositif militaire français les mois suivants.

Rencontre avec le président Habyarimana

Au Rwanda, les opérations ont lieu non seulement sur le terrain, dans les collines, mais aussi sur les plans politique et diplomatique. À ma surprise, Habyarimana souhaite me recevoir accompagné du colonel Tauzin et du lieutenant-colonel Chollet. Après avoir recueilli l'accord de Paris et de l'ambassadeur Martres, nous nous rendons le 16 mars, à 9 heures, au rendez-vous. Le président Habyarimana est seulement accompagné de son chef de cabinet militaire. La rencontre va durer une heure, durant laquelle il nous posera toute une série de questions sur l'état de son armée et sur l'action du GOMN et de l'ONU. Le jour même, il a convoqué une grande réunion de tous les chefs militaires exerçant des responsabilités opérationnelles, et cela sent un grand déballage interne en perspective après le grave revers de février. Je cite ce que j'ai écrit à l'issue de l'entretien : « Le président a voulu connaître mon sentiment sur la situation militaire, le rapport de force, les violations de cessez-le-feu. Il m'a posé aussi des questions sur l'état d'esprit des officiers et des soldats, sur le comportement de la troupe vis-à-vis de la population, sur les mesures de nature à redresser le moral des combattants, de réorganisation à court et moyen terme. Il lui a été répondu très simplement et très directement sur chacun des points sans grossir les faiblesses inhérentes aux FAR ou pécher par optimisme. Manifestement il n'a pas été surpris par nos réponses, mais il tombe toujours devant les mêmes difficultés : se déplacer lui-même devant les FAR ? Avec le Premier ministre ? Comment différencier les bons combattants des déserteurs sans créer des jalousies ?!

Le président a ensuite parlé de l'inefficacité du GOMN dans le contrôle futur des zones qui doivent être évacuées par le FPR, de ses contacts avec le secrétaire général de l'ONU et avec le chef de la cellule africaine de Paris. Il en ressort qu'il redoute de se retrouver seul à compter du 17 mars, même s'il estime que le retrait français ne peut se produire que si celui du FPR est effectif. Il ne sait pas comment obtenir de l'ONU l'envoi d'observateurs ou d'éléments pendant toute la période des débats ONU/OUA ; il parle aussi d'envoi d'une force d'interposition. Prudemment, je me suis contenté de lui dire que l'action à New York était primordiale et que le chargé d'affaires rwandais pouvait paraître bien léger au regard de l'importance du problème. Interrogé sur le retrait français, j'ai répondu clairement que le gouvernement rwandais avait officiellement demandé à son homologue français un retrait partiel et qu'il était de coutume que l'État français accepte ce type de demande, en particulier du fait que toute la communauté internationale en avait connaissance. »

Évidemment, j'ai relaté cet entretien à l'ambassadeur Martres, dans le droit fil de nos relations transparentes et confiantes. Au CEMA et au général Mercier je livre différents scénarios dans lesquels je reparle du million de déplacés qui campe entre le front et Kigali. Il importe, c'est ce que j'ai écrit, « que cette population rejoigne rapidement ses collines d'autant plus que la communauté internationale est absolument indifférente à son sort. Pour que le processus réussisse, il est souhaitable que l'ONU plante au plus tôt son drapeau dans les zones tampons. Pour cela, l'ONU pourrait prélever tout de suite des observateurs sur d'autres théâtres pour les envoyer avec le GOMN et sur la frontière ».

Tout sera beaucoup plus long que souhaité, et la rancune, la haine et la peur ne vont cesser de monter dans les camps de déplacés et sans doute ailleurs, ouvrant la voie à toutes les monstrueuses idées nées dans la tête des extrémistes, ravis de trouver des auditoires aussi fragiles à tous les points de vue. Quel regret que ces miliciens aient pu disposer d'un tel terreau !

Nous repartons de cette rencontre, accompagnés par le président rwandais, avec le sentiment que ce dernier hésite sur le chemin à parcourir avec le Premier ministre Dismas Nsengiyaremye. D'ailleurs, la crise gouvernementale éclatera en juillet et un nouveau Premier ministre d'opposition sera nommé, Agathe Uwilingiyimana, tristement assassinée le 7 avril 1994. Habyarimana est allé lui aussi « dans les cordes » en février, mais c'est un leader très solide mentalement, on dirait de nos jours « très résilient », et je comprends bien pourquoi Kagame l'avait identifié depuis longtemps comme l'homme fort qui ne pourrait pas cohabiter avec lui. Les nouvelles institutions du Rwanda réduisant le rôle du président seront-elles suffisantes ? Le prochain cap concernant l'organisation de l'armée rwandaise sera aussi un test de la volonté de Habyarimana à sortir de cette crise en acceptant des conditions sévères. En effet, que dire des demandes très fortes du FPR ?

Retrait du FPR/APR

Il doit très vraisemblablement se tenir une réunion importante à Paris le 18 puisque le général Mercier me demande un point immédiat sur la question du retrait de l'APR. Effectivement, d'après nos propres sources techniques, en particulier la goniométrie, il apparaît bien que le FPR retire, ou a retiré, une grande partie de ses forces du saillant de Tumba, la seule zone où nous arrivions à suivre les mouvements de leurs PC d'unités. Les messages captés par les FAR, et tels qu'elles nous les donnent, sont moins explicites. Par contre, on peut estimer que l'APR a laissé quelques éléments dans le saillant de Tumba et, par extrapolation, dans le Mutara et dans la zone de Ruhengeri. De petites stations radio ont encore été localisées au sud de la ligne du 7 février, derrière laquelle elle doit se replier. Ainsi, le FPR peut montrer au GOMN l'évacuation d'unités et la réoccupation de la ligne du 7 février tout en surveillant les zones évacuées. La méfiance entre APR et FAR est naturellement très forte, chaque armée étant disposée à bondir ou à reprendre les collines des secteurs évacués en cas de nouvelle rupture du processus d'Arusha. Je précise mon appréciation concernant la surveillance par le GOMN. Ce dernier me paraît insuffisant, qualitativement et numériquement, pour remplir sa mission.

En attendant une éventuelle force d'interposition et de surveillance de la frontière rwando-ougandaise, il me semble nécessaire d'obtenir au plus vite l'envoi d'observateurs de l'ONU, éventuellement transférés d'autres théâtres, auprès du GOMN pour réaliser l'implantation *in situ* de petits groupes d'observateurs ONU/OUA. Je pense alors à ce que j'ai vu un an auparavant à la MINURSO, dans le Sahara occidental, entre Marocains et Polisario… Toujours avec le souci du renseignement, je développe une partie plus technique, avant de revenir sur le souci des équilibres au moment des retraits d'une très grande partie de Noroît et du 1er RPIMa.

La progressivité dans le retrait pourrait avoir pour corollaire un léger renforcement temporaire de la coopération afin de préserver un certain équilibre. J'indique quelques dates : retrait du renfort du 1er RPIMa venu avec Tauzin douze jours plus tard, si tout est calme, et arrivée de quelques coopérants militaires pour une durée assez courte. Enfin, le CEMA devra valider la nouvelle organisation du commandement dans les jours suivants puisque je partirai une semaine plus tard, l'attaché de défense, le colonel Cussac, reprenant normalement la totalité des prérogatives sur les militaires français encore au Rwanda à cette date.

Vers Ruhengeri et les deux allégories du lieutenant-colonel Bizimungu

Le 19 mars, j'ai le sentiment, non partagé par les Rwandais, que le FPR s'est globalement retiré de la zone conquise en février dernier. Je décide de me rendre à Ruhengeri par la route en utilisant l'axe direct, coupé à toute circulation depuis le 8 février. Ce test, objectif pour les deux parties, ne peut être que bénéfique. Personne n'a encore emprunté cette route principale qui serpente le long puis au travers d'une zone qui a été fortement tenue par l'APR. Les

FAR n'ont même pas tenté de s'y risquer de bout en bout. Avec mes trois parachutistes du 1er RPIMa, dans le 4 x 4 rouge habituel pour les reconnaissances, et les marsouins du 21e RIMa dans la jeep P4 radio, je prends la route. Elle est déserte, absolument déserte, dès la sortie de la zone de Kigali. Aucune force, aucune population n'est visible. Ce sont 100 kilomètres de bonne route avalés assez rapidement, d'une colline à une autre, en espérant qu'il n'y ait pas un idiot pour essayer de faire un carton sur nous. Nos renseignements de nature technique étaient bons. Nous arrivons sans encombre à Ruhengeri, au PC du lieutenant-colonel Bizimungu, lequel m'accueille pour une fois rigolard – le terme est ici approprié : « Mon colonel, nous vous avons donné un surnom. Vous êtes le Guépard ! » Faisant allusion à notre vitesse et à la surprise créée par notre venue. J'aime bien les félins et je ne peux que sourire à mon tour. Il nous invite à partager son repas à la popote de son PC de fortune pour y tenir des propos de circonstance. Cependant, au cours de la conversation, cet officier, plus subtil qu'il n'y paraît au premier abord, me délivre sous couvert d'allégories des remarques de fond. Il reprend l'une de mes interrogations : « Je vais vous dire ce qui m'a toujours surpris en apprenant le français, avec les Belges certes [sourire] ; je vais vous en donner deux exemples. À l'école, quand j'étais petit je lisais, dans *le* livre qu'on nous avait distribué, que l'arbre qui représente l'Afrique, c'est le baobab ! Je regardais autour de moi et je ne voyais aucun baobab. Je ne comprenais pas ! » Les yeux tout ronds, qui roulent un instant, il reprend : « Pour apprendre la règle de trois, notre instituteur prenait un exemple. Ainsi, le train part de Bruxelles pour aller à Liège, distant de 97 kilomètres, où il arrive au bout de tant de temps. À quelle heure passera-t-il à la gare de H qui est à 57 kilomètres de Bruxelles ? Nous nous regardions dans la classe les yeux tout écarquillés. Il n'y avait pas de train au Rwanda ! Nous ne comprenions pas ! [Rires] »

De quoi voulait-il parler ? Pas de baobab, pas de train ? Voulait-il me dire que le multipartisme ou le partage du pouvoir *(sharing power)* étaient des inventions étrangères qui les dépassaient ? Allégories plaisantes dans la forme certes ; mais ce petit officier par la taille, rude guerrier tout de même, succèdera à Déogratias Nsabimana tué dans l'attentat du 6 avril 1994. Comme chef des FAR, il bloquera longtemps – trop longtemps vu les circonstances – l'avancée de l'APR, pendant presque trois mois (il est actuellement en prison après avoir été condamné par le TPIR).

Le général Varret disait que chaque pays doit évoluer à son rythme, reprenant peut-être ce que d'autres hommes politiques avaient aussi affirmé avant lui. Je pense qu'il avait raison. Pour ce qui concerne le Rwanda en 1993, la situation était très dégradée et le président Mitterrand, qui savait que le péril était grand, ne voulait pas faire une croix sur des engagements annoncés dans son grand discours de La Baule. Ceux-ci n'étaient manifestement pas repris par nos amis américains, sans doute plus pressés de voir des hommes nouveaux assurer en premier lieu le développement économique de leur pays. Le pragmatisme américain.

Premiers travaux pour l'ONU ?

Dans mon bureau de Kigali, je reçois une note n° 3257 de l'EMA, qui a pour objet la préparation d'une mission diplomatique et militaire française à l'ONU. Il m'est demandé mes propositions et avis sur les déploiements d'observateurs à la frontière rwando-ougandaise, d'une force de contrôle de la zone démilitarisée entre FAR et FPR et enfin d'aide aux populations. Je dois faire ressortir le volume et la nature des moyens à déployer, les lieux possibles d'implantation ainsi que les équipements particuliers que j'estimerais nécessaires. La mission à New York est prévue entre le 24 et le 26 mars ; en fait, elle sera différée de plus de deux mois, comme nous le verrons. Je me mets aussitôt au travail en connaissant un peu le fonctionnement d'une force de l'ONU, ayant servi six mois à la FINUL, au Liban, en 1978, pour le premier mandat de cette force de maintien de la paix. J'ai aussi en tête la MINURSO au Sahara occidental, dont le modèle est plus adapté à ce qui serait souhaitable immédiatement au Rwanda. Après relecture dans la journée de mon projet, je l'envoie à Paris. Je suis sûr qu'il sera remis en bonne forme par d'excellents rédacteurs parisiens, mais enfin les idées principales sont là. Je n'y prête plus trop attention.

Changements ? Le vrai, le faux ?

Le 21 mars, les résultats du premier tour des législatives en France sont clairs : RPR 20 %, UDF 19 %, PS 17 %, FN 12 %. Une nouvelle équipe gouvernementale se prépare, la deuxième cohabitation ne va pas tarder à commencer. Édouard Balladur va bientôt former son gouvernement et entamer une période de cohabitation avec le Président.

En relisant mes notes, je tombe sur ce que m'a dit le CEM Gasake, ce matin-là, à propos d'Habyarimana : « Le président devrait démissionner du MRND et ne pas se représenter, mais personne n'ose lui dire. » J'enregistre mais je ne pousse pas plus loin les confidences, je mets cela sur l'amertume après des échecs militaires. Sur le moment, ce propos ne m'a pas paru significatif, il prend évidemment plus de sens quand on connaît la suite. Alors, on se met à relever tous les indices de mécontentement chez certains officiers des FAR à l'encontre de leur chef et, effectivement, j'ai pu en noter plusieurs. À ce propos, une autre information a son intérêt : le 31 mars, cinq jours après mon retour à Paris, le colonel Cussac me téléphonera pour me dire à peu près ceci : « Habyarimana se prononcera sur son souhait de ne pas se représenter. Il veut également ne pas être l'objet de poursuites et souhaite terminer en paix ses jours au Rwanda, mais sans poursuites. » Je ne me souviens pas qu'il m'ait cité ses sources. Je reviendrai plus loin sur ces points qui ne ferment pas l'hypothèse d'un complot interne contre ce président qui pouvait paraître incontesté dans son propre parti.

Démontage du dispositif en place

Lors d'un entretien téléphonique avec le général Mercier, à propos du désengagement d'une grande partie du dispositif, celui-ci s'amuse un instant : « Le plus dur sera l'extraction du colonel Delort ! » Je l'imagine souriant malicieusement, ce qui n'était pas si fréquent à cette époque, mais je ne peux lui donner que la réponse qu'il attendait : « Il faut une certaine logique donc prêt à partir, le 26 ou le 30 selon vos ordres. » Et nous n'en parlons plus. Effectivement, mon rôle était terminé. Dans la semaine, le démontage continue et deux autres unités de Noroît repartent comme convenu. Noroît redescend au niveau qui était le sien le 7 février, soit une compagnie de combat. Les vols de C160 Transall se succèdent sur l'aéroport de Kigali, et les unités repartent vers Libreville ou Bangui. Ces unités du 21e RIMa, du 8e RPIMa et du 68e RA ont parfaitement rempli leurs missions, de vrais professionnels. J'en rendrai naturellement compte au général Mercier. Le DAMI du 1er RPIMa et les coopérants militaires doivent assurer une certaine stabilité à l'armée rwandaise dans cette phase délicate du cessez-le-feu, avant la reprise des négociations à Arusha qui va justement la concerner directement.

Georges Martres me demande d'être présent le 24 mars quand il recevra Guy Penne, sénateur des Français à l'étranger, mais aussi ancien conseiller officieux pour l'Afrique du Président, au milieu des années 1980. L'entrevue dure quarante-cinq minutes et, pour ma part, je lui dresse un tableau de la situation militaire et des évolutions en cours. Je n'en ai pas gardé plus de souvenirs. Il a dû aller ensuite au contact des concitoyens, ses électeurs ou non.

Dernière rencontre avec les autorités rwandaises et le président Habyarimana

Comme il est d'usage à la fin d'une mission importante, les autorités ont souhaité remercier particulièrement des officiers français, dont les colonels Cussac, Tauzin, Tracqui, une dizaine d'autres officiers et moi-même. Le ministre de la Défense rwandais, l'ambassadeur de France et les deux chefs d'état-major des FAR et de la gendarmerie, le colonel Gasake et le colonel Augustin Ndindiliyimana, sont là, à Kanombé en fin d'après-midi. À l'issue de cette rencontre, le 24 mars, nous apprenons que le président rwandais veut nous offrir un pot dans ses bureaux officiels, plus exactement sur la terrasse qui jouxte ceux-ci. À cette occasion, où il n'est plus temps de parler situation militaire, le président Habyarimana me demande de l'accompagner jusqu'à la balustrade. Le spectacle en cette fin d'après-midi est somptueux.

Les collines se succèdent vers le nord et le nord-ouest, la lumière est transparente, à la fois douce et chaude, les rayons du soleil ont baissé, on peut deviner la chaîne de volcans, dont le Karisimbi et le Muhavura de plus de 4 000 mètres d'altitude, qui domine la plaine de Ruhengeri. Ce sera la dernière très belle image de ce pays que j'enregistre dans ma mémoire. Il me laisse tranquillement admirer le panorama puis, très calmement, il me dit : « Vous savez, mon colonel, il y a une vieille légende dans notre pays qui se transmet de génération en génération : un jour, Dieu voulut se reposer. Il trouva le Rwanda si beau qu'il descendit dormir sur les volcans. »

Un long silence suit devant ce paysage de collines d'apparence paisible qui s'échelonnent jusqu'aux volcans lointains. Certes, Habyarimana faisait un peu de sentimentalisme et je ne m'y trompais pas, mais en le regardant, je ne pouvais que mieux comprendre pourquoi un grand nombre de Hutus le considérerait comme leur garant absolu, dominateur certes, mais protecteur. Grand, puissant, intelligent et charismatique, jugé ainsi par une part importante d'entre eux. Il est évidemment un maillon non interchangeable, une sorte de clé de voûte de leur communauté. Seule l'extraction en douceur est possible, mais sera-t-elle réalisable par ceux qui veulent son départ ? Quelle est la véritable capacité de nuisance de certains de son entourage ?

On la dira très grande. Je n'avais pas, à cette époque, de renseignements objectifs me permettant d'en juger ainsi.

Cette dernière rencontre, à deux jours de mon départ, m'est restée comme intéressante pour mieux cerner la personnalité de ce dirigeant, c'est pourquoi j'ai décidé de lui donner une place dans ces Mémoires. Habyarimana m'est apparu encore marqué par la crise de février, dans un mélange de lassitude et de résignation. Traînait-il aussi de lourds secrets ? Je n'en sais rien. La division de son peuple de Hutus et de Tutsis était la preuve évidente de son échec après tant d'années de pouvoir. Il restait en tout cas un leader puissant et déterminé. L'affrontement entre les deux hommes forts de cette population mélangée du pays des volcans, Kagame et Habyarimana, était loin d'être terminé. L'année suivante, Dieu verra l'enfer sur les collines rwandaises, le mal absolu. Comme je suis croyant, je peux penser que ce qui fut fait au plus faible des Tutsis et au plus faible des Hutus fut fait au Christ lui-même. Accepter d'écrire des Mémoires, c'est aussi accepter de livrer certaines de ses plus profondes réflexions personnelles… La vieille légende qu'Habyarimana m'avait contée en admirant la beauté de son pays est bien morte avec lui.

Dernier jour au Rwanda

« L'ordre du jour », traditionnel à la fin d'une mission, du commandant des forces est envoyé à toutes les unités et corps ayant participé à Noroît et Chimère et, pour information, à leurs autorités hiérarchiques. J'y fais le bilan synthétique de tout ce que nous avons fait ensemble et dans quel esprit et j'y félicite chacun. J'écris aussi : « Pendant quarante-cinq jours, les forces françaises au Rwanda ont tout à la fois présenté une dissuasion crédible et des savoir-faire d'une efficacité également déterminante. »

Le matin de mon départ, le 26, l'ambassadeur Martres et moi évoquons ces cinquante jours extrêmement denses et les principales périodes depuis l'offensive FPR. Il a téléphoné à son ministère pour qu'un officier français soit présent lors du dernier round des négociations d'Arusha à propos de la nouvelle armée rwandaise, mais il n'a eu et n'aura, à ma connaissance, aucune réponse. Le ministère de la Défense et les armées n'avaient peut-être personne à envoyer, je n'en sais rien et ce n'est pas mon problème ; bien que sur le fond, j'aurais milité pour qu'un officier, autre que moi, y soit. Georges Martres reste en place encore quelques semaines ; à ce moment, je l'ignore, mais je sens chez lui inquiétude pour l'avenir du Rwanda et fatigue due au stress quotidien au contact d'interlocuteurs divisés, incertains, voire secrets. Nous ne nous reverrons plus avant une rencontre inopinée vingt ans plus tard à la sortie d'une église, où nous eûmes plaisir à nous reconnaître, puis à discuter une fois encore. Je rends une courte visite au CEM Gasake qui tique au sujet de mon départ, qu'il ne pouvait pas ne pas connaître. Il renouvelle ses remerciements pour tout ce qui a été fait par les soldats français.

Le colonel Cussac m'accompagne à l'aéroport. Je lui souhaite courage et chance dans la poursuite de sa mission difficile. Il sera présent et actif jusqu'à l'évacuation de l'ambassade en avril 1994 et continuera d'apporter tous les renseignements disponibles à l'EMA et à la DRM.

Après le départ des renforcements de Noroît, j'embarque donc dans l'avion pour Paris. Je sais que je viens de vivre une période exceptionnelle, tant au plan militaire que personnel. Écrivons-le tel que je l'ai ressenti à l'époque : je crois avoir rempli ma mission en « sauvant implicitement Kigali », mais que de toute façon, en dehors de l'Amiral et du général Mercier, personne ne s'y intéressera et n'essayera même de comprendre ce qui vient de se passer ; cela sera confirmé pendant de nombreuses années. Avant l'arrivée de véritables historiens ? Je ne suis pas assez naïf pour ne pas savoir que de nombreux officiers ont dû avoir un sentiment comparable en servant la France, quelque part dans le monde. Un dernier coup d'œil par le hublot de l'avion d'Air France ; j'ai déjà en tête l'articulation de mon rapport au CEMA, dont j'ai commencé le brouillon. Tout dans cette affaire rwandaise est complexe et j'en parlerai très peu à mon épouse et mes enfants. Il est temps que la famille repasse un moment au premier plan…

L'honneur de l'armée française

Ces dernières années, des auteurs, ou des polémistes, ont remis en cause l'honneur des soldats français au Rwanda. Ils auraient commis des actes contraires à l'Honneur, l'honneur militaire. Je ne sais pas s'ils sont tous bien placés pour en parler, mais peu importe. L'honneur, tous les soldats en sont en quelque sorte dépositaires, du plus humble au plus gradé. Que quelques-uns faillissent et tous subissent l'opprobre. C'est une règle immuable à travers tous les conflits, sur tous les continents. Les officiers sont responsables et, à ce titre, portent la responsabilité de ce qui pourrait être commis au nom de l'armée française. Ils choisissent souvent cette vocation d'officier par idéal, et au cœur de cet idéal : l'honneur. Faire et ordonner ce qui n'est pas contraire à l'honneur sur les champs de bataille, et maintenant sur les théâtres d'opérations. C'est le respect de soi-même et le respect des autres, pour que la force ne soit pas contraire à la dignité de chacun, que la violence soit contrôlée pour ne pas ajouter inutilement de la souffrance dans ce monde de violence. Des règles éthiques, des règlements militaires, les lois de la guerre, sont autant de limites aux instincts, hélas, vulgaires qui ne sont jamais si loin chez l'homme. Le soldat, comme l'officier, se distingue ainsi par ce cadre défini du milicien. Milicien, aux visages multiples, que l'histoire charrie et continue de charrier dans toutes les régions en conflit.

Nous avons tous en tête l'honneur qui pousse à l'héroïsme, le dépassement du devoir ; mais bien servir, c'est déjà servir avec honneur. C'est le cas de l'immense majorité des officiers et soldats fidèles à la devise « Honneur et Patrie », qui est écrite en lettres d'or sur la soie des drapeaux et étendards des régiments et formations de l'armée française. Pour l'opération Turquoise, le général Lafourcade, qui la commandera à l'été 1994, s'est engagé à défendre l'honneur de ses soldats. Il a écrit et continue de s'exprimer avec conviction sur ce sujet. Dans le brouillard qui se dissipe, après avoir entouré les actions militaires de la France au Rwanda, je peux répondre de l'honneur des soldats qui ont servi sous mes ordres durant cette période. Les officiers de Noroît et de Chimère aussi. Nous avons ordonné, contrôlé et exécuté des missions tout en respectant l'honneur militaire ; en aucun cas nous n'avons favorisé l'avènement de la chiennerie du printemps 1994.

J'en répondais devant le CEMA, comme son premier subordonné sur ce théâtre d'opérations. Nous n'avons pas trahi sa confiance et il n'en a jamais douté. Si la tristesse d'un échec final a persisté, les officiers comme les soldats qui ont servi à cette époque au Rwanda peuvent toujours se regarder dans une glace sans se dégoûter. Il est toujours difficile de défendre son honneur dans les conflits, nos anciens des guerres précédentes nous l'ont assez dit. J'espère que tous les éléments présentés et expliqués dans la relation de cet engagement du 8 février au 26 mars auront apporté aux lecteurs des certitudes sur ce point, dans la mesure où cela leur aurait semblé nécessaire.

Dans les crises, comme celle du Rwanda, l'amiral Lanxade est ce genre d'homme qui ne prendrait pas de risques inconsidérés et ne laisserait jamais commettre sciemment ce qui est contraire à l'honneur des armées. C'est aussi un élément de réponse à ceux qui portèrent des accusations invraisemblables contre les forces françaises de Noroît et de Turquoise. L'Amiral aura fort à faire en ex-Yougoslavie, où les forces françaises ont été engagées dans des processus très complexes, sans en être les maîtres. Nos unités peuvent rarement utiliser leurs moyens de combat et leur supériorité opérationnelle. Elles sont régulièrement soumises à des conditions pénibles, à la limite humiliantes.

L'idée de l'honneur fait remonter des souvenirs pénibles, comme au Tchad, en février 1979 ; la garnison gouvernementale d'Abéché nous appelait au secours devant l'assaut, en l'occurrence « sans merci », des hommes d'Hissène Habré partis à la conquête du pouvoir. Le jeune capitaine souffrait, comme ses cadres, de ne pouvoir aider nos alliés de la veille. J'avais dû leur expliquer que les ordres étaient « politiques », qu'il ne fallait pas prendre parti, et que nous devions avaler une grosse couleuvre comme, hélas, certains de nos anciens y avaient été contraints à la fin des conflits d'Indochine et d'Algérie. La nuit fut longue. Nous éprouvions une forme de honte et pourtant nous n'en étions pas responsables. Cette nuit-là, je m'étais fait le serment de continuer à ne promettre que ce que je savais pouvoir tenir. Il en fut de même au Rwanda et dans mes responsabilités militaires ultérieures.

Quand on parle honneur, le pire est rarement loin. Souvent, très souvent, la guerre n'est qu'un vaste champ d'ordures, de pourriture, de souffrance et de mort ; parfois y poussent les plus belles fleurs d'humanité et de vertu que la Terre ait à porter. C'est ce qui nourrit l'espérance dans l'Homme, dans les jours de tempête ou de doute. Nous, les soldats, ne sommes pas des philosophes certes, mais des hommes d'action, je le sais. Que l'on ne s'y trompe cependant pas… les considérations éthiques sont centrales pour bon nombre d'officiers et beaucoup plus de soldats que certains l'imaginent.

Fin de mission

Dans le rapport, que j'ai rapidement terminé, daté du lundi 29 mars (je n'ai pas le numéro), je fais une synthèse de toutes les activités militaires qui ont été décrites plus haut. J'écris une conclusion que je juge, à la réflexion, trop pompeuse sur la forme, mais exacte sur le fond : « À quelques semaines des élections législatives françaises, une bavure, un échec, une demi-humiliation ne faisaient pas partie de l'improbable et leur écho aurait eu la résonnance d'un coup de tonnerre qui aurait roulé jusqu'à atteindre la politique africaine de la France. Tous les chefs d'éléments en ont eu conscience et ont œuvré sans cesse dans le meilleur esprit. La crise rwandaise n'est pas terminée : le FPR reste très déterminé et menaçant, les gouvernementaux hésitent et sont lassés, le président se mure dans un silence réprobateur, l'opinion internationale sur le sujet est quasiment inexistante, les instances internationales sont mollement stimulées par des actions diplomatiques qui manquent de vigueur et de cohérence. Ainsi, l'essentiel a été préservé : la ville de Kigali n'a pas été submergée ou asphyxiée par des forces rebelles appuyées par un État étranger et subsistent encore des chances pour une transition appropriée. »

Je remets le document en mains propres à l'Amiral, devant le général Mercier. Nous parlons de l'assistance opérationnelle d'urgence de Chimère et de la force dissuasive du dispositif Noroît. Les forces françaises n'ont pas participé directement aux combats entre Rwandais. Voici une réponse claire à ceux qui se poseraient encore la question. Enfin, je lui dis explicitement le fond de ma pensée : « Amiral, nous sommes allés aux limites extrêmes de la stratégie indirecte. Je ne crois pas qu'il soit possible de recommencer. » Je sais qu'il est convaincu du premier point ; de ce fait, je vois qu'il enregistre et analyse le second. Il me prête un certain discernement ; le même numéro d'équilibriste ne pourra pas se reproduire.

Le CEMA ne répond pas à ce bilan très synthétique assorti de cette mise en garde respectueuse. L'Amiral a suivi chaque jour la situation à Kigali et a pris les quelques décisions qui ont rythmé la mise en place de forces dès le 8 février, le renforcement à partir du 20, avant d'aller progressivement vers le cessez-le-feu puis le désengagement. Il est content de ce qui a été fait ; la cohabitation, qui commence, va apporter des modifications de politique en Afrique. Les opérations continuent dans les Balkans, en Somalie, sans parler de ses multiples autres sujets de préoccupation de par le monde et de toutes ses autres responsabilités inhérentes à sa fonction. Le général Mercier, sous-chef opérations, peut lui aussi se consacrer entièrement à tous les autres engagements des armées françaises, particulièrement nombreux durant ces années 1990.

À propos de ces actions françaises au Rwanda au printemps 1993, j'avais utilisé devant la commission d'information de l'Assemblée nationale une autre expression. Elle avait été reprise page 158 du rapport final – sans la mention de mon nom et j'ai dit pourquoi – par Paul Quilès qui semblait s'interroger sur son sens : « Un officier français estime que cette mission est sans doute la première application à grande échelle depuis vingt ans du concept d'assistance opérationnelle d'urgence, et attribue ce mérite à la bonne connaissance du Rwanda par le 1er RPIMa. Il reconnaît également, dans ce contexte, le caractère indispensable de la présence d'éléments de Noroît, qui se révèle dissuasive pour le FPR et rassurante pour le DAMI en cas de difficulté. La conclusion que cet officier tire de cette expérience donne toutefois matière à réflexion. Le coût global (financier, humain, médiatique) de cette opération de stratégie indirecte lui paraît extrêmement faible en regard des résultats obtenus et en comparaison de ce qu'aurait été le coût d'un engagement direct contre le FPR. » J'aurais pu ajouter le coût militaire, mais il figurait dans les phrases précédentes du document de Quilès. L'idée générale est la même que dans le rapport que j'ai remis à l'époque au CEMA.

La veille, dimanche 28 mars, j'ai entendu sur France Inter l'entrevue réalisée par Mme Simon le 21, quand j'étais encore à Kigali. Je doute que cela ait intéressé des gens qui ne savent même pas où se trouve le Rwanda. Mon faux pas, en citant les propos du médecin sur les Khmers noirs, sera souligné par les détracteurs des années à venir, comme ils prendront garde d'oublier mes propos sur l'action des forces françaises qui ont réussi à maintenir un équilibre sur le terrain, contraignant les uns et les autres au cessez-le-feu et à la reprise des négociations.

À l'état-major des armées, on a coutume de dire « qu'une crise chasse l'autre ». Pour le Rwanda, on peut espérer aller vers une sortie de crise négociée ; les diplomates repassent en première ligne et l'ONU devrait faire quelque chose. La charge reposera sur elle quelques mois plus tard. Dans les trois jours qui suivent, je rends visite ou je reçois les personnes parisiennes intéressées par ce qui vient de se passer. Je me permets de conseiller à La Sablière de « battre le tambour » au niveau diplomatique pour gêner le FPR et mettre l'ONU devant ses responsabilités. Il est complètement d'accord. Je retourne sans plus tarder à mes dossiers de relations extérieures avec les armées africaines, du Moyen-Orient et asiatiques, tenus à bout de bras et fidèlement par les lieutenants-colonels Floume et Ollier, mes adjoints à l'EMA.

Chapitre 12 – Le début de passage de relais à l'ONU (avril-juillet 1993)

1er avril ! L'ambassadeur Martres et le colonel Cussac, chacun dans leurs messages respectifs, sonnent le tocsin ! Ils disent que le FPR exerce une forte pression pour faire capoter les accords d'Arusha et qu'une offensive est probable. Le contre-amiral Moysan, chef de la division des relations extérieures à l'EMA, m'annonce que le dossier Rwanda sera traité en premier lors du prochain conseil restreint élyséen. Je ne m'inquiète pas, je ne crois pas à une dégradation significative de la situation, je suis rentré de Kigali il y a moins d'une semaine… Des gens sont mieux informés que moi, je n'en doute pas un instant, mais enfin je ne sens pas l'opportunité d'une dégradation pour les uns ou les autres. Le lendemain, le général Mercier me dit rapidement que les Jaguar ont été remis en alerte et que l'état-major « mouline » sur la définition d'une ligne de défense « ferme » pour ne pas laisser prendre Kigali ; ce serait un très mauvais signal envoyé à l'Afrique. J'ai l'impression qu'il ne croit pas non plus à la réalité de la situation telle que redoutée, mais un état-major de haut niveau doit avoir des options à proposer dans ses tiroirs, au cas où. Très vite, le soufflé se dégonfle ; au moins en partie, les alertes sont levées.

Le projet de force d'observateurs

De retour en France, je comprends, de mes principaux interlocuteurs parisiens, que le nouveau gouvernement veut modifier certains volets de la politique africaine. Pour le Rwanda, dossier sensible, le Président souhaite poursuivre la sortie de la France de cet engrenage complexe en passant rapidement le relais aux Nations unies. À celles-ci d'encourager et de surveiller toutes les tentatives de sortie de crise, ce qu'elles essayent de faire dans de nombreux autres pays à travers le monde, avec d'ailleurs des résultats contrastés.

Début avril, le général canadien Maurice Baril, conseiller militaire du secrétaire général des Nations unies, se rend à Kigali pour préparer son rapport à la suite du vote de la résolution 832. Dans le même temps, le général Fruchard, du cabinet du ministre, me demande de revoir le projet d'organisation de cette force d'observateurs, que j'avais envoyé de Kigali, en validant les tâches à accomplir, l'organisation, son soutien et les moyens nécessaires. Ce document serait ensuite envoyé au colonel Bastien, notre représentant au département des opérations de maintien de la paix à New York ; à lui de transmettre cette étude au général Baril qui en fera ce qui lui conviendra. Je me remets donc en mémoire les particularités de la zone à observer, avec ses pistes assez nombreuses, sur les crêtes comme au fond des talwegs, et aussi la posture des forces opposées. L'APR est adossée à l'Ouganda, d'où lui proviennent hommes, munitions et ravitaillement divers et bien sûr tout le soutien santé nécessaire. Certes, la zone détenue après le repli sur les lignes du 7 février est réduite – peut-être 5 % de la surface du Rwanda –, mais étendue sur une centaine de kilomètres le long des frontières entre les deux États. La surface détenue après l'offensive du 8 février ne dépassait pas 15 % de la surface du territoire, c'est à la fois beaucoup et peu, elle constitue la zone démilitarisée. Il est bien évident que le FPR sera plus gêné que les gouvernementaux par cette mission d'observateurs de l'ONU, si elle se met en place et joue son rôle correctement. Il est toujours très difficile de surveiller une frontière et encore plus avec une centaine d'observateurs. Je ne vois pas d'autres moyens que plusieurs hélicoptères pour faciliter les déplacements, les observations et aussi les contrôles inopinés sur des sites suspects ou des véhicules entrant ou sortant du pays. Même si je pense que l'étanchéité ne pourra jamais être garantie, les mesures de surveillance et d'observation devraient permettre de déceler un renforcement significatif des moyens de l'APR, voire des préparatifs d'une offensive.

Rencontre avec le FPR

Décidément, il est difficile de revenir totalement aux autres dossiers qui ont aussi de l'importance « pour que les trains arrivent à l'heure, ceux dont on ne parle pas ». Jean-Marc de La Sablière me demande de le voir pour préparer ensemble une entrevue prévue le 6 mai avec le docteur Bihozagara (futur ancien ministre, mort dans des conditions très douteuses en prison au Burundi), représentant du FPR. Ce dernier sera accompagné par Rutayisire, délégué FPR à Paris, et Rwego, délégué FPR à Bruxelles. Le jour dit, Bihozagara, que j'ai rencontré à Arusha en septembre, nous dit que le colonel Alexis Kanyarengwe, président du FPR, est actuellement en déplacement au Canada, ce n'est pas anodin. Puis il nous tient le discours convenu et lassant, mi-aimable, mi-menaçant, accompagné de diatribes habituelles contre le président Habyarimana. La Sablière, inlassablement, lui redonne la position de la France, ses inquiétudes sur le processus, et sa volonté que les exactions et les massacres, d'où qu'ils viennent, soient condamnés. Bihozagara reprend : « Nos combattants sont prêts à se battre, même pendant les négociations. Négociations est *first [sic]* même si nous prenons Kigali. Si nous nous sommes arrêtés en février, c'est que nous ne voulions pas aller à Kigali. Nous n'avions pas de relations privilégiées avec les partis d'opposition. Les victimes de l'offensive de février sont celles des FAR. Elles ne laissent pas les déplacés revenir dans leurs foyers. Les gens dans la zone tampon applaudissent le FPR. Oui, nous y patrouillons, l'APR est la seule garantie. Pour la nouvelle armée, la proposition est à 50 % ; après il faudra nous aider pour faire une autre armée. » La Sablière, stoïque, réplique : « On ne peut accepter que les autorités légales soient déstabilisées par la force. Si vous reprenez l'offensive, nous ne pourrons pas l'accepter et la communauté internationale non plus. Tant mieux si vous ne voulez pas attaquer. Il faut faire des concessions à Arusha. » La discussion continue puis débouche sur l'implication de l'ONU, Bihozagara se fait véhément : « Nous n'avons rien à voir avec tout cela. Nous n'avons pas été consultés. Rien ne nous change [?] dans l'ONU et pareil pour l'OUA. Nous ne voulons pas être neutralisés par l'ONU. »

C'est clair et on comprend l'une des raisons des pesanteurs onusiennes pour le montage des forces prévues. Les Américains, plus sensibles que nous aux discours du FPR, trouvaient là matière à freiner les ardeurs des hérauts du département des opérations de maintien de la paix de l'ONU.

Quelques jours plus tard, RFI diffuse un magazine de mi-journée sur le Rwanda ; il traite principalement des problèmes humanitaires. Il n'y aurait « que » 700 000 déplacés et non pas 900 000 ! Il y aurait aussi du détournement d'aide humanitaire. Les gens vivent avec 1 200 calories par jour… et on passe à un autre sujet.

Georges Martres est remplacé à Kigali par Jean-Michel Marlaud, qui sera en poste jusqu'à l'évacuation des Français de Kigali l'année suivante.

Crise et voyage au Togo

À partir de la mi-mai, le grand sujet est le Togo et c'est pourquoi je souhaite apporter des éléments concernant la tentative de désamorçage d'une crise potentiellement dangereuse. La démocratie est en panne, les élections libres sont dures à organiser, les principaux membres de l'opposition souffrent et le disent ; la France s'interroge, comme d'habitude. Les réunions avec les Affaires étrangères, la Coopération, la Défense et les Armées s'enchaînent, chacun recherchant une solution pour que le Togo ne sombre pas dans des affrontements, voire la guerre civile. Une lettre officielle de « mise en garde » du gouvernement doit être envoyée au président Gnassingbé Eyadema, mais que lui dire et comment lui dire ? Je participe aussi à une réunion en petit comité, organisée par le Quai d'Orsay avec Edem Kodjo, opposant notoire[38]. Ce dernier nous explique son

38. Tout de même Premier ministre du Togo deux fois, en 1994 puis en 2005.

point de vue et, pour faire très court, me charge d'un message pour l'Amiral : « Que tout soit fait pour que Eyadema fasse des concessions, alors l'opposition ira aux élections. Nous redoutons le passage en force de Eyadema et dans ce cas les leaders de l'opposition ne voudront pas participer. Eyadema craint pour sa sécurité. Il l'aura. Amnistie pour lui ainsi que pour le premier cercle. La sortie d'Eyadema ? Toute sortie intermédiaire, même au bout de deux ans, serait acceptable pour la Coordination de l'opposition démocratique (COD) si le Premier ministre est d'opposition. Garantie : honneur, dignité, sécurité *[sic]*, etc. »

On parle de Gilchrist Olympio, pour entendre qu'il ne sera jamais accepté par le président Eyadema. Je ne sais plus qui évoque « le message d'un haut militaire pour lui parler d'homme à homme *[sic]* ». Je continue de prendre des notes pour ensuite en rendre compte correctement. J'avoue qu'à l'époque, je trouvais ce travail passionnant et il devait l'être. Je ne pouvais pas raconter grand-chose, voire strictement rien, à mes camarades officiers des états-majors parisiens qui avaient, pour la plupart, des préoccupations importantes plus classiques.

Conséquence logique, le chef du cabinet du CEMA m'appelle, je suis désigné pour accompagner l'Amiral au Togo, le 28 mai. L'Amiral doit rencontrer le président Eyadema pour lui transmettre un message verbal très sec du Président et une lettre du gouvernement compte tenu du peu d'avancement notable dans la crise qui mine son pays. La procédure est rare, surtout vis-à-vis d'un homme « fort » et peu impressionnable. Il faut être certain que le messager ne sera pas maltraité, être ambassadeur ou ministre ne serait pas une garantie. On peut sourire, mais c'était comme cela. Je téléphone à Jean-Michel Gaussot, ambassadeur de France au Togo, pour lui annoncer la venue du CEMA sur ordre du Président et du Premier ministre, arrivée prévue le vendredi, retour dimanche 29 mai.

Dans le Falcon 50, comme toujours, l'Amiral parle longuement de relations internationales. Le conseiller diplomatique et moi-même jouons les envoyeurs de balles. J'en profite pour continuer d'apprendre à considérer les évènements, et souvent aussi les hommes de pouvoir, avec plus de perspicacité. En l'écoutant, j'ai beaucoup appris, avec plaisir. Cela me fut utile dans le cadre de différentes fonctions ultérieures. L'amiral Lanxade agit comme un excellent skipper qui regarde la mer, sa force, l'amplitude des vagues, la direction du vent, ses changements, les sautes comme les rafales. Un skipper qui voit la couleur de la mer apprécie la force des courants et celle des nuages pour anticiper les rafales ou les grains, avant de donner une correction à effectuer à son équipage, barreur, régleur, ou simple équipier d'un voilier de course. Un skipper qui anticipe les possibilités de manœuvre de ses adversaires. On a dit dans les armées qu'il était manœuvrier comme un excellent régatier. J'y souscris, et même des adversaires ou des concurrents seraient prêts à le reconnaître, certes en grimaçant. Des trois CEMA que j'ai bien connus dans les années 1990, au sein de leur premier cercle, comme conseiller Afrique Moyen-Orient puis chef du COIA, il est de loin le plus doué dans le domaine du « politico-militaire », menant sa route de bouée en bouée, par tous les temps et sous toutes les allures. Ce que je viens d'écrire, je l'avais en tête à cette époque avec, pour l'illustrer, le souvenir déjà un peu lointain des quelques courses auxquelles j'avais participé sur les mers dans ma jeunesse.

À l'arrivée à Lomé, l'Amiral rend visite à un *soldat*, certes devenu chef d'État, mais pour qui le décorum et le protocole ont de l'importance. La force du message tient aussi à qui l'apporte et dans quelles conditions. Le message est celui du Président et du gouvernement de la France et il est porté en personne par l'amiral Lanxade par un vol spécial. Le président Eyadema reçoit l'Amiral, sa délégation et naturellement l'ambassadeur de France. Il est accompagné d'officiers et de ministres. La séance plénière se tient et l'Amiral, rappelant la franchise de mise entre deux militaires, lui explique l'origine de l'envoi de cette lettre du gouvernement français. L'Europe n'apprécie pas non plus la situation actuelle au Togo. Il termine en disant qu'il faut trouver un accord avec l'opposition. Ce à quoi Eyadema répond : « Le message du gouvernement français est clair. » Il poursuit par de longues explications sur le gouvernement de transition qui a essayé de faire quelque chose, etc. L'Amiral le reprend en lui disant que l'armée togolaise a commis des actes inacceptables, ce que le président Eyadema reconnaît en partie. Il s'ensuit une longue discussion où les arguments sont énoncés de part et d'autre « plus militairement que diplomatiquement ». En l'occurrence, la méthode a du bon. Pour terminer, le président togolais accepte un report des élections, de conclure des discussions à Ouagadougou avec l'opposition modérée de Aikboi Bo et Kodjo, et se dit prêt à signer un accord à Lomé.

L'entrevue en tête à tête suit peu après, au palais, pendant qu'avec le conseiller diplomatique et l'aide de camp nous faisons antichambre en compagnie du CEM togolais et de l'ambassadeur de France. Les deux hommes en ressortent le visage fermé, les échanges de vive voix pourraient être plus durs.

Nous nous dirigeons vers la salle de réception où le général Eyadema a convoqué pour le dîner officiel quelques colonels et ministres, qu'il place d'ailleurs lui-même dans cet ordre autour d'une très grande table. Le président-général dominateur est véritablement une figure parmi les chefs d'État africains. Il dirige son pays comme il mènerait son armée, et évidemment le système a ses limites, les libertés individuelles aussi…

Je découvre mieux sa personnalité au cours de ce dîner : c'est un colosse autocrate pétri de convictions et de certitudes ; pour cet ancien de l'armée française, la France – à laquelle il est sincèrement attaché – représente toujours beaucoup. Cette connaissance de l'individu me sera utile trois ans plus tard pour un tête-à-tête durant lequel j'essayerai de le convaincre, au nom du général d'armée Douin, successeur direct de l'Amiral au poste de CEMA, du bien-fondé d'une approche sous-régionale de nos exercices interarmées, et de souscrire au nouveau concept de renforcement des capacités africaines de maintien de la paix (RECAMP). Il acceptera les propositions françaises. L'expérience acquise lors de cette première rencontre fut alors une aide précieuse.

Le Togo connaît les mois suivants de violentes manifestations, mais sans qu'elles dégénèrent outrageusement ; la crise va durer des mois puis se calmer un temps. Le Rwanda, lui, s'éloigne des préoccupations immédiates de la plupart des protagonistes habituels.

Mission à l'ONU

Le 6 juin, La Sablière me téléphone du Quai d'Orsay à propos du Togo puis aborde le Rwanda en constatant que la mise en forme d'une force onusienne de surveillance des frontières et d'une autre de maintien de la paix n'avance pas. Il me dit vouloir envoyer son adjointe, Catherine Boivineau, accompagnée d'un expert militaire, pour rencontrer les Américains, non pas à Washington mais au siège des Nations unies, à New York. Je suis désigné le lendemain, sans doute par le cabinet du ministre avec l'accord du CEMA, pour cette mission qui me surprend un peu. Je ne suis maintenant que de loin les affaires du Rwanda et j'ai besoin de téléphoner au colonel Cussac pour qu'il me fasse le point de la position rwandaise. En fait, il ne me parle que de ce qui concerne la future armée rwandaise. Il est proposé, par le FPR, une intégration à hauteur de 50 % des officiers de l'APR et de 40 % des combattants de la rébellion. Les « fourches caudines » sont trop basses, pourraient penser les chefs comme les soldats des FAR, qui estiment qu'ils n'ont pas perdu sur le terrain face à l'APR. Le gouvernement rwandais accepterait au maximum l'intégration de 35 % de soldats de l'APR, mais le FPR est très ferme sur sa position. Humiliation et réconciliation ne riment pas du tout ensemble, contrairement à cette consonance trompeuse.

Arrivés à New York le 10 juin, Catherine Boivineau et moi-même, accompagnés du général Faupin, attaché de défense adjoint à Washington, et du colonel Bastien, du département des opérations de maintien de la paix, rencontrons au secrétariat des Nations unies le général canadien Baril accompagné du colonel Ross de la *situation room*. Le général Baril nous expose les points essentiels de son rapport, mais aussi les difficultés qu'il rencontre avec le FPR et les États-Unis. Les uns et les autres ne sont pas favorables à des hélicoptères dans cette force de surveillance des frontières – qui comprend 81 observateurs –, pour des raisons de mise en œuvre pour les premiers et de coût pour les seconds. Baril nous explique qu'il a trouvé un financement ainsi que des hélicoptères. De plus, leurs pilotes civils ne viendraient pas en déduction de la force des 81 observateurs. D'une manière générale, il ne comprend pas les réticences des Américains, qu'il attribue à des pressions constantes du FPR à New York et à Washington. Cependant, les Ougandais ont donné le droit de vérification et d'inspection de leurs camions.

Le lendemain se tient, toujours au siège de l'ONU, une longue réunion à laquelle l'ambassadeur Robert Pringle assiste avec une délégation américaine, forte de sept diplomates et officiers de bon niveau du State Department et du Pentagone. Hervé Ladsous, de la mission permanente française aux Nations unies, ouvre cette séance, assez tendue dès le début. Nous allons essayer de lever les réticences des Américains sur le rapport du secrétaire général des Nations unies portant essentiellement sur l'envoi de la force d'observateurs.

Pringle est clair d'emblée, en faisant un discours de cette teneur : « Il nous faut arriver à un agrément sur les points essentiels. Tout d'abord qualifier le mandat : observation et vérification et non opération, nous ne voulons pas d'hélicoptères touchés [?!]. L'utilisation des hélicoptères sur le terrain doit se faire en sécurité. Il faut redéfinir le mandat des 81 observateurs, nous ne sommes pas pour les fouilles. Il faudrait se limiter à des postes, le FPR se plaint beaucoup [?]. Les patrouilles à pied posent problème. Que dire de l'indépendance des patrouilles vis-à-vis de l'Ouganda ? » Catherine Boivineau répond en substance : « Nous avons tous le souci du compromis, il faut que cela continue. Nous avons été étonnés par les difficultés soulevées. Il y a un souci d'urgence. Il y a de fortes tensions et les accords d'Arusha seront difficiles à faire accepter. L'opération de l'ONU doit être mise en œuvre très rapidement. Urgence mais efficacité. Les deux pays concernés, Rwanda et Ouganda, sont d'accord. Il va vous être fait un exposé par le colonel Delort sur les tâches d'inspection et de patrouilles à pied. » L'ambassadeur Pringle réagit immédiatement et je prends note : « La force prévue ne peut pas être une police ! Les États-Unis contestent ces problèmes de contrôle ! »

Les Américains avaient le souci évident de développer toutes les objections dont nous étions avertis mais semblaient *in fine* manifestement partagés entre l'équipe du secteur Afrique de Pringle, plutôt favorable au rapport Baril, et les membres de la division des opérations des Nations unies au Pentagone, prompts à soulever des difficultés. Dans mon rôle, j'ai longuement développé les réponses à chacune des interrogations des Américains, en me fondant sur le rapport du général Baril, mais aussi sur ma connaissance de la situation et du terrain. J'ai fait référence aux principes de sécurité, d'efficacité et d'organisation chers aux militaires américains comme français. Carte étalée sur la grande table sous les yeux des officiers américains, j'explique l'absolue nécessité de disposer d'hélicoptères pour surveiller et transporter des observateurs. Les officiers américains font semblant de ne pas trop comprendre mes arguments militaires alors que je sais que leur pertinence ne peut leur échapper. Je développe la mission d'observation et de surveillance attendue des observateurs qui agiraient à partir de postes fixes et effectueraient aussi des patrouilles motorisées avec des contrôles inopinés, avec l'accord tacite de l'Ouganda. Les hélicoptères serviraient aux évacuations sanitaires, aux liaisons de commandement et éventuellement travailleraient en relation avec les patrouilles motorisées. Des patrouilles à pied pourraient également se faire mais comme extensions des patrouilles motorisées. L'Ouganda serait responsable de la sécurité sur son territoire et une liaison serait établie entre états-majors à Kabalé en Ouganda, dans la zone frontière.

Tout se dit – très – calmement et poliment, mais cette obstruction américaine notable est tout de même exaspérante. Ils doivent avoir des ordres pour mener en séance ce combat retardateur. Je comprends aussi que même si ces hélicoptères sont inclus dans les moyens mis à la disposition de la force d'observateurs, on ne se pressera pas pour les financer et les mettre en place. Je garde en souvenir une réunion assez pénible avec des Américains dont certains, par leur mine, semblaient clairement hostiles à la mise sur pied de cette unité de surveillance.

La conclusion de ces discussions-palabres est heureusement un peu plus positive. L'ambassadeur Pringle, Catherine Boivineau et Hervé Ladsous, avec le concours d'autres représentants, ont commencé à amender le texte de la future résolution. La France *« approuve »* (terme consacré) le rapport Baril ; la position définitive américaine n'est pas encore sûre… Différentes modalités sont précisées, dont l'arrivée du précurseur dans les quinze jours, etc.

À l'issue de cette rencontre trilatérale, les représentants du Brésil, pressenti pour participer à la force, demandent à voir la mission française. Ils sont inquiets des mises en garde des Américains et sans doute du FPR. Catherine

Boivineau et moi-même essayons avec un certain succès de les rassurer. Nous repartons du siège des Nations unies, après cette nouvelle longue discussion, avec le sentiment d'avoir répondu à leurs principales préoccupations. Le projet de résolution doit passer devant le Conseil de sécurité à partir du 14 juin (trois mois après le cessez-le-feu !) et devrait comprendre aussi une demande de rapport sur la future force internationale à déployer au Rwanda en appui des accords de paix…

En Somalie, pendant que nous étions à New York, la situation des forces internationales, auxquelles participent la France et les États-Unis, se détériore très gravement et 24 soldats Casques bleus pakistanais sont tués dans une embuscade ; trois mois plus tard, le 3 octobre, ce seront 18 soldats américains qui seront tués en voulant s'emparer du chef islamiste Mohamed Farrah Aidid. Ce sera un choc immense qui touchera non seulement l'armée américaine – mise localement en difficulté par des groupes armés incontrôlables –, mais aussi l'opinion publique américaine. C'est une violente gifle aussi à ceux de leurs responsables politiques et militaires qui avaient une approche fondée exclusivement sur la force, sans analyse plus fine du milieu, dont la connaissance des peuples locaux. À cette date[39], et depuis lors, jamais l'armée française n'a connu des pertes humaines de cette ampleur au combat dans aucune de ses interventions en Afrique et cela depuis la période des indépendances, en 1960. Le célèbre et bon film *La Chute*

39. Il convient cependant de rappeler que l'armée française perdit 10 parachutistes et eut 21 blessés dans une embuscade à Bedo dans le Nord du Tchad, le 11 octobre 1970. On n'en parla que très peu dans la presse et même dans l'armée.

du faucon noir, sorti au début des années 2000, met en valeur le grand courage des soldats américains, mais aussi leurs modes d'action inadaptés et la faiblesse du commandement onusien dans les moments les plus délicats. Nous avions déjà notée cette dernière caractéristique à plusieurs reprises dans les Balkans. À la suite de cette triste affaire de Mogadiscio[40], le président Clinton annoncera le retrait des dernières forces américaines en soutien de l'ONUSOM, le 31 mars 1994.

Ce très grave fiasco marque la fin de la grande confiance des Américains dans leur politique menée en Afrique depuis 1990 et explique, peut-être, leur totale et très regrettable inertie lorsque la catastrophe annoncée se produira au Rwanda… huit jours plus tard. Dans ce dossier rwandais complexe, qui ne peut pas être considéré isolément, il est important de suivre tous les évènements internationaux qui interfèrent avec les politiques française et américaine : élections en France et cohabitation, autres crises en Afrique et dans les Balkans, cuisant échec américain dans une intervention en Afrique.

Les autres ? Les Russes sont hors jeu pour quelques années, les Chinois encore beaucoup trop faibles en Afrique, les Britanniques en veilleuse ; c'est 1993. En 2020, les rapports de force ont profondément changé, la présence de la Chine et celle, dans une moindre mesure, de la Russie sont devenues des réalités.

40. Continue Hope : 4 000 combattants américains et 2 600 soldats affectés au soutien logistique de l'ONUSOM II, en parallèle d'une force de réaction rapide *(quick reaction force)*. Cette dernière formation était placée sous une chaîne de commandement uniquement américaine.

Résolution 846[41] du 22 juin 1993

Une réunion Coopération-Défense se tient en présence des deux nouveaux directeurs de cabinet, Antoine Pouilleute et François Lépine. C'est avec satisfaction que nous enregistrons à Paris ce vote de la résolution 846, le 22 juin, par le Conseil de sécurité. Le texte, qui figure en annexe, donne naissance à la MONUOR, la mission d'observation des Nations unies en Ouganda et au Rwanda. « Cette mission devra vérifier qu'aucune assistance militaire ne parvient au Rwanda. »

C'est tout de même insuffisant, les Américains vont faire en sorte que cette unité ne dispose pas rapidement des hélicoptères demandés. En théorie, la MONUOR devrait être un frein aux velléités du FPR de reprendre l'offensive. Ainsi le processus d'Arusha pourrait aller à son terme sans inquiéter outre mesure les gouvernementaux. Dans les jours qui suivent, le colonel Cussac me parle des difficultés internes du gouvernement rwandais, très divisé sur le texte des futurs accords portant sur l'armée rwandaise, lesquels sont totalement contraignants. Les débats seraient très vifs entre les ministres. Dans les FAR, certains officiers sont résignés et peu optimistes. Le ministre des Affaires étrangères, Boniface Ngulinzira, est toujours à Arusha pour mener les discussions finales et le Premier ministre est violemment pris à partie par de nombreux ministres. L'un et l'autre seront démis et remplacés quelques jours plus tard.

À New York, le général canadien Roméo Dallaire est désigné par l'ONU pour être le premier chef de cette mission

41. Résolution 846 en annexe 2.

d'observation, qui se déploiera à partir de fin août et sera en place fin septembre, plus de cinq mois après le cessez-le-feu ! Que ne peut-on faire en cinq mois !? Dallaire deviendra par la suite le chef de la MINUAR[42] et connaîtra les affres terribles de la période du génocide, qui le marquera fortement et durablement. Quand j'ai su que c'était un officier canadien qui était nommé pour assurer le bon passage de relais dans ce moment extrêmement difficile, j'ai eu le sentiment, jamais démenti, que l'on envoyait sur un « volcan » un officier, sans aucun doute de grande qualité, mais qui ne connaissait pas grand-chose à l'Afrique et rien au Rwanda. Il l'a dit lui-même. Je n'ai jamais été en mesure de dire qui l'ONU aurait pu envoyer à sa place, mais je peux écrire, sans reprocher quoi que ce soit de personnel à Roméo Dallaire, que j'étais pessimiste tant les deux parties qui recherchaient (ou non) la paix étaient difficiles à comprendre et à modérer. Le « casting » a toujours de l'importance, y compris, naturellement, dans le domaine des opérations militaires. Il faut bien évaluer la difficulté de la mission confiée et rechercher la personnalité qui aura les connaissances, le caractère et l'envergure pour aller vers le succès.

Dans le cas de Roméo Dallaire, il y avait une carence importante, notamment de connaissances ; mais les pays éventuels contributeurs avaient-ils d'autres candidats ? Je ne le crois pas, sauf peut-être la Belgique que nous avions sollicitée par différents canaux. La Belgique avait ses raisons pour éviter cette responsabilité. Ce passage de relais à l'ONU comportait bien le risque de mettre l'organisation internationale en difficulté. Elle l'était déjà sur d'autres

42. Mission des Nations unies pour l'assistance au Rwanda qui se prolongera sous différents formats jusqu'en 1996.

théâtres d'opérations dans le monde, penserez-vous, et vous aurez raison. Ce passage était voulu par la communauté internationale, accepté par les États-Unis et les deux parties en conflit comme seule position possible, et enfin désiré par le gouvernement français qui voulait « sortir » du Rwanda. Ne parlons pas des partisans français du FPR qui l'attendaient depuis toujours. Je n'ai jamais connu le sentiment du Président sur ce point, mais je pense qu'il devait douter de l'efficacité du processus via l'ONU. Son proche collaborateur Hubert Védrine serait mieux placé que moi pour le dire.

À l'issue de cette mission à New York, je crois que je peux presque boucler mon chapitre personnel rwandais et que ma participation directe est finie. C'est dans la logique des choses puisque le passage de relais avance, même si c'est lentement. Les structures traditionnelles doivent jouer leur rôle aussi bien à Kigali, avec l'attaché de défense, qu'au COA, qui contrôle tous les déploiements de forces françaises dans le monde. À moyen terme, avant la fin de l'année, tous les soldats français auront quitté le Rwanda. Si c'est une conséquence des accords d'Arusha, alors la mission de Noroît aura été remplie.

Contrairement à ce que certains ont cru pouvoir écrire, il n'y a pas différentes politiques dès qu'il s'agit de soldats français en Afrique ; il y a celle fixée par le Président, mise en œuvre par le gouvernement, et appliquée par le CEMA qui commande toutes les opérations militaires. On a beaucoup glosé sur le jeu de l'état-major particulier du Président, pour moi il a rempli son rôle. Le général Quesnot et le colonel puis général Huchon (de 1991 à 1993) étaient actifs, certes, mais n'était-ce pas aussi leur rôle ? Ces officiers avaient de fortes personnalités; personnellement, je préfère cela à l'inverse. Cet état-major particulier travaillait aussi avec la cellule diplomatique et naturellement avec le secrétaire général de l'Élysée, Hubert Védrine.

Dans le cas de la cohabitation, que nous vivions à la fin de 1993, François Mitterrand et Édouard Balladur avaient à s'assurer de la cohérence de la politique étrangère française. En ce sens, ils partageaient tous les deux la totale responsabilité du cap choisi et donné au militaire comme au diplomate. Le CEMA est le garant de la mission donnée aux forces françaises, et avec l'Amiral je n'ai vu aucune faille entre le politique et le militaire. Il est bon de le répéter, même si les périodes de cohabitation sont plus délicates tant les accords entre les hautes autorités sont autant de compromis subtils parfois difficiles à réaliser. Quant au colonel que j'étais, « ni général ni 2e classe », il sert maintenant en reprenant ses autres dossiers.

Les affaires rwandaises avancent et elles ne sont plus une priorité à l'état-major des armées tant les questions militaires sont nombreuses dans les Balkans et en Somalie, sans oublier, à une échelle moindre, les situations de crise : le Togo, la RCA, le Tchad et, très régulièrement maintenant, le Cambodge. Là-bas, il est question de rétablir une coopération militaire. Le ministre de la Défense, François Léotard, et le CEMA, lors d'une réunion sur le Cambodge – à laquelle j'assiste –, réfléchissent à une visite à Phnom Penh qui pourrait cautionner le processus politique en cours à la suite des accords de Paris. La délégation envoyée pourrait débattre d'une coopération bilatérale avec la partie cambodgienne. Une force des Nations unies est en place et la participation française, une fois encore, importante.

Chapitre 13 – Les accords d'Arusha et la MINUAR (août-décembre 1993)

Les accords d'Arusha du 4 août 1993

Anastase Gasana a remplacé Boniface Ngulinzira comme ministre des Affaires étrangères du Rwanda et est chargé de terminer les négociations d'Arusha. C'est un Hutu modéré, qui survivra à l'année 1994 et fut même par la suite, un temps, durant l'ère Kagame, ambassadeur du Rwanda aux États-Unis. Le nouveau Premier ministre est Agathe Uwilingiyimana, elle aussi hutue, modérée et d'opposition. Les dernières difficultés portent sur l'intégration des membres de l'APR et le licenciement de près des deux tiers des FAR. Les gouvernementaux ne garderaient qu'environ 9 000 hommes sur 25 000 dans la nouvelle armée. Les autorités rwandaises finissent par accepter les demandes plus que fermes du FPR, et l'accord définitif[43] est signé le 4 août 1993, après plus d'un an d'allées et venues. En théorie, les uns et les autres sont arrivés au résultat souhaité : le FPR a pu faire valoir une grande partie de ses demandes, le

43. Les accords d'Arusha sont reproduits en annexe 3. Ici sont présentés les textes principaux signés par les présidents rwandais et du FPR. D'autres textes complètent les précédents en couvrant tous les domaines relevant de l'État. Ils sont facilement consultables.

gouvernement de transition dirigé par l'opposition a gagné le retour à la paix, le président Habyarimana, incapable de gagner sur le terrain – tout comme le FPR –, accepte finalement le partage du pouvoir.

Les plus extrémistes des deux camps restent vraisemblablement focalisés, pour les uns, sur le fait que Habyarimana soit encore président et, pour les autres, que le FPR, à dominante tutsie, ait obtenu une position exorbitante, au regard de son poids démographique, voire politique, aucune élection n'étant prévue à court terme. Ces accords d'Arusha seront petit à petit marginalisés dans l'histoire du Rwanda, révisée, revisitée et réécrite aujourd'hui à Kigali ; les historiens locaux ne considèrent plus ces discussions (d'une année) comme ce qui fut la solution privilégiée par le FPR et par les gouvernementaux dans leur espoir de paix. Les uns et les autres, incapables de gagner sur le terrain des armes, avaient été contraints au tapis vert des négociations. Cela est l'histoire telle qu'elle est, avant toute forme de révisionnisme d'où qu'il vienne.

Associées aux accords d'Arusha, des mesures de confiance sont élaborées pour garantir la mise en place de ceux-ci ; après l'arrivée d'une force de l'ONU, les derniers éléments de Noroît quitteront Kigali. Puis un bataillon de l'APR, sans ses armes lourdes, viendra à Kigali même se cantonner et ainsi de suite. Ce mécanisme progressif, délicat, se déroulera sous la supervision de l'ONU. En lisant fin août le texte de l'accord final, on pouvait penser que les pays, dont la France et les États-Unis, qui avaient poussé et encouragé les protagonistes à rechercher un accord par le *sharing power*, avaient atteint leur objectif. Il restait à le mettre en œuvre, partie délicate pour laquelle les « parrains » seraient de simples observateurs abandonnant à l'ONU la maîtrise des actions politiques, diplomatiques et militaires. C'était un défi atteignable avec de la bonne volonté chez les uns et les autres. À mon humble niveau, je n'avais plus rien à faire, et à l'état-major des armées seule la présence de nos forces, 150 hommes, restait l'une des préoccupations du COA. Le ministère de la Coopération, de son côté, voyait logiquement s'éteindre petit à petit la coopération militaire qui n'aurait plus la même place dans l'organisation future de l'instruction de l'armée rwandaise.

Était-ce une crise bouclée ? Nous l'espérions tous, du moins ceux qui avaient eu un intérêt pour ce pays, et j'ai répété bien des fois combien peu nombreux nous étions à nous intéresser à ce qui se passait au cœur de l'Afrique. D'aucuns, une petite poignée, à la direction des affaires stratégiques du ministère de la Défense, démontraient dans des notes, toujours très cohérentes au regard des critères retenus, le peu d'intérêt stratégique du Rwanda pour la France. Ils avaient sans doute raison, mais la politique ne se fait pas dans des bureaux de fonctionnaires, même clairvoyants. Ils ont pu, comme Pierre Conesa, rappeler leurs mises en garde une fois passé le génocide de 1994, mais c'est ainsi… la politique extérieure de la France ne s'est jamais décidée sur la rive gauche de la Seine. Le CEMA traitait logiquement tous ses autres sujets de préoccupation et en premier lieu les Balkans, où des évènements toujours plus graves se produisaient.

Aurions-nous pu agir différemment ? On peut toujours se poser la question vingt-sept ans plus tard. Ma réponse, celle d'un officier un temps embarqué dans cette gestion de crise, est : « Vraisemblablement non. » Et cela, à partir du moment où l'option de l'intervention directe avait été rejetée rapidement par le Président. Cette dernière option n'a jamais été en phase avec nos intérêts stratégiques dans la région. Les diplomates français, avec le recul, pourraient-ils mieux y répondre ? Je n'en suis pas certain.

La responsabilité des Rwandais est de mettre en œuvre, à partir du 4 août, ce qui doit être la garantie de leur avenir commun. À Kagame et à Habyarimana la responsabilité de contrôler leurs propres extrémistes ; l'ont-ils pu et voulu ? Difficile d'être catégorique. Là encore, les historiens pourront peut-être un jour le dire ou formuler l'hypothèse la plus probable. Habyarimana n'écrira pas ses Mémoires et Kagame, ou l'un de ses proches, ne l'a pas encore fait ; la réécriture de l'histoire est un danger pour la recherche de la vérité. Hubert Védrine, régulièrement, rappelle la politique voulue par le président Mitterrand, c'est la référence qui est exprimée très clairement.

Les responsables américains de la politique africaine à l'époque où Bill Clinton était président me semblent avoir déjà trop vite oublié leur rôle de soutien au *sharing power*, pour reporter *de facto*, sur la France, une part de responsabilité qui n'est pas la sienne. En 2019, les déclarations de l'ancienne secrétaire d'État pour les affaires africaines, dans le film de Christophe Klotz sur la tragédie du Rwanda, sont pour le moins équivoques à cet égard.

L'un des points importants, et même déterminants, était le désarmement et le renvoi à la vie civile des soldats des FAR non retenus dans la future armée. Les Américains s'étaient faits les chantres du retour à la vie civile d'anciens soldats, mais pour cela, encore fallait-il qu'une politique, onusienne ou pas, suive la question afin que les financements *ad hoc* soient effectivement en place. Il n'en fut, hélas, rien et je cite plus loin un extrait en anglais d'un article du *National Security Archive*, écrit par Emily Willard en 2014, qui est explicite, comme le témoignage de l'officier américain qu'il contient : « The RPF and Rwandan government negotiated pensions for demobilized soldiers, as part of the demobilization program agreed upon in the Arusha Accords, but neither the RPF nor the government could afford to pay for the pensions. Major Beardsley explains the international community's failure to secure funding for the demobilization program: "We had to go out with hat in hand saying, who's going to pay for these pensions? Well, the IMF [International Monetary Fund] said, we don't do that. The World Bank said, we don't do that. The U.N. says, we don't do that. So, we said well, we better start figuring out who's going to do it, because when we get all these soldiers into demobilization camps, and they've been promised this, and they know it, and they don't get it, there's going to be trouble."[44] »

44. « Le FPR et le gouvernement rwandais ont négocié des pensions pour les soldats démobilisés, dans le cadre du programme de démobilisation convenu dans les accords d'Arusha, mais ni le FPR ni le gouvernement ne pouvaient se permettre de payer les pensions. Le major Beardsley explique l'échec de la communauté internationale à obtenir des fonds pour le programme de démobilisation : "Nous avons dû sortir le chapeau en main en disant : qui va payer ces pensions? Eh bien, le FMI [Fonds monétaire international] a dit 'Nous ne faisons pas cela'. La Banque mondiale a déclaré 'Nous ne faisons pas cela'. L'ONU dit 'Nous ne faisons pas cela'. Alors, nous nous sommes dit que nous ferions mieux de commencer à déterminer qui allait le faire, parce qu'une fois tous ces soldats regroupés dans des camps de démobilisation, s'ils n'obtiennent pas cette pension alors qu'on leur a promis, il va y avoir un problème. »

Ainsi, l'un des points clés des accords ne trouve pas de soutien de la part de la communauté internationale, des États-Unis en particulier, qui avait soutenu ces négociations. Il y a là une faute politique qui relève plus de l'indifférence que de l'incompétence, ou peut-être des deux. Rien ne se passera les mois suivants, si ce n'est la naissance d'un effet pervers : la peur de bien des soldats FAR d'être rendus à la vie civile sans aucun dédommagement tout en ayant le sentiment de ne pas avoir été battus. Cela donne évidemment aussi la possibilité aux extrémistes hutus de dénoncer la « trahison d'Arusha » et l'abandon des légitimes aspirations d'une partie majoritaire de la communauté rwandaise. À Paris, je ne m'aperçois pas de l'absence de financements, ce suivi ne rentre pas dans ce qui m'est demandé et je considère que tous ces aspects du suivi des accords doivent être pris en compte par les diplomates. Je ne saurais dire si ce fut fait et comment. La faillite du programme de démobilisation est l'un des ingrédients de la situation très tendue du début de l'année 1994. De l'inquiétude naît la peur, de la peur ; hélas, souvent la haine.

Missions au Cambodge

Dès la mi-août, l'amiral Pierre Calmon, inspecteur général des armées, est désigné pour effectuer une première mission auprès des autorités cambodgiennes pour étudier en quoi la France pourrait apporter son aide au moment où l'armée cambodgienne doit se réorganiser profondément. Le Cambodge est majoritairement contrôlé par les forces de Hun Sen, qui détient le pouvoir depuis l'époque où les Khmers rouges ont été chassés de la capitale par l'armée vietnamienne en 1979. Les Khmers rouges tiennent encore des zones au sud-ouest près de la frontière thaïlandaise et dans une forêt au nord de Siem Reap. Les républicains sont installés près de Battambang, à l'ouest, et les royalistes au nord-ouest près de la frontière thaïlandaise. À ces forces s'ajoute le contingent des forces de l'ONU, l'APRONUC[45], qui doit s'assurer de la bonne mise en place des accords de Paris. J'ai été désigné par le CEMA pour accompagner l'amiral Calmon qui effectuera une mission du 21 août au 5 septembre. Il doit essayer d'imaginer et de proposer un modèle d'armée que la coopération française, et d'autres, pourraient soutenir.

Le général Huchon, nouveau chef de la mission militaire de coopération, successeur du général Varret, participe à la mission. Le colonel Henri Bentégeat[46] lui succède ; au cabinet du ministre, le colonel Michel Rigot a pris la relève du général Fruchard. Les hommes changent, mais leurs missions demeurent, en particulier pour le suivi des crises en Afrique auprès de leurs autorités. Tous les deux sont des officiers des troupes de marine. Le colonel Rigot est un ancien chef de corps du 1er RPIMa et a participé à plusieurs opérations extérieures.

Au Cambodge, nous sommes dans une sortie de crise accompagnée par la communauté internationale avec là aussi des questions de démobilisation, de regroupement et d'amalgame. Les autres problèmes sont nombreux comme ceux du déminage, des déplacés, des exilés et enfin des groupes de Khmers rouges encore actifs. Les principaux

45. Autorité provisoire des Nations unies au Cambodge qui compte 16 000 soldats, dont 1 200 Français.
46. Nommé CEMA à la fin de 2002.

entretiens ont lieu dans la capitale avec ceux qui exercent l'essentiel du pouvoir. J'ai noté que pour donner des explications sur la démobilisation d'anciens militaires, nous citons des exemples de ce qui se fait au Tchad, au Zaïre, en Angola et même au Rwanda ! On rappelle aussi les principes sur le versement de la solde, toujours nécessaire, et la discipline à maintenir. Évidemment, nous insistons aussi sur l'absolue nécessité de diminuer le nombre de militaires pour pouvoir consacrer le budget national à la reconstruction. Nous n'hésitons pas à prendre pour exemple la déflation des effectifs à la fin de la guerre d'Algérie. Le financement de toutes les mesures de démobilisation est aussi abordé, mais la France ne peut se substituer à la communauté internationale ou au Cambodge pour ce volet. Nous recherchons quels sont les domaines où l'envoi d'experts français au titre de la coopération serait le plus utile. C'est l'amiral Calmon qui fera le rapport de mission accompagné de propositions de coopération.

Je ne vais pas conter cette mission passionnante de par ses rencontres des différents chefs politiques et militaires cambodgiens, ni décrire la personnalité complexe de Hun Sen – toujours au pouvoir en 2019 – qui reçut longuement l'amiral Calmon et la délégation française. Est-ce le souvenir du génocide qui explique pourquoi la communauté internationale fut plus attentive à la sortie de crise au Cambodge qu'à celle du Rwanda. Je répondrai par l'affirmative. La délégation visite aussi dans la capitale le centre numéro 1, ancienne école coloniale transformée en camp de torture et d'élimination par les Khmers rouges. Terrible ! Je revisiterai ce lieu de mémoire en 2015 avec les mêmes impressions.

Au retour, je rends compte verbalement à l'amiral Lanxade de ma mission auprès de l'amiral Calmon et il me dit son intention d'aller au Cambodge pour finaliser un premier accord avec les Cambodgiens et visiter les troupes françaises sous béret bleu. Enfin il me donne quelques indications pour la préparation de cette mission qui se poursuivra par un court déplacement en Malaisie.

Durant la même période, une délégation de l'EMA, à laquelle je participe, se rend aux quatre journées dédiées à la commission plénière de coopération avec le Maroc, la plus importante dans le bassin méditerranéen. L'Amiral rejoint sa délégation à Rabat pour finaliser avec le prince héritier les décisions du haut comité. Une réception, avec tout le faste traditionnel marocain, clôture ce déplacement dans la superbe résidence royale de Skhirat. C'est l'occasion pour le roi Hassan II de dire quelques mots amicaux et, pour les Français présents, d'observer les rites de fidélité des généraux marocains au roi, très impressionnants quand on se remémore un passé pas si lointain et douloureux pour le roi Hassan II. La relation de la France avec le Maroc, et vice versa, est toujours entretenue avec la plus grande vigilance.

Le 7 octobre se tient une réunion au ministère des Affaires étrangères sous la direction de Claude Blanchemaison, directeur Asie, où il est débattu du projet d'accord franco-cambodgien, d'une lettre du ministre de la Défense à son homologue et d'un plan d'action de la mission militaire de coopération. Le général Huchon s'interroge sur le sérieux du démarrage de celui-ci vu la faiblesse des moyens financiers disponibles, ce qui n'est pas l'avis de Blanchemaison mais, enfin, la mission est finalisée.

Du 11 au 13 octobre, je fais partie d'une mission Défense-Affaires étrangères à Doha pour travailler sur les termes exacts de chacun des articles du futur accord de défense entre la France et le Qatar. Nous arrivons à des projets d'articles acceptables par les deux parties. Les discussions ont été très serrées. L'accord de défense sera signé en 1994.

Le CEMA et sa délégation arrivent le 16 octobre à Phnom Penh, et les entretiens au plus niveau se succèdent. J'ai noté l'essentiel des propos de Hun Sen à l'Amiral. Les difficultés cambodgiennes ne sont pas sans similitude avec les problèmes politiques et militaires rwandais, notamment ceux de la future armée. C'est pour cela que je souhaite tout de même les rapporter avec une certaine précision en annexe 6.

L'Amiral inspecte le contingent français de l'APRONUC. L'ONU est en force au Cambodge avec un contingent important de nombreux, que dis-je, de dizaines d'hélicoptères… principalement des MI8 et des MI17 d'origine soviétique. Quand la volonté est là, l'ONU peut installer des forces conséquentes. Elles sont ici nombreuses, bien équipées, opérant « sous chapitre 7 », lequel permet l'emploi de la force en cas d'obstruction à la mission des forces de maintien de la paix. Justement, la résolution 872 concernant le Rwanda a été votée aux Nations unies entre les deux missions au Cambodge. La paix, la sécurité et même le développement sont depuis revenus au Cambodge, pour les libertés individuelles, on peut en discuter…

Comment repartir sans contempler les temples d'Angkor ? C'est toujours une zone de guerre, aucun touriste, mais des mines par milliers en train d'être relevées par des hommes en tenue militaire. Quelques espaces sont déjà libres grâce à eux. Après Angkor Vat dans sa grandeur majestueuse, un savant de l'École française d'Extrême-Orient nous présente l'immense puzzle de pierres gisant aux pieds des ruines du temple royal de Baphuon. Le temple du Ta Prohm est celui qui m'impressionne le plus. La végétation a le « droit » d'entourer, de pousser, de décorer les pans du temple dans un enchevêtrement merveilleux. Les gigantesques fromagers déploient leurs branches et racines dans un affrontement inégal, mais encore courtois, avec les pierres taillées et sculptées d'un monde ancien presque disparu. Je me promets de revenir.

Résolution 872, création de la MINUAR

À l'ONU, les travaux se sont poursuivis d'abord au secrétariat général, puis au Conseil de sécurité. Les diplomates français, que ce soit à New York ou à Paris, ont été plus qu'attentifs à leurs avancées. À juste titre, ils peuvent considérer que le vote par le Conseil de sécurité de la résolution 872[47] le 5 octobre est un succès. Cette résolution doit aider la mise en œuvre de l'accord de paix d'Arusha signé le 4 août. Le mandat de cette force comprend six points importants et parfaitement logiques qu'il convient de citer. Certains seront très difficiles à faire appliquer :

« Contribuer à assurer la sécurité de la ville de Kigali, notamment à l'intérieur de la zone libre d'armes établie par les parties s'étendant dans la ville et dans ses alentours ;

47. La résolution 872 est reproduite en annexe 4.

– superviser l'accord de cessez-le-feu, qui appelle à la mise en place de points de cantonnement et de rassemblement et à la délimitation d'une nouvelle zone démilitarisée de sécurité ainsi qu'à la définition d'autres procédures de démobilisation ;

– superviser les conditions de la sécurité générale dans le pays pendant la période terminale du mandat du gouvernement de transition, jusqu'aux élections ;

– contribuer au déminage, essentiellement au moyen de programmes de formation ;

– examiner, à la demande des parties ou de sa propre initiative, les cas de non-application du protocole d'accord sur l'intégration des forces armées, en déterminer les responsables et faire rapport sur cette question, en tant que de besoin, au secrétaire général ;

– contrôler le processus de rapatriement des réfugiés rwandais et de réinstallation des personnes déplacées, en vue de s'assurer que ces opérations sont exécutées dans l'ordre et la sécurité. »

Jacques-Roger Booh Booh, ancien ministre camerounais, est nommé représentant spécial du secrétaire général de l'ONU, Boutros Boutros-Ghali, au Rwanda. Cet officiel de haut niveau, beaucoup moins connu que le général Dallaire, est pourtant son chef. Leurs relations furent mauvaises et ils s'accusèrent mutuellement de bien des maux dans des livres qu'ils écrivirent il y a quelques années. Je n'ai jamais rencontré Booh Booh et très peu entendu parler de lui à cette époque. Il est tout aussi exact qu'il ne me parut pas très actif dans la phase décisive précédant l'attentat contre le président Habyarimana. Il est difficile de constituer de bons binômes pour des missions manifestement délicates, mais en l'occurrence, ce fut un échec prémonitoire pour l'ONU.

MISE EN PLACE DE LA MINUAR ET DÉPART DE NOROÎT

L'objet de ce livre n'est pas de raconter l'histoire et les déboires de cette force onusienne, d'autres sont mieux placés que moi pour le faire. Voici cependant quelques éléments sur son déploiement et son installation, indispensables à la continuité du récit.

La MINUAR doit comporter environ 2 300 hommes et les principaux contributeurs sont le Bangladesh, la Belgique et le Ghana. Ce nombre est rapidement jugé insuffisant par le général Dallaire, qui demandera 3 000 hommes supplémentaires, lesquels ne seront pas accordés par New York. En novembre, il demande aussi l'application du chapitre 7 pour pouvoir exécuter en sécurité des saisies de caches d'armes et, si nécessaire, répondre ou s'opposer par la force à des crimes ou des violations des accords. Il ne lui fut jamais rien répondu. À titre de comparaison, l'ONU envoya 16 000 hommes au Cambodge (dont 1 200 Français). On peut se demander : pourquoi si peu pour le Rwanda? Qui a bloqué ces demandes? Pourquoi? Voici encore un espace de recherche pour les historiens.

La France, soulagée de passer le relais, ne se sentait pas vraiment en position pour soutenir activement (comme disent les diplomates) de nouvelles demandes, mais tous les autres? Et notamment nos amis américains et britanniques? Les États-Unis ne semblent plus croire à l'efficacité de forces de maintien de la paix, alors pourquoi gâcher de l'argent? Un haut représentant de l'administration américaine le dira explicitement et ces propos seront repris dans le rapport de la commission d'information de l'Assemblée nationale en 1998. Le général Dallaire fera ce qu'il pourra dans les premiers mois et il dira, avec raison, qu'il a tiré sur la sonnette d'alarme. Aurait-il dû « rendre son tablier » ? Il a peut-être donné la réponse dans son livre que je n'ai que parcouru ; mais enfin, c'est une règle militaire pour un chef que de le faire quand les moyens opérationnels alloués ne sont manifestement pas en accord avec la mission donnée, et que le refus de l'autorité politique est tout aussi manifeste en dépit de demandes claires et argumentées.

Le 13 décembre 1993, les derniers hommes de la dernière compagnie de Noroît partent de Kigali. C'est la fin de la présence militaire française. Il ne reste plus qu'une poignée de coopérants et non pas « des coopérants militaires français et belges partout, et [qui] en plus, ne me disaient rien », comme l'a affirmé sottement le général canadien Roméo Dallaire, dans le film de Klotz en 2019 (*Retour à Kigali, une affaire française*). Encore des propos inconséquents qui ne font qu'entretenir rumeurs et fantasmes. Que les derniers coopérants militaires aient été distants vis-à-vis de lui, c'est possible ; par contre, il y a manière et manière d'aborder d'autres officiers étrangers en mission et de développer des liens de confiance ; et on peut penser que Dallaire ne savait pas y faire, en tout cas on peut le déduire d'après ce qu'il a dit publiquement dans ce documentaire récent.

Un peu plus de trois ans de présence à Kigali, pour les unités françaises, ce n'est pas une durée particulièrement longue quand on la compare à celle d'autres dispositifs en place dans le cadre de l'ONU, ou à celles d'opérations actives actuellement, notamment celles luttant contre le terrorisme dans le Sahel. À titre d'exemple, l'ONU mit en place la FINUL au Liban en 1978. Elle dure depuis plus de quarante ans et la France y contribue depuis le début ! Pour le moment, le processus fixé à Arusha se déroule comme prévu. Le départ de la dernière unité de Noroît ne trouble personne et la nouvelle est peu, ou pas du tout, commentée dans les médias. Moi-même je la reçois évidemment sans aucune surprise ; au COA le dossier est clos. Ce qui avait été accepté par les autorités françaises (François Mitterrand et Édouard Balladur) est maintenant effectif.

Dernier contact avec le colonel Marley

Le même jour, 13 décembre, je rencontre à Paris l'officier américain, le lieutenant-colonel Anthony Marley du State Department, qui était venu me voir à Kigali. Il est accompagné d'Howard Perlow, premier secrétaire à l'ambassade américaine à Paris, et du colonel Williams, chargé de coopération militaire. Rien de mémorable, c'est dire, dans les échanges convenus que nous avons dû avoir lors de cette réunion. Seule cette coïncidence de date m'a marqué, curieusement. N'avions-nous plus rien d'intéressant à nous dire ? Et pourtant se pose toujours la question de la démobilisation de soldats rwandais avant de former la nouvelle armée nationale composée, pour ce qui concerne les officiers, à 50 % d'hommes de l'APR. De plus, le format sera plus réduit que celui des FAR actuelles.

Trois mois plus tôt, le colonel Sébastien Ntahobari, attaché de défense rwandais à Paris, était venu me voir pour me dire à peu près ceci : « La cohabitation entre les différents combattants FAR et APR ne devrait pas poser de problème. La question, c'est la démobilisation, avec tout le personnel qui perd son emploi ! Pour la gendarmerie, la démobilisation touchera environ 1 000 personnes. Pour les FAR, ce serait 18 000 soldats, pour qui se sera un drame. La plupart sont originaires du nord-ouest du pays [région de Ruhengeri]... »

Les Américains n'apportaient aucun élément de réponse et pourtant ils avaient encouragé cette solution d'armée mixte... pourquoi pas, mais attention aux apprentis sorciers. Le même Ntahobari m'a également dit que les réfugiés tutsis en Ouganda ne venaient pas chercher leurs nouveaux passeports, un seul l'a fait à Paris. La crainte est partout.

Fin décembre, la MINUAR garantit l'arrivée d'un bataillon FPR à Kigali, toujours dans le cadre des mesures de confiance des accords d'Arusha. Ce bataillon de 600 hommes de l'APR s'installe sans incident dans les vastes bâtiments du Parlement (CND) situés sur l'une des principales collines de la capitale. Il me remonte, par l'attaché de défense à Kigali, que l'APR a passé subrepticement des mitrailleuses lourdes au sein de ce bataillon et que la MINUAR, qui en aurait eu connaissance, n'aurait pas réagi. Faiblesse, laxisme, complicité ? Impossible à dire de mon poste.

L'année 1993 se termine, un seuil semble franchi au Rwanda. Seules demeurent, pour les quelques rares intéressés du ministère de la Défense, la lecture du télégramme diplomatique de l'ambassadeur Marlaud, qui a succédé à Martres, et celle des messages de renseignement du colonel Cussac. Rien ne semble facile, mais nous ne sommes plus acteurs *(acting)*. Ceux qui suivent les problèmes africains se concentrent davantage sur d'autres pays : le Mali, le Gabon, le Congo sans oublier le Tchad et la RCA. Un continent instable mais intéressant et attachant, je le concède.

À la réunion habituelle Coopération-Défense sur l'Afrique, le 21 décembre, le Rwanda n'est même pas évoqué. À l'ordre du jour, successivement, le Congo, le Tchad, Madagascar, le Burundi et aussi le Cambodge. La vigilance se poursuit concernant le Togo.

Et pourtant, on peut nourrir un optimisme raisonnable ; en Afrique du Sud, que d'avancées positives ! Deux présidents, le premier va succéder au second en 1994, ont reçu l'année écoulée le prix Nobel de la paix, Nelson Mandela et Frederik De Klerk. Ensemble, ils sont en train de réussir la transition entre le régime de l'apartheid et la nouvelle démocratie sud-africaine. Ils vont éviter une guerre civile entre les partisans de l'apartheid, le Congrès national africain (African National Congress, ANC) et la puissante Inkhata zoulou. Personne ne tentera d'éliminer physiquement l'autre, les extrémistes des trois bords seront contenus, ces deux personnalités se parleront directement. La transition prendra un peu de temps mais elle réussira. Début 1995, à l'occasion d'un voyage d'études de l'IHEDN, nous constaterons que si le pouvoir politique avait basculé à l'ANC, l'économie et l'armée étaient encore contrôlées par les Blancs. Habyarimana et Kagame auraient été bien inspirés de rechercher ensemble les conditions d'une véritable et sincère réconciliation adaptée au Rwanda. Ils n'auront jamais le prix Nobel de la paix ! « Là où il y a une volonté, il y a un chemin », disait Lénine. Certes, mais dans quel but ?

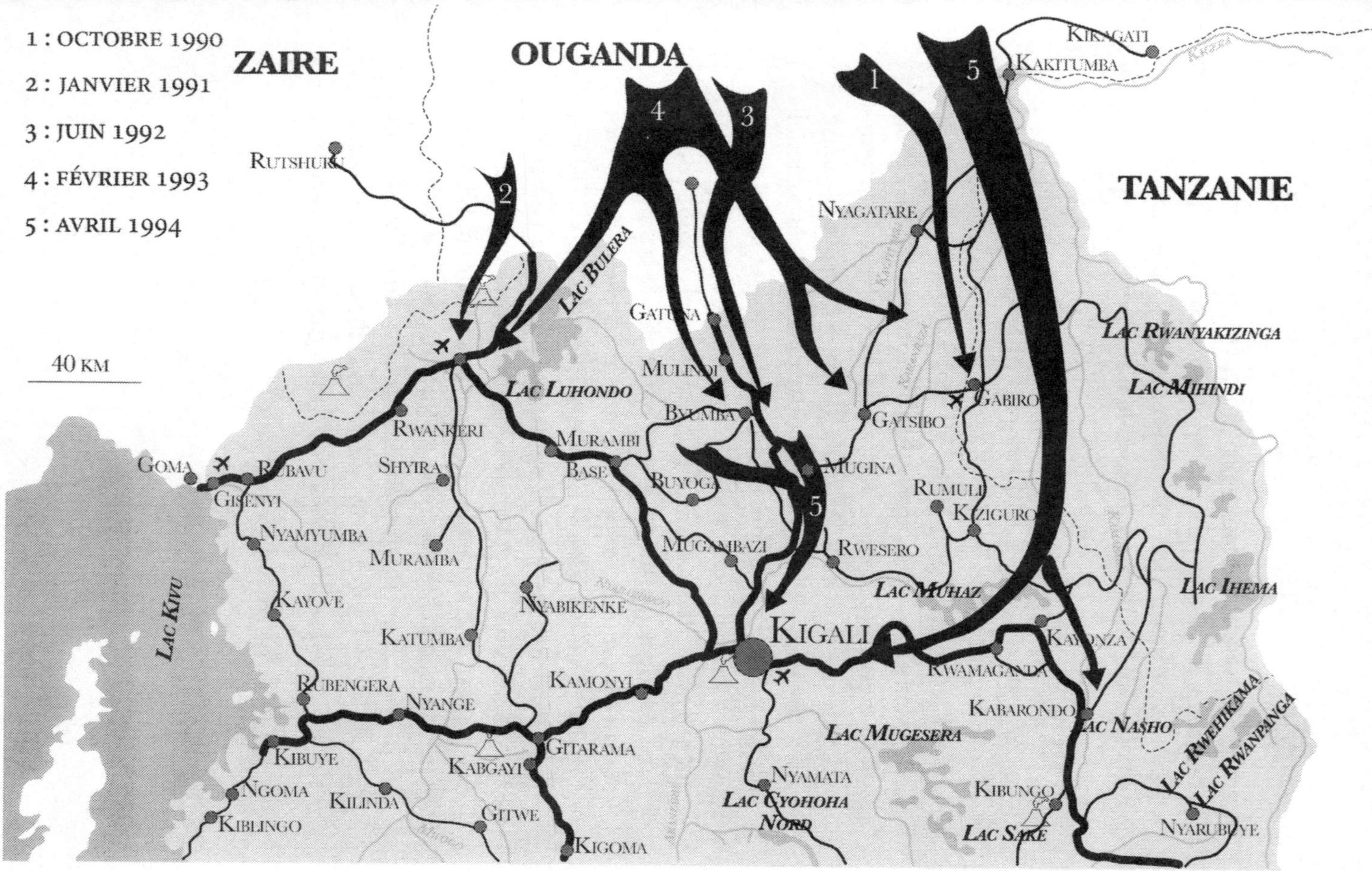

LES OFFENSIVES DU FPR

Chapitre 14 – De la chute au génocide (janvier-septembre 1994)

L'armée française n'est plus au Rwanda depuis la mi-décembre, seuls demeurent quelques coopérants militaires dans la structure de l'armée rwandaise. Leur qualité ne compense pas leur très faible nombre, ils poursuivent l'instruction là où ils sont. Je rappelle que le cessez-le-feu tient. Légitimement, je pourrais arrêter ce témoignage sous forme de Mémoires centrés sur le Rwanda, car mon rôle va devenir secondaire dans la phase finale, celle de l'évacuation des ressortissants et de l'opération humanitaire Turquoise. Néanmoins, « l'expert » que je peux représenter pour certains sera encore interrogé au moment du montage des opérations citées. Vous comprendrez aussi pourquoi je n'ai pas eu de rôle actif durant Turquoise, ce que j'ai parfaitement admis. Voici cependant ce que j'ai su et compris de cette chute vertigineuse qui allait engendrer des massacres multiples, un génocide, et aussi une tentative portée courageusement par la France et son armée pour sauver ce qui pourrait l'être dans le brasier qui s'offrait à la vue de toute la communauté internationale.

Les premiers mois de 1994 passent et les difficultés de mise en place des accords d'Arusha se font de plus en plus visibles pour qui s'y intéresse. Je n'ai pas de mission spécifique pour suivre ce dossier, qui doit l'être, pour l'état-major des armées, par la DRM et, dans une certaine mesure, par le général Roques, et qui est naturellement suivi ailleurs par les différents responsables des ministères concernés comme par l'Élysée.

Les fissures s'élargissent

Pour ma part, je travaille sur différents dossiers de mon domaine et j'effectue des missions en RCA, au Tchad puis en Tunisie. Évidemment, dans ce dernier pays où la situation est bonne, la coopération militaire peut dérouler son volet formation sur le moyen terme au sein d'une armée vigilante. Il me faut attendre le 4 février pour avoir un contact téléphonique avec le colonel Cussac à Kigali qui me donne son sentiment. Les Rwandais observent ce qui se passe au Burundi, où assassinats et attentats se sont multipliés. Cussac considère que la MINUAR a un dispositif logique à Kigali, mais que la présence du bataillon belge de la MINUAR est ressentie négativement ; les Belges ne font rien pour améliorer cette perception. Dans le cadre des contrôles routiers, les Casques bleus belges semblent focalisés sur les Français. Tout se passe néanmoins bien entre les chefs, conclut-il.

Le colonel Ntahobari, l'attaché de défense de l'ambassade du Rwanda, passe me voir à la mi-février. Il aimerait bien « qu'on les aide pour débloquer une situation devenant inextricable ». Il est vrai que tout paraît avancer si lentement : mise en place du nouveau gouvernement, installation des institutions, rien ne va. Je lève les bras en signe d'impuissance, la seule pression possible est celle de la France sur l'ONU chargée de conduire l'action. Je fais une petite note, sans espoir qu'elle suscite beaucoup d'attention. En tout cas, je me garde d'intervenir dans ce qui n'est plus que politique étrangère. À Kigali, le secrétaire général du Parti social-démocrate (PSD), Félicien Gatabazi, est assassiné, très certainement par des extrémistes hutus. Ses partisans déclenchent des manifestations dans les villes. Le colonel Cussac me téléphone le lendemain matin pour me dire que la nuit a été calme et que les magasins ouvrent. La population est partie travailler. Si on a noté quelques explosions habituelles, il n'y a eu aucune exaction ; en province aussi, le calme règne.

À la réunion Coopération-Défense du 1er mars, on traite de problèmes concernant le Cameroun, le Togo, le Tchad et Djibouti, rien sur le Rwanda… Juste après, et simple coïncidence, en représailles à l'assassinat du secrétaire général du PSD, le président de la CDR, Martin Bucyana, est à son tour assassiné par une foule en colère. Les risques d'embrasement sont grands. Le 3 mars, je téléphone à Cussac pour parler des télégrammes diplomatiques alarmants reçus de Kampala et de New York. Nous sommes, l'un comme l'autre, à court de propositions à faire à nos autorités, d'ailleurs « coup parti » comme dirait les artilleurs, après le passage de relais à l'ONU. Le lendemain se tient la réunion Afrique à Matignon[48], chez les conseillers du Premier ministre Balladur, et plusieurs sujets sont à l'ordre du jour. Concernant le Rwanda, tout le monde est d'accord pour dire que cela se passe mal et je note que l'impression générale est plutôt en faveur de Habyarimana, qui ferait ce qu'il peut… Les réactions du

48. Bureaux du Premier ministre.

FPR sont perçues comme menaçantes. La Sablière insiste pour qu'on évite le retrait de la MINUAR et sur la nécessité de faire des pressions des deux côtés, pressions diplomatiques, il s'entend. Les feux clignotent orange ou rouge suivant l'optimisme de chacun, mais personne n'imagine la dimension que prendra l'« inimaginable ».

Tout le monde repart avec ses dossiers… Je n'ai pas noté autre chose, je me dis que des actions diplomatiques seront menées. Ce dossier difficile, je me demande qui l'a véritablement en main. Est-ce que la situation est toujours contrôlable ? Le boomerang va revenir avec une violence inouïe sur les Rwandais eux-mêmes.

Les questions de la future armée et des pouvoirs du président

Deux questions parmi d'autres semblent soulever le plus de difficultés : la mise en place de la réforme de l'armée et le positionnement réel du président vis-à-vis du nouvel exécutif et de la nouvelle représentation nationale. Pour ce que je pense savoir, la restructuration de l'armée n'avance pas, les FAR attendent des ordres politiques qui ne viennent pas. Le colonel Cussac, le 31 mars, estime le coût journalier à 825 000 dollars pour la MINUAR et qu'il faudrait 100 millions de dollars pour assurer la démobilisation. C'est beaucoup, mais comme toujours la paix a un prix. Par ailleurs, aucune instance ne semble capable de gérer cette question du positionnement du président, pourtant défini dans les accords d'Arusha.

Les nouvelles institutions font aussi du sur-place, même si on discute fort entre partis politiques pour nouer ou dénouer des alliances. Le FPR aimerait fédérer une nouvelle majorité d'opposition pour isoler le MRND qui, avec ses 11 députés dans la future assemblée, ne ferait plus le poids suffisant pour préserver la personne de Habyarimana. Je n'ai pas le détail de ces discussions mais, là encore, j'espère que des historiens creuseront ce volet. Il me paraît que si le FPR a effectivement été incapable de créer une forte majorité hostile au président Habyarimana, alors pourrait se trouver ici le point déclencheur d'une mise à l'écart « définitive » de la personne qui assume la présidence depuis vingt et un ans. Dans mes souvenirs, il me semble que la dernière réponse des partis d'opposition est parvenue au FPR dans les tout premiers jours d'avril, à la veille même de l'attentat. Je ne peux pas être affirmatif comme sur d'autres choses, mais je trouve que cet aspect politique a été négligé, au moins dans la littérature ouverte.

L'attentat dans la nuit du 6 au 7 avril 1994

Les présidents rwandais et burundais, Juvénal Habyarimana et Cyprien Ntaryamira, se sont rendus par des avions différents à un sommet à Dar es-Salaam, en Tanzanie, pour discuter des crises rwandaise et burundaise avec les présidents du Kenya, de Tanzanie et de l'Ouganda. En fin de journée, en retard sur l'horaire prévu, le président Habyarimana décide tout de même de retourner sans tarder à Kigali, et demande au CEM Nsabimana d'embarquer également avec les deux présidents, puisqu'il a proposé à Ntaryamira une place dans son avion, plus rapide que l'appareil burundais. Son chef de cabinet militaire, le colonel Élie Sagatwa, un officier astucieux, embarque aussi comme prévu. L'équipage du Falcon présidentiel – composé de trois Français, Jacky Héraud, Jean-Pierre Minoberry et Jean-Michel Perrine – n'apprécie pas de revenir en soirée sur l'aéroport de la capitale, dans une zone où se côtoient maintenant les FAR, le bataillon FPR et la MINUAR. Mais enfin, puisque c'est la volonté du président, il met en route et le Falcon 50 décolle. Les pilotes français sont sensibilisés à un risque missile possible, parmi d'autres, mais ne disposent pas de système d'autoprotection actif. Seules des manœuvres d'évitement, une fois la détection effective, sont envisageables.

La nuit est tombée à Kigali, l'avion descend à l'approche de l'aéroport. Il fait l'objet de deux tirs de missiles ; le premier est évité, mais le second touche l'appareil. Le Falcon 50 s'écrase, ironie du sort, devant la résidence de Habyarimana. Tous les occupants sont tués !

Le 7 avril, vers 9 heures, je suis à Rabat, dans le bureau de l'attaché de défense, dans le cadre d'une mission de développement de la coopération militaire avec l'armée royale marocaine, quand le téléphone sonne. Le colonel de Vanssay me passe le combiné. C'est le général Roques, qui m'appelle généralement quand c'est nécessaire et urgent : « Je vous téléphone au sujet du Rwanda, vous n'êtes sans doute pas encore au courant : le président Habyarimana vient de mourir dans un attentat contre son avion, la nuit dernière. Le président burundais est mort également, tout comme le colonel Nsabimana. L'Amiral m'a demandé de vous appeler pour savoir ce que vous en pensez. » Je suis complètement déconcerté, puis mon cerveau se « débloque » dans une synthèse ultra courte : « Vous lui direz que c'est la catastrophe. Les accords d'Arusha sont morts. Il faut s'attendre à une très violente réaction tant cet homme compte pour la communauté hutue. Je suis en mission à Rabat, que je termine demain, voulez-vous que je rentre tout de suite? – Non, ce n'est pas nécessaire, on fera le point demain. » Nous raccrochons.

Oui, je vois la catastrophe commencer avec des massacres ethniques à l'arrière de la ligne de cessez-le-feu, dont les victimes seront en premier lieu les Tutsis, et vraisemblablement se développer très vite une offensive militaire de l'APR. Dans les toutes premières semaines suivant l'attentat, je ne perçois qu'un seul scénario : celui d'un attentat orchestré par le FPR pour effectuer « le saut qualitatif brusque » comme disaient les marxistes autrefois. « Faire tomber la pomme de l'arbre », supprimer la question du président Habyarimana. En effet, devant l'impossibilité d'obtenir une large majorité au sein de l'assemblée de transition permettant de lancer une sorte de procédure d'empêchement, serait alors venue l'impérieuse nécessité de régler définitivement la question de cette façon. La présence dans Kigali d'un bataillon FPR, dont on sait que l'installation a été mal surveillée par la MINUAR, peut laisser penser que des missiles anti-aériens SA16 auraient pu être apportés en ville ou, plus exactement, sur les hauteurs proches de l'aéroport. Une puissante offensive devrait balayer assez vite les FAR, comme ce fut presque le cas en juin-juillet 1992 et en février 1993. Les opposants les plus farouches seront écartés ou neutralisés. Comme les Français ne sont pas là, à part une poignée de coopérants, les chefs du FPR pourraient raisonnablement espérer que la tâche militaire devrait être conduite assez vite. Son succès mettrait aussi fin aux massacres, qui n'auront pas manqué de commencer.

Au fil des mois, je me pose de plus en plus de questions sur la stratégie du FPR et ses manquements apparents ou bien réels ; puis, des années plus tard, je reprendrai ma réflexion sur le scénario de l'attentat préparé et exécuté par des extrémistes hutus. Je reviendrai dans une partie finale sur l'analyse plus fine de chaque scénario, sans maintenant en tirer des conclusions qui porteraient à une évidence.

L'ÉVACUATION DES RESSORTISSANTS

Au COIA de l'EMA, la journée du 8 avril est très dense. La situation politique est totalement confuse à Kigali et on n'en sait pas davantage sur les aspects militaires. L'Amiral a fait le point politique avec l'Élysée et Matignon, aucune intervention militaire n'a de sens. Pourquoi ? Pour qui ? Avec quels buts ? Aucune réponse. C'est le constat immédiat de l'effondrement sans doute total de tout un processus de discussion menant à un partage du pouvoir. En fin de journée du 8, l'affaire est entendue, le COIA peut préparer rapidement une opération d'évacuation des ressortissants. Se pose un moment la question d'une opération conjointe avec les Belges, mais il leur faut plus de temps pour se préparer et ils doivent espérer que nous leur ouvrirons l'accès à l'aéroport. Cela risque d'être compliqué pour tous les contingents étrangers, les FAR comme le FPR se méfiant de tout, et la MINUAR ne contrôlant que peu de choses dans la ville.

L'Amiral se prépare à ordonner l'envoi d'une force composée autour du 3e RPIMa, du 8e RPIMa et d'un petit détachement de forces spéciales. Toutes les unités sont actuellement déployées en RCA et au Gabon. L'opération s'appellera Amaryllis et son chef sera le colonel Henri Poncet. C'est un officier aussi habile qu'intelligent et tout aussi déterminé; je l'ai connu alors qu'il était lieutenant dans ce même régiment au Liban, en 1978. Je ne raconterai pas le détail de cette opération délicate, car je n'en fis pas partie, mais citerai quelques points de compréhension tels que je les perçus au cours de réunions au COIA. Nous sommes là dans une opération militaire technique où le but d'évacuation des ressortissants est clair. Tout va vite.

Le colonel Poncet se pose à 1 heure du matin, le 9 avril, avec quatre avions C160 Transall transportant la première partie de sa force. Les personnes à évacuer sont les ressortissants français, mais également les ressortissants étrangers dont les pays ont fait la demande à la France. À ces personnes s'ajoutent des ressortissants rwandais, suivant les consignes précises du ministère des Affaires étrangères transmises directement ou par le biais de l'ambassadeur à Kigali. C'est ce que fera le colonel Poncet avec ses trois compagnies de parachutistes et les différents C160 Transall effectuant les navettes aériennes.

Les militaires américains se sont rapidement installés au Burundi voisin, avec notamment quatre avions C130 et trois hélicoptères lourds Chinook ainsi qu'une unité de Marines. Les Belges (480 hommes) se posent avec huit avions C130, un jour après les Français, dès qu'ils ont eu la certitude qu'ils ne se feraient pas tirer dessus. En effet, les unités présentes des FAR semblaient très remontées contre les soldats belges et bloquaient la piste d'envol entre chaque mouvement aérien français. Le FPR, averti du but de l'opération française, ne réagit pas. Il ne sera soupçonné que de quelques coups de réglage de mortier sur la piste principale de l'aéroport le mercredi 13 avril, au moment du retrait des derniers parachutistes français.

Le colonel Cussac me téléphone encore, le lundi 11 avril, pour me parler des Belges, des centres de regroupement, des combats entre FAR et FPR et pour me dire que les officiers rwandais souhaiteraient un Noroît bis. Ils n'ont rien compris, ce n'est plus d'actualité et, à Paris, je n'ai pas eu connaissance de longs débats sur cette question. Bien sûr, nous sommes au courant d'exécutions arbitraires, d'assassinats de femmes ou d'hommes politiques, du meurtre de Casques bleus belges, mais durant ces journées, personne au monde ne parle de génocide. Manifestement, des extrémistes hutus assassinent des Tutsis et des Hutus.

Le 12 avril, à l'aube, l'ambassadeur Marlaud, accompagné de la totalité des agents, se présente à l'aéroport. Ils partent par le premier C160 Transall en direction de Bangui. Le colonel Poncet est surpris de ce départ non prévu. Dans la journée, les 200 Rwandais encore réfugiés à l'ambassade de France sont transportés, aussi discrètement que possible, par les soldats français et évacués à leur tour. Le 13 avril après-midi, les derniers hommes d'Amaryllis s'en vont à leur tour. Si quelqu'un à Paris avait pensé qu'Amaryllis pouvait se transformer en Noroît bis il devait être bien seul. À ma connaissance, cette idée n'a jamais été abordée dans sa complexité et encore moins étudiée sérieusement. La quasi-totalité des personnes s'intéressant à l'affaire rwandaise avait compris que la France ne pouvait plus se rengager seule pour arrêter un processus d'effondrement qui se généralisait. Les autres pays attendaient lâchement, en se retranchant, pour beaucoup, derrière leur ignorance supposée.

Amaryllis permet d'évacuer environ 600 ressortissants français et 800 étrangers, dont 600 Africains et, parmi ceux-ci, 400 Rwandais. Parmi ces Rwandais, la veuve du président Habyarimana et un certain nombre de responsables qui ont été autorisés par la France à embarquer dans nos aéronefs. Dans le même temps, la Belgique a évacué 1 200 personnes, dont 1 000 Belges, l'Italie et le Canada respectivement une centaine de personnes. Le colonel Poncet vient d'effectuer une opération délicate et il a ramené qui la France lui avait demandé de rapatrier. Certains auraient-ils dû être évacués et d'autres au contraire ignorés ? D'autres doivent se poser ces questions ; pour un colonel, il faut agir vite, en sûreté, en respectant des ordres venus de France. Dans de telles opérations, les moralistes ne sont jamais présents et il serait trop facile de reprocher tel ou tel choix aux soldats français. Le Rwanda commence à brûler des feux de l'enfer, la France a retiré ses ressortissants et quelques autres, dont les pays d'origine lui sont, ou devraient lui être, reconnaissants. C'est la dernière opération du général Mercier, qui quitte son poste de sous-chef opérations quelques jours plus tard pour devenir directeur de cabinet militaire du ministre de la Défense, François Léotard.

La MINUAR se disloque, les pays contributeurs, précipitamment, évacuent leurs troupes. Seuls restent à Kigali le général canadien Roméo Dallaire et 250 hommes. Il va être le témoin impuissant d'une tragédie qui le marquera définitivement. Il a effectivement su ce qu'était l'enfer. Il l'a écrit, il devait le faire.

Le 25 avril, je participe à un entretien entre le colonel Kayumba, chef des services financiers du ministère de la Défense rwandaise, le colonel Ntahobari, attaché de défense, et le colonel Louis Le Mière du cabinet du ministre de la Défense, en l'absence du colonel Rigot. Le Mière et moi ne faisons que prendre des notes pour nos autorités respectives. Kayumba mène une mission en Égypte et en Europe avec deux priorités : les munitions et l'information. Il nous tient d'abord un exposé sur la situation militaire : « Le général Bizimungu et le général Kabiligi sont les hommes forts de l'armée. Bizimungu a pris le commandement des FAR et celui du secteur de Kigali ; Kabiligi, celui de Ruhengeri. À Kigali, la situation militaire est en cours d'amélioration et les six bataillons contrôlent tous les camps militaires. La MINUAR est presque totalement partie [le général Dallaire semble compter peu pour les Rwandais]. Ruhengeri est tenue mais Byumba a été perdue. Sa garnison s'est rétablie au nord-est de la capitale. À l'est de celle-ci, on se bat sur l'axe qui mène à la Tanzanie, au grand carrefour de Kayanza et à Kibungo. La situation se détériore dans ce secteur. À Gisenyi, à l'extrême ouest, le commandant de secteur n'a pas de difficultés. Le gouvernement est à Gitarama. Des massacres continuent dans les secteurs de Butare et Gikongoro alors que le pillage a cessé à Kigali, etc. » Je note que les Rwandais savent que la France ne livrera ni armes ni munitions, mais ils remettent tout de même une liste. Nous leur avons dit que toutes leurs demandes, de toute façon, n'étaient pas de notre niveau. J'écris mon avis en conclusion de la fiche compte-rendu n° 01367 : « Les chefs durs et compétents des FAR vont prolonger la lutte dans une perspective qui exclut toute capitulation. Ils disposent de quelques bataillons qui ne se débanderont pas. Le FPR, bien que renforcé par des démobilisés de la NRA, a des difficultés et sans doute commence à percevoir qu'il ne pourra pas contrôler [rapidement] le pays. La situation humanitaire est catastrophique. Les massacres trop souvent présentés par les médias comme dus aux seuls Hutus et à l'armée n'incitent pas cette dernière à accueillir les journalistes. Le nettoyage ethnique va se prolonger, hélas. » Nous sommes dix-huit jours après l'attentat.

Supputations, l'hypothèse Kagame ?

La semaine qui suit cet épisode, je prends quelques jours de repos avant de revenir à mon bureau pour préparer d'autres missions. Naturellement, je repense à cet attentat du 6 avril avec le scénario, que j'estime probable, qui est l'élimination de Habyarimana par Kagame. Dans cette hypothèse, l'offensive de l'APR devrait être prévue courte, brutale et décisive afin de disloquer les FAR et amener à la défaite les gouvernementaux et le gouvernement « fantoche » qui tente de s'opposer. Or, je ne vois rien venir, les FAR semblent tenir et n'ont même pas perdu Kigali, où pourtant le cheval de Troie (un bataillon FPR depuis fin décembre dans la capitale) était en place. Byumba, place forte pendant trois ans, est tombée assez vite aux mains de l'APR, mais Ruhengeri tient. Je pense que Kagame fait face à une résistance imprévue de Bizimungu, qui a remplacé le CEM Nsabimana, d'autant plus imprévue que les Français (DAMI) ne sont plus là. Il y a quelque chose qui ne fonctionne pas dans l'offensive FPR, qui pourtant ne manque pas de munitions ; à l'inverse des gouvernementaux qui commencent à en quêter un peu partout avec des résultats le plus souvent négatifs. Tout cela a des conséquences : une offensive courte et décisive, ce serait un massacre court ; c'est horrible à dire, mais cela signifie moins de morts par les extrémistes hutus.

Les années passant, je me pose un certain nombre de questions sur ce relatif échec de l'APR qui mettra trois mois à prendre la capitale tenue par des FAR presque à court de munitions. Est-ce que Kagame a totalement sous-estimé la capacité de résistance des FAR ? Est-ce que l'APR n'était pas prête à prendre l'offensive, car non informée des plans, et a eu des difficultés à se relancer ? Est-ce que le soutien de l'Ouganda n'a pas été à la hauteur des prévisions ? Si les réponses à ces questions sont positives, il y aurait là matière à prouver que Kagame a commis une faute stratégique très lourde de conséquences pour le peuple rwandais. Ce sont des supputations et je ne peux que laisser la place aux chercheurs, appuyés par des historiens militaires, pour trouver les bonnes réponses.

D'autres questions n'ont toujours pas de réponses : pourquoi l'armée ougandaise n'est-elle pas intervenue officiellement au Rwanda dès lors que des massacres de grande ampleur étaient connus de la communauté internationale ? Le droit d'ingérence aurait eu un sens. Aussi curieux que cela puisse vous paraître, lecteurs, fin mai et juin j'en venais à souhaiter intérieurement que ces massacres répétés – que l'on commençait à appeler génocide – cessent, conséquence d'une victoire rapide de l'APR, et pourtant rien ne venait. On parlait un peu de massacres dans les zones de l'APR, apparemment invérifiables par nos services de renseignement. Une évidence pourtant, la grande majorité des combattants des FAR étaient bien face aux combattants de l'APR et non pas en train de « découper[49] » leurs concitoyens, comme déjà certains journalistes le pro-

49. Terme véritablement usité durant cette triste période.

clamaient sans vergogne. Les principales unités des FAR se sont battues avec énergie face à l'APR tant qu'elles avaient encore des munitions. À tout mélanger, on ne rend pas service à la vérité.

Les massacres, le génocide et l'opération humanitaire

Trois semaines plus tard, après plusieurs missions en Asie, je reprends mes participations aux réunions de la cellule Afrique, présidée par Philippe Baudillon, de Matignon, et Bruno Delaye, de l'Élysée. Le 19 mai, après le calendrier ministériel, la situation au Tchad est discutée avant d'évoquer le Rwanda. Je note : « On parle de la situation militaire et des massacres en cours sans avoir la moindre idée d'un cessez-le-feu. Le FPR ne voudra pas de cessez-le-feu tant qu'il ne tiendra pas Kigali. Après le vote de la résolution 918 à l'ONU, les pays contributeurs devraient attendre un cessez-le-feu avant de fournir des troupes. Un prochain sommet des chefs d'État doit se tenir le 24 mai [cinq jours plus tard] et il serait nécessaire que les dernières impressions soient données avant le sommet. Il faut une montée en puissance dans le domaine humanitaire. D'après Faustin Twagiramungu, il y aurait encore des modérés survivants [!]. Il souhaite la création d'un tribunal pour juger les extrémistes des deux bords. Il reste cependant assez favorable au FPR et il serait prêt à leur abandonner Kigali. Les demandes d'éventuels pays contributeurs d'Afrique francophone sont à l'étude. Elles sont particulièrement importantes. » Faustin Twagiramungu sera le Premier ministre du Rwanda de juillet 1994 à août 1995, dans le cadre de ce qui restait des accords d'Arusha. Il sera ensuite un opposant constant à Kagame, qu'il accuse, depuis, de diriger le pays au moyen d'« un système de parti unique ».

Le 22 mai, l'aéroport de Kigali tombe aux mains de l'APR. Je crois à tort que c'est la fin. Il faudra encore quarante-deux jours pour que l'APR prenne la ville !

Le 27 mai, nouvelle réunion de la cellule Afrique. Je note pour ma fiche à l'Amiral et aux autorités de l'EMA, concernant le Rwanda : « Les combats et les massacres continuent. Le secrétaire général de l'ONU crie à la responsabilité collective de la communauté internationale. La perspective d'un sommet régional ne se rapproche pas, Zaïre et Kenya ayant des objectifs particuliers. Le nombre de réfugiés et de déplacés va croître encore. Le FPR va-t-il s'arrêter après la prise de Kigali ? Non, il va très certainement poursuivre après une trêve éventuelle. La mise en œuvre de la MINUAR sera, de fait, liée à un cessez-le-feu. Suivent de longs rappels sur le rôle de la MINUAR et sur les faiblesses et les forces de l'ONU. »

La semaine suivante, je n'assiste pas à la réunion. Je suis en mission au Sahara occidental, mais je suis présent le 10 juin. Les préoccupations montent quand on parle du Rwanda après le calendrier ministériel : « Environ 1,5 million de déplacés, plus 700 000 réfugiés dans les pays voisins. L'ambassadeur Marlaud a rencontré à Tunis les deux parties rwandaises. Un groupe a été formé à l'OUA pour provoquer un sommet régional à Tunis même. La partie gouvernementale serait d'accord pour une enquête internationale ; le FPR fait une référence aux accords d'Arusha de façon très ambiguë. Pour mémoire, le Rwanda devrait assurer la présidence du Conseil de sécurité de l'ONU à compter du 1er septembre… il conviendrait que son représentant s'efface. L'ONU ne semble pas avoir prévu de déploiements dans la zone tenue par le FPR. Or, il y a des centaines de milliers de Hutus en Tanzanie. La réunion sur le financement des équipements de la MINUAR aura lieu la semaine prochaine. Enfin, le Zaïre accentue son aide aux FAR, le Soudan commence à s'intéresser… sans parler de l'Ouganda. »

Je rentre très morose de ces dernières réunions. Les massacres augmentent et les victimes sont non seulement les Tutsis, mais aussi les Hutus tués par les uns ou les autres. La France ne sait pas comment arrêter ce brasier qui dévore le Rwanda et ne sait même pas qui soutenir, car il n'y a aucun pays décidé à faire quelque chose.

Aux États-Unis, Susan Rice[50] est la première à parler d'« actes de génocide ». Elle a raison, mais son langage est ambigu, elle parlerait de génocide que les États-Unis seraient obligés de s'engager, d'intervenir. Or, Bill Clinton n'a aucune envie de retourner en Afrique. Il a pris une claque à Mogadiscio et a annoncé fin mars le retrait total des forces américaines de Somalie. Sans le dire explicitement, il met en place la doctrine du « zéro mort américain » qui va entraver toutes les opérations américaines pour quelques années. En avril, mai et juin 1994, les Américains ont autant, et sans doute même plus, de renseignements que les Français sur l'ampleur des massacres qui se déroulent au Rwanda. Ils ont le contact avec Kagame et Museveni, enfin ils disposent de la première armée du monde, ils en ont

50. Membre du *National Security Council* (NSC) de 1993 à 1995 comme directrice des organisations internationales et de maintien de la paix avant de poursuivre une très belle carrière diplomatique.

fait suffisamment de fois la démonstration. Les États-Unis, plus exactement Bill Clinton n'a pas eu le courage d'imposer un coup d'arrêt par une action militaire explicite et sans appel. Je reste étonné que l'on ne demande pas plus de comptes à nos amis américains, plutôt que de s'acharner sur la France. Laquelle, dans les jours suivants, va se décider à y aller seule, puis avec le soutien de quelques vrais amis africains. Le débat sur l'attitude des États-Unis, mais plus exactement celle du président américain, n'est pas clos en Amérique. Je pense que Bill Clinton a perdu l'occasion d'être, pour l'histoire, un grand président américain.

Je ne pense pas beaucoup plus de bien de la communauté internationale, que l'on appelle G7, G8 ou G20 maintenant. Indifférence, mépris, méconnaissance, un mélange de tout cela sans doute. Enfin, il me faut nuancer, quelques pays ont essayé de remuer le « machin » : Nigeria, République tchèque, Espagne, Nouvelle-Zélande et Argentine ; en vain. Néanmoins, en France, la pression politique et médiatique monte. La presse nationale et internationale, cette fois-ci bien présente, afflue pour informer et il est vrai que le génocide est maintenant évident pour tous. Bernard Kouchner court également à plusieurs reprises à Kigali et dénonce avec véhémence ce que nous redoutions et contre lequel nous avons essayé d'agir, en conformité avec la ligne politique de notre pays. Les jours passent. François Mitterrand et Édouard Balladur cherchent comment et dans quelles limites intervenir cette fois-ci pour une opération humanitaire, car c'est bien de cela qu'il s'agit. La France est seule, les hypocrites regardent leurs pieds, les membres du Conseil de sécurité de l'ONU aussi, exception faite des Russes et des Chinois, qui ont leurs raisons pour ne pas approuver, par principe, les interventions des Occidentaux. D'ailleurs, le 22 juin, lors du vote de la résolution 929 du Conseil de sécurité autorisant l'intervention humanitaire, dix États voteront pour, mais cinq s'abstiendront !

Le jeudi 16 juin, Alain Juppé, ministre des Affaires étrangères, fait une déclaration officielle sur le devoir d'ingérence au Rwanda. J'ai noté que François Léotard, ministre de la Défense, était d'abord réticent, en interne naturellement ; sans doute voit-il toutes les difficultés à venir. Néanmoins, le message politique officiel est très clair et courageux ; pendant que les diplomates s'activent à New York, le CEMA demande immédiatement au nouveau général[51] sous-chef opérations de préparer les options à faire valider très rapidement par le Président. Un officier général est désigné pour la future opération. Ce sera le général Jean-Claude Lafourcade, officier issu des parachutistes des troupes de marine, rapide, ouvert, très discipliné et enthousiaste. L'Amiral me regarde et me dit doucement : « Vous ne serez pas l'adjoint de Lafourcade. Je ne veux pas que les Rwandais se trompent. En vous voyant, ils risquent de croire que vous venez leur sauver la mise une troisième fois. » Je ne dis rien, j'ai compris. La politique n'est plus la même. J'aurais bien aimé partir en opération, mais il a raison, et il sait que je l'ai compris. Les années ont passé et je me revois assis dans la salle de réunion du COIA : dix secondes plus tard, tous les officiers présents dans la salle passeront à autre chose ; moi aussi, mais je n'ai rien oublié. Déjà une réunion est planifiée avec le ministre de la Défense, le 17 à 9 h 30, je note « y aller ». C'est le colonel Camille Le Flem, officier

51. Général Raymond Germanos.

de Légion, qui sera désigné comme adjoint de Lafourcade. Il n'a pas servi auparavant au Rwanda.

Le samedi 18 juin, le Président de la République et le Premier ministre, dans un communiqué commun, annoncent que la France déclenche une opération humanitaire au profit du peuple rwandais. L'armée française va lancer en quelques jours une grande opération, logistiquement très difficile, politiquement aussi sensible, militairement délicate, car la force doit être mesurée à l'aune de son but humanitaire tout en restant dissuasive face à toute menace.

Turquoise

L'arrivée du premier élément de forces spéciales du COS est prévue sur zone le mardi 21 au matin. Il se posera à Goma pour les premières reconnaissances et prises de contact indispensables avec les autorités locales zaïroises. Un détachement complet de forces spéciales, aux ordres du colonel Rosier, sera l'avant-garde du dispositif. On retrouvera des hommes du 1er RPIMa sous le commandement de Didier Tauzin, mais aussi des commandos marine. Les colonels Rosier et Tauzin ont déjà servi au titre de l'assistance militaire opérationnelle au Rwanda, comme je l'ai raconté précédemment. L'aéroport de Kisangani, loin de la frontière entre le Rwanda et le Zaïre, est également concerné par le déploiement envisagé pour tous les appuis, y compris aériens, de Turquoise. Il ne peut pas y avoir de mauvaise surprise militaire. L'EMA affrète 10 avions gros porteurs Antonov pour cette projection majeure de forces. C'est une première ; l'affrètement est beaucoup moins cher que s'il avait fallu louer des avions gros porteurs Galaxy ou C117 de l'US Air Force… Les pilotes ukrainiens commencent par rechigner, trouvant le terrain de Goma non conforme pour raisons techniques… ils sont rappelés aux termes du contrat. Le SIRPA doit faire face à un afflux considérable de journalistes… autant d'exemples de travaux d'état-major et de prises de contact multiples.

L'opération Turquoise débute officiellement le 22 juin sur mandat des Nations unies par la résolution 929[52], dont voici l'article clé : « Accueille favorablement aussi l'offre d'États Membres (S/1994/734) de coopérer avec le secrétaire général afin d'atteindre les objectifs des Nations unies au Rwanda par la mise en place d'une opération temporaire, placée sous commandement et contrôle nationaux, visant à contribuer, de manière impartiale, à la sécurité et à la protection des personnes déplacées, des réfugiés et des civils en danger au Rwanda, étant entendu que le coût de la mise en œuvre de cette offre sera à la charge des États Membres concernés. »

Les troupes françaises sont composées de régiments, tous de haute valeur, qui sont professionnalisés, à une époque où les armées françaises ne l'étaient pas encore. Deux mille cinq cents hommes sont engagés. Les troupes françaises commenceront à être rejointes, un mois plus tard, par quelques contingents africains, notamment du Sénégal, du Tchad et du Ghana. Elles vont remplir leur mission pendant deux mois exactement, avant de se retirer, conformément aux ordres découlant de l'accord strict donné par le Premier ministre Balladur sur la durée de l'engagement. Je ne vais pas raconter cette opération et je préfère que les

52. La résolution 929 est reproduite en annexe 5.

lecteurs s'intéressent au livre du général Jean-Claude Lafourcade, *Opération Turquoise*. Néanmoins, il me reste à apporter quelques éléments d'ambiance au moment où les différents groupements de forces français progressaient dans une partie ouest et sud-ouest du Rwanda, essayant de remplir des tâches humanitaires extrêmement délicates. Ils sauveront des dizaines de milliers de personnes menacées d'extermination, pas toutes hélas.

Le 27 juin, l'attaché de défense du Rwanda, le colonel Ntahobari demande à me voir. Je fais valider la demande, car depuis avril, les relations avec les représentants du gouvernement intérimaire sont glaciales. Voilà en substance ce qu'il me dit : « Mon colonel, tout d'abord le ministre de la Défense, Bizimana, remercie le gouvernement français de sa décision de faire une intervention humanitaire au Rwanda. Cela a diminué les tensions interethniques sur le terrain. Dans la zone gouvernementale, le calme va se rétablir rapidement grâce aux forces "alliées". Mais il attend de cette action que tous les déplacés de guerre soient visités pour que l'aide humanitaire puisse toucher tout le monde sans distinction. On ne parle que de Tutsis comme si les autres n'existaient pas. Je veux vous dire que je m'étonne que l'action humanitaire se borne à la seule partie gouvernementale, car il y a ailleurs des massacres qu'il faudrait faire cesser. Par ailleurs, nous aimerions avoir des munitions de 105 mm et de 120 mm et même de 12,7 mm à laisser discrètement. Les médias pourraient contrarier certains approvisionnements en munitions. Il faudrait faire quelque chose. » Je prends des notes tout en l'écoutant, je n'ai pas l'intention, ni surtout le droit, de lui faire une quelconque réponse. Il continue : « Mon colonel, les militaires français ont ignoré les autorités locales. Est-ce les consignes ? Ce serait inquiétant. Ce serait inquiétant pour les Rwandais si c'était le cas. On cherche à rencontrer le général Lafourcade. Le général Bizimungu va essayer de faire une liaison vers Goma. Les Rwandais ne comprennent pas que les Français ne fassent pas respecter le cessez-le-feu après le sommet de Tunis. Je dois vous dire que je suis déçu du peu d'avancées des forces françaises, il n'y a d'animosité de quiconque. Les munitions vont manquer. Le patron rwandais des opérations [le général Kabiligi] a dit que le mont Jali ne brûle pas, c'est de l'intoxication, cela va très mal. Le CEM de la gendarmerie, Ndindiliyimana, est à Kinshasa et essaye, en vain, d'avoir un visa pour venir en Europe. Le but politique du gouvernement est de faire reprendre les négociations et d'obtenir le cessez-le-feu. » Je l'écoute terminer ce qu'il a à me dire, il est assis dans un fauteuil à Paris au moment où son pays finit de s'effondrer en se déchirant. Je ne lui dis qu'une chose : « Le génocide et autres massacres en cours sont totalement inacceptables, cela en est fini avec tous ceux qui les tolèrent. » Je crois me souvenir qu'il baissa la tête. Ce sera sa dernière visite. Je n'ai plus qu'à faire une fiche en direction de l'Amiral.

Le colonel rwandais montre bien qu'il aurait aimé que les forces françaises viennent à leur secours et les renforcent en munitions, et aussi la déception des officiels gouvernementaux ; Turquoise n'a fait que remplir sa mission humanitaire, au mieux.

Le 30 juin, huitième jour de l'engagement de Turquoise, je reçois un appel de notre attaché de défense à Kinshasa qui a collecté du renseignement : « Selon le ministre de la Défense rwandais, Bizimana, la situation est très mauvaise à Kigali. Aucune munition de petit calibre n'est parvenue. Kigali est maintenant complètement encerclée et le FPR a occupé la crête de Runda et donc coupé l'axe vers Butaré et Shyorongi. Les deux voies d'approvisionnement sont coupées. Les opérations de dégagement des axes demandent des munitions contre des unités de l'APR enterrées. Bizimana espère toujours des munitions de 120 mm et de 105 mm. Le FPR s'infiltre au sud en direction de Kivuyé et donc des accrochages se multiplient sans objectifs militaires. Pour lui, la situation est dramatique car ces groupes sont difficiles à attraper et il est inquiet de futurs massacres. Le CEM gendarmerie, le général Ndindiliyimana, serait revenu au Rwanda, son frère vient d'être tué par le FPR. Il annulerait son déplacement en Europe faute d'accord. » Il est totalement évident que la fin est proche, même avec du « mordant », les restes des derniers bataillons des FAR, sans munitions, vont être pris ou se dissoudre dans la nature pour chercher le salut vers l'ouest, vers le Zaïre.

Le vendredi 1er juillet se tient une cellule Afrique à Matignon. On parle agenda ministériel puis du Niger, du Mali, du Tchad, du Togo. L'affaire rwandaise est traitée ailleurs, très vraisemblablement.

Lundi 4 juillet, Kigali est tombée. Je reste toujours étonné par la résistance des FAR pendant trois mois et aussi par l'incapacité de l'APR à prendre cette capitale plus vite. Cette manœuvre d'enveloppement de la ville a pris des semaines alors que les troupes de l'APR auraient dû être galvanisées par l'horreur des massacres, dont les Tutsis et autres Hutus étaient les victimes. Un instant, France Info n'hésite pas à dire « les soldats français ont reçu l'ordre de s'opposer à la progression du FPR vers l'ouest ». Bel exemple du journalisme mal fait qui balance ce que l'on appelle maintenant des *fake news*. Sur le moment, je prends note en me contrôlant ; déjà adepte du célèbre *Keep calm and carry on* ? Sans doute.

Le lendemain, à la réunion Coopération-Défense, l'accent est mis sur l'aide à la préparation des bataillons africains qui doivent rejoindre le dispositif Turquoise au plus vite. Il est question d'équipement, d'organisation et de projection. Le général sous-chef opérations, appuyé par le COIA du général Regnault, pilote toutes les principales réunions et donne les ordres issus des directives du CEMA. Les zones humanitaires sûres, dont le concept a déjà été utilisé dans les Balkans, sont créées. Quand des éléments de l'APR essayeront de se frotter aux Français, il leur sera rappelé très sèchement, par le feu de nos armes, le sens du mot « stop ». Au loin, à Kinshasa, le ministre de la Défense rwandais fait passer un dernier message « de remerciements pour la création des zones humanitaires sûres » ! Il espère encore que la France les aide à rétablir un équilibre pour la reprise des négociations politiques ! Et mieux encore, on me dit qu'il attendait un appui matériel ! Rien de tout cela n'était évoqué dans les cercles décisionnels que je pouvais côtoyer et cela depuis longtemps.

Pour clore ce très lourd dossier rwandais, pour ce qui me concerne, il m'est demandé une fiche afin de cerner les modalités d'engagement des contingents africains au Rwanda. Je m'y attelle consciencieusement, prenant en compte le futur retrait de Turquoise, l'africanisation de Turquoise et le positionnement futur d'une MINUAR « reboostée ». Nous sommes au treizième jour de l'opération Turquoise et déjà l'état-major « mouline » pour préparer la sortie, l'*exit strategy* est fixée dans le calendrier par le Premier ministre. Je rends mon devoir, qui sera très certainement amélioré, mais l'essentiel y est déjà. Le général sous-chef opérations part à Goma rencontrer le général Lafourcade.

Je participe, le 8 juillet, à la réunion Afrique, à Matignon, sous la double présidence de Baudillon et Delaye. On y discute du Mali puis du Zaïre. À ce propos, selon des participants, des opposants au président Mobutu pensent à l'exemple du FPR au Rwanda, donc à s'armer pour suivre la même logique de prise du pouvoir, etc. Les remarques seront justifiées, le Zaïre s'effondrera à son tour de cette façon.

Quelques jours plus tard, je referme tous mes dossiers pour prendre des permissions. Je ne rejoindrai l'EMA que fin août, au moment où se termine l'opération Turquoise. Avant de partir pour un an au CHEM, j'ai un dernier long entretien, le 30 août, avec l'amiral Jacques Lanxade. La discussion roule sur le Rwanda, le pragmatisme des Américains, le goût des Français pour les concepts… mais aussi sur ses successeurs potentiels, auxquels il pense ; et d'autres sujets plus personnels.

Supputations, l'hypothèse des opposants hutus à Habyarimana ?

En relisant toutes mes notes à l'occasion de l'écriture de ce livre, le scénario d'un attentat commandité, préparé et exécuté par une opposition intérieure proche du pouvoir n'est plus si absurde. Au fur et à mesure des années 1992 et 1993, j'avais noté des remarques de tel ou tel chef des FAR montrant que le président Habyarimana n'était plus le leader évident et incontesté. Le CEM Nsabimana puis son successeur, le colonel Gasake, avaient exprimé un certain agacement des officiers rwandais vis-à-vis du président. Les plus extrémistes des officiers suivaient la mouvance de la CDR, les plus modérés auraient souhaité un engagement plus net des autorités politiques pour défendre l'armée rwandaise au moment des négociations d'Arusha IV. Le colonel Cussac, lui-même, à plusieurs reprises, a rapporté que le président rwandais envisageait son départ et était prêt à quitter le pouvoir ; devant, j'imagine, l'impossibilité de concilier la volonté de paix de son opposition légale, les exigences de la rébellion armée et la détermination des partisans du *hutu power* de la CDR effrayés par l'avenir.

Ces derniers ont pu concevoir un attentat pour supprimer le président du Rwanda avant d'enchaîner avec la suppression de la minorité de Tutsis et de modérés hutus. Ils ont trouvé les 10 000 ou 20 000 barbares fanatisés qui, en quatre-vingt dix jours, ont massacré 800 000 hommes, femmes et enfants, jeunes et vieux. L'opération du 6 avril nécessitait des missiles SA16 et des tireurs opérationnels, avertis et répartis en deux équipes parfaitement coordonnées. J'ai beaucoup de mal à imaginer des hommes des FAR capables techniquement de réaliser l'attentat dans le cas où ils auraient eu l'armement. Et puis il fallait ensuite, dans cette stratégie extrémiste, pouvoir poursuivre la guerre contre l'APR.

Si l'attentat a bien été effectué par des extrémistes hutus, la stratégie réduite au simple génocide des Tutsis était évidemment suicidaire. Comment pouvaient-ils imaginer que la communauté internationale resterait longtemps sans rien faire ? Certes, il y a l'exemple misérable du Cambodge : la communauté internationale a fermé les yeux, presque tous les médias aussi, et il a fallu attendre l'intervention militaire vietnamienne en 1979 pour que ce génocide cesse... quatre ans plus tard. Alors, oui, rien ne semble totalement improbable dans ce scénario diabolique.

La raison me pousserait d'abord à privilégier l'hypothèse de l'attentat commandité par Kagame, ce qui supposerait cependant des fautes stratégiques inhabituelles de sa part. Si on admet la folie de certains hommes, alors l'hypothèse d'un attentat par les extrémistes hutus devient plausible. Personne n'a jamais présenté de témoignage en ce sens, d'un Hutu quelconque, alors qu'un officier tutsi de l'APR, Jean-Pierre Mugabe[53], a affirmé plus tard (21 avril 2000) être bien renseigné sur les auteurs des tirs de missiles et son commanditaire, le général Kagame. L'enquête sur cet attentat n'est pas le sujet de ce livre et, pour ma part, je n'ai pas la solution ; il reste encore beaucoup à découvrir... La chute des accords d'Arusha est en tout cas consommée. Là est l'essentiel, avant que ne commence la grande tragédie.

53. D'autres ont fait des déclarations dans le même sens et ont « disparu » avant de rencontrer des juges enquêteurs. Brouillard, confusion, peur ?

Conclusion

Les Rwandais sont responsables de leur histoire. Ils en sont aussi les auteurs. Ainsi sont-ils les auteurs du génocide perpétué par des Rwandais contre des Rwandais. Tout comme des massacres de grande ampleur, principalement de Hutus cette fois, qui se sont poursuivis au Zaïre pendant des années. Les tentatives pour essayer d'impliquer la responsabilité d'autres États ne tiennent pas. Au moment du génocide, la communauté internationale n'a pas bougé, à l'exception notable de la France, et s'est comportée comme un ensemble mou et froid, légalement irresponsable. Moralement ? Chacun a sa réponse.

Le *sharing power* a été la ligne politique acceptée et soutenue par la France qui, en fait, soutenait le principe des pourparlers. Ce n'était pas la démocratie représentative souhaitée lors du discours de La Baule. On pouvait le considérer comme un moindre mal dans ce cas de guerre civile à fort caractère ethnique. La France, qui connaissait le danger de massacres potentiels, tout autant que les États-Unis, a essayé de faciliter la recherche de cette forme d'accord. Le *sharing power* était-il une erreur initiale ? Le partage du pouvoir se fonde sur des rapports de force évalués et acceptés par les deux parties, qui d'ailleurs ont fini par se mettre d'accord. La représentativité démocratique était repoussée à une phase ultérieure et, en l'occurrence, fortement encadrée par les nouveaux textes des accords d'Arusha. On est loin d'« un homme une voix » et du multipartisme, principes chers aux démocrates occidentaux. France, États-Unis, Belgique, Allemagne, OUA notamment ont soutenu cette solution comme la meilleure sortie de crise possible.

Des parrains sur le retrait ? Les trois plus grands étaient les États-Unis, l'OUA et la France. Le plus grand d'entre eux n'a rien fait au début des « actes de génocide ». Il disposait, au minimum, des mêmes renseignements que la France, et ses diplomates ont été les premiers à qualifier d'« actes de génocide » les massacres de civils. Rien, pas de forces envoyées, exceptés en phase finale quelques détachements humanitaires. Pour moi, ce fut une faute politique très grave. À la différence de la France à qui les accords, préalables à la signature de ceux d'Arusha, avaient demandé implicitement de se replier graduellement, les États-Unis avaient toute latitude pour intervenir par la force et faire sauter immédiatement le verrou des FAR derrière lequel le génocide montait en puissance. L'échec somalien est-il la bonne explication à cette inertie américaine ? En découlait-il la peur de s'engager de nouveau ?

Et l'Ouganda, pourquoi n'a-t-il pas agi ? Que s'est-il passé entre le président ougandais et le chef réel du FPR ? L'armée ougandaise avait une bonne raison, le droit d'ingérence, de rentrer à visage découvert en campagne pour débloquer une situation militaire plus difficile qu'imaginée. Les autres grands pays de la communauté internationale, Grande-Bretagne et Allemagne notamment ? Absents ! Ce fut le plus grand bal des hypocrites de la décennie. Ils s'intéressent un peu à la crise entre 1990 et 1993, puis ils ouvrent de grands yeux pendant le génocide, sans rien faire ou presque, excepté les quelques pays africains qui ont fourni des contingents à Turquoise. La charpente totalement en flammes commence à s'effondrer devant les yeux du monde entier ; avant un désastre total, la France s'engage courageusement, seule, ou presque.

Le risque, en passant à l'ONU le relais dans cette gestion de crise, était très important et il a, de mon avis, été sous-estimé. La France n'était pas, plus, en mesure de s'assurer que les hommes et les moyens nécessaires seraient mis en place par l'ONU pour cette transition très délicate à conduire. Il était impossible pour la France de tenir la main de la MINUAR. Ce n'était pas son rôle, pas sa responsabilité, et le relais était effectivement passé. Le passage de relais à l'ONU était-il un objectif trop difficile ? Il n'y avait pas de solution de rechange diplomatique que j'ai connue. Y a-t-il eu sous-estimation des difficultés par les Français et l'ONU ? Je le crois, d'autant plus que la volonté du nouveau gouvernement français de se dégager rapidement était pressante.

L'ONU inefficace ? Elle a réussi ailleurs de belles opérations de maintien de la paix, mais au Rwanda, ce fut un très grave fiasco. Les causes sont multiples : casting déficient, binôme politico-militaire sur place faible, forces très insuffisantes en dépit des demandes, pas de chapitre 7 permettant un certain emploi de la force, pas d'écoute du chef militaire en charge, gestion calamiteuse au moment de l'attentat d'avril 1994, déroute au premier choc de bien des contributeurs de forces onusiennes, etc.

Oui, l'armée française a joué un rôle pour équilibrer les rapports de force militaires dans le cadre général d'un appui à une négociation politique souhaitée par la France. Dissuasion de Noroît pour éviter la prise de la capitale par la force. Assistance opérationnelle, discrète et efficace, devant les carences techniques et organisationnelles de l'armée rwandaise. Sans aller à l'engagement direct et sans assurer le commandement, qui est resté aux mains des Rwandais. Halte aux absurdités concernant la formation de barbares. Halte aux sarcasmes des spectateurs du génocide et aux propos de café du commerce de pseudo-historiens mettant en cause l'honneur de soldats français et mettant en doute l'esprit même de l'opération humanitaire Turquoise. Au-delà des limites de l'action indirecte ? Non. Dans quelques crises, les forces françaises ont été engagées directement pour contrer une menace venue de l'extérieur. Ce fut le cas à Kolwezi, mais plus directement et beaucoup plus fortement encore, et même à plusieurs reprises, au Tchad. Plus récemment au Mali, au Niger et au Burkina Faso. Le président Mitterrand, manifestement, ne l'a pas souhaité. L'aurait-il voulu que le message aurait été plus fort, plus clair mais avec de très sérieux risques d'enlisement dans une zone où l'enjeu stratégique pour la France était plus faible qu'ailleurs. De plus, la rébellion armée soutenue par le pays voisin n'aurait pas manqué de réapparaître. Le Président se décida à la seule stratégie indirecte, matérialisée par une petite force de présence, qui signifiait un message politique et militaire aux rebelles.

Ainsi se finissent mes Mémoires centrés sur le Rwanda. Les années de 1991 à 1994 furent évidemment importantes dans ma vie militaire ; j'ai encore beaucoup appris sur les hommes, les peuples et les cultures. Ces années, ces expériences ne se résument pas à des schémas simplistes et uniformes. En tant qu'officier je pense avoir fait le job, rempli ma mission, mais aussi être inscrit dans la grande liste des perdants de cette époque. D'ailleurs, en conscience, y eut-il un seul gagnant ? Ce témoignage apportera, je l'espère, quelques éléments nouveaux aux historiens en quête d'une histoire authentique, dénuée de révisionnisme, de négationnisme et, évidemment, étrangère à une histoire réécrite à la gloire du puissant du moment. Comment oublier ce dossier de crise, trop important et surtout trop tragique ? À cet égard, je n'ai jamais oublié, je me suis posé des questions qui n'ont pas toutes des réponses, et j'ai fait des remarques qui ne valent que par la légitimité que l'on veut me prêter à pouvoir les faire. Nous sommes déjà en marge du vécu, au centre de supputations qui ont la marque de quelqu'un qui connaît le tragique résultat. Ces supputations ont la forme synthétique d'un canevas utilisable par tous les chercheurs. Ils seront, vraisemblablement, encore nombreux à s'intéresser à cette catastrophe, qui débouche sur un génocide de Rwandais par des Rwandais, sous les yeux misérables d'une communauté internationale inerte.

Regret et tristesse. Grand regret de l'échec d'une politique de réconciliation, laquelle ne relevait pas de l'impossible et avait quelques chances à court terme. L'espoir brisé du *sharing power* qui devait rapprocher tous les citoyens. Grande tristesse pour le peuple rwandais, Hutus et Tutsis confondus. Il a connu le pire.

Épilogue

Compassion

Devant les victimes d'un génocide, comme tous, je ne peux que m'incliner, sidéré par l'ampleur d'un massacre collectif, par cette haine immense qui engendre des souffrances indicibles. Le génocide des Tutsis et des Hutus par des extrémistes est une ignominie qui pèsera sur le peuple rwandais pendant encore bien des générations.

Retourné à la vie civile, je me suis rendu dans différents camps de concentration et d'extermination en Allemagne et en Pologne. J'ai parcouru les espaces vides de Dachau et lu avec attention les explications du musée qui, dans les anciennes baraques mêmes, expliquent la provenance internationale de tous ces déportés et leur calvaire. La visite de Majdanek en Pologne est un autre choc. C'est l'un des rares camps à voir subsister des infrastructures, à la grande différence de Treblinka, où seul un monument rappelle l'holocauste. À Majdanek, un tiers des baraquements de bois est encore debout, entouré de ses miradors, le tout ceinturé de hauts réseaux de barbelés. Lors de notre passage, de nombreux jeunes Israéliens se recueillaient devant la chambre à gaz intacte dans son béton d'origine. Le plus grand coup est évidemment ressenti lors de la visite de Birkenau, la partie extermination du camp d'Auschwitz. Même un individu parfaitement innocent, s'il en existe, aurait l'impression de perdre sa croyance en l'homme. Là encore, je n'y échappais pas, même si depuis longtemps je suis réservé sur l'homme en général, capable du meilleur comme du pire. Je me fis aussi la même réflexion en visitant à deux reprises le musée du génocide, la prison S 21, de Phnom Penh, au Cambodge, haut lieu de torture et d'extermination ciblée. Je ne suis pas retourné au Rwanda depuis 1993, mais mon sentiment pour les victimes est le même. Je m'incline.

N'aurions-nous pas dû briser le militarisme allemand en poursuivant l'action militaire en Allemagne, comme le souhaitait alors le maréchal Foch fin 1918 ? N'aurions-nous pas dû réagir fortement et militairement à la remilitarisation de la Rhénanie en mars 1936 ? N'aurions-nous pas dû refuser l'accord de Munich proposé par Hitler en 1938 ? N'aurions-nous pas dû dénoncer avec la plus extrême énergie le comportement des Khmers rouges en 1975 ? N'aurions-nous pas dû intervenir dès les premiers massacres à Kigali ? La faiblesse fait souvent le lit du mal absolu. Arméniens, Juifs, Cambodgiens, Rwandais, victimes de la sauvagerie. Souhaitons que le XXIe siècle ne connaisse pas de tels déchaînements de haine !

Simon Wiesenthal, qui a passé sa vie à poursuivre les nazis, a remarquablement posé la question[54] du pardon accordé aux acteurs de génocide. Il l'avait vécu quand un soldat SS, sur le point de mourir de ses blessures, lui avait exprimé ses remords, son repentir et lui avait demandé son pardon. Il ne lui avait pas donné et toute sa vie il s'est demandé s'il avait eu raison. Il avait finalement conclu que « l'homme est espérance ». Chacun aura son idée de ce

54. Simon Wiesenthal, *The Sunflower*, Schocken books, 1969 (*Les Fleurs de soleil*, Albin Michel).

qu'aurait pu être sa réponse face à un tel dilemme. Pour ma part, je ne lui aurais pas non plus accordé le pardon, mais je l'aurais regretté. Oublier ? Jamais.

Réflexions sur des décisions que j'ai prises au Rwanda

La surveillance des entrées de Kigali par des soldats français fut la source de questions qui me furent posées par la commission d'information de l'Assemblée nationale en 1998, et là, je fis des réponses précises sur le plan militaire, je pense avoir été compris. Le sujet n'est pas clos et je suis invité à m'interroger sur le bien-fondé de ma décision, validée à l'époque par mes chefs. Était-il normal que des soldats français se substituent à des forces de gendarmerie rwandaises ? Certains iront même jusqu'à insinuer que nous aurions eu là un comportement de sinistre mémoire qui rappelait pour eux l'Algérie ou même la France occupée ! La réponse est clairement : « Non. » Et c'est même totalement extraordinaire de poser ces questions en ces termes. L'armée française n'a pas cette mission de gendarmerie ou de police à remplir, que ce soit en France ou à l'étranger. Nous n'étions pas du tout dans le cadre supposé par la question.

Les forces de Kagame avaient atteint des positions tactiquement très avantageuses à une vingtaine de kilomètres au nord-ouest de la capitale. Aucune force gouvernementale n'était déployée dans ce secteur, des centaines de milliers de paysans refluaient sur les collines avoisinantes, la gendarmerie rwandaise avait même totalement abandonné les approches immédiates de la ville. À partir du 11 février, des véhicules rebelles auraient pu déboucher dans le centre de la capitale ; pour mémoire, le FPR avait utilisé des 4 x 4 et des camions lors de sa première offensive de septembre 1990. Dans la prise de décision d'un chef militaire, il convient de faire une balance des avantages et des inconvénients, ce que je fis au regard de ma mission, tout en sachant qu'il fallait être vigilant pour éviter un rôle de gendarme vis-à-vis des populations.

Dans le jeu de go avec Kagame, Kigali ville ouverte ou ville fermée, je ne pouvais pas laisser sans surveillance les axes principaux et limiter la présence de mes hommes aux collines boisées avoisinantes. Je l'aurais fait que le chef de guerre rebelle aurait eu beau jeu de pénétrer par les routes dans la capitale sans rencontrer les Français « aux champs », et les Rwandais en déroute ! Aucun incident grave ne survint sur ces check-points un temps tenus par mes soldats. Aucun mort, aucun blessé, aucune personne remise aux autorités rwandaises ; je dois avouer que je pensais alors que j'aurais beaucoup plus de difficultés, voire des incidents graves.

« Mais enfin n'avez-vous aucun regret d'avoir pris cette mesure ? » Encore une question qui m'est revenue récemment. J'aurais préféré ne pas avoir à la prendre, mais comme chef, on doit prendre des décisions, pas toujours agréables, nous ne sommes pas désignés pour cela. Mon dispositif dissuasif a très bien fonctionné et Kagame n'a pas pris la capitale ou gêné la très relative stabilisation de centaines de milliers de déplacés aux abords de Kigali. Ayant connu comme enfant puis ayant étudié l'engagement de l'armée dans la bataille d'Alger, sur ordre du gouvernement, je dois dire que nous n'étions absolument pas dans un cas comparable, si lointain soit-il. Les amateurs d'amalgame peuvent le regretter, c'est ainsi. Quant à l'allusion à la France occupée, elle ne mérite que mépris devant une telle confusion mentale. Seul le volet tactique militaire avec l'obligation de ne pas me faire surprendre par un coup simple m'obligeait à surveiller ces axes. Toutes les nuits de cette fin de février 1993, réfléchissant en me mettant à la place de mon adversaire potentiel, j'ai pensé aux actions nocturnes que pourraient mener les hommes de Kagame pour s'infiltrer et pénétrer dans la capitale en contournant telle ou telle position de mes hommes, si attentifs soient-ils. Si en plus j'avais dû imaginer des véhicules FPR rentrant tranquillement par les portes grandes ouvertes de la ville ! Il était hors de question que je me fasse surprendre de cette façon.

Quand je cours au Champ-de-Mars, encore en 2020, je croise toujours près de la tour Eiffel quatre soldats du dispositif Sentinelle avec qui j'échange un cordial bonjour. Inlassablement, ils se relèvent depuis des années pour apporter de la sécurité, et gêner, voire empêcher, tous ceux qui auraient des intentions menaçantes. Eux aussi servent pour éviter la surprise. À Kigali, clairement, nous étions dans le même esprit, bien que la mission ait été complètement différente. La force était donc sous contrôle dans un cadre particulier, assez mal défini certes, ce qui arrive finalement assez souvent. Un autre chef aurait-il fait mieux à ma place ? C'est possible, mais personne ne me l'a dit. Dans des situations de conflit, aucun chef ne peut prétendre à la perfection. Moi comme les autres, bien évidemment.

Aurions-nous dû rester complètement impliqués dans le suivi de la crise rwandaise après les accords d'Arusha ? Telle est la seule et forte interrogation. « La France a atteint ses objectifs politiques », auraient sans doute répondu, avec raison, les autorités. Rester concentrés sur ce dossier aurait-il changé quoi que ce soit ? Certes, nous pouvions avoir le sentiment que nous nous dégagions trop vite du suivi politico-militaire au profit de l'ONU, dont nous connaissions les faiblesses. Notre connaissance du dossier, du milieu et d'une partie des responsables rwandais a peu servi dans les six mois précédant l'attentat contre le président rwandais. Ensuite, la France, une fois ses ressortissants évacués, est restée volontairement en retrait pendant deux mois avant de revenir seule sur le devant de la scène dans une opération humanitaire pour sauver ce qui pouvait l'être encore ; mais le génocide avait déjà eu lieu. Cette question, restée évidemment sans réponse, je continuerai de me la poser encore longtemps, enfin peut-être…

Opérations extérieures et crises

Après deux années comme conseiller Afrique et Moyen-Orient du CEMA, le général d'armée Jean-Philippe Douin, celui-ci me nomme comme officier général chef du COIA. De 1997 à 2000, je vais rester au cœur de l'action mais au niveau du commandement. Le CEMA est le commandant opérationnel de toutes les forces armées françaises déployées dans le monde. Le COIA assure la conduite de toutes les opérations[55] et leur suivi, prépare les différentes options et traduit en ordres militaires les décisions politiques d'engagement des armées du président de la République. La responsabilité est très grande, l'engagement doit être total,

55. Excepté certaines opérations spéciales indépendantes.

le pouvoir est réel même si j'agis par délégation de mon chef. Au bout de six mois, Douin terminant son commandement, c'est le général d'armée Jean-Pierre Kelche, un excellent professionnel, qui devient CEMA. Heureusement, je dispose de quelques dizaines d'officiers de premier plan, aussi passionnés que moi et d'une aussi grande exigence avec eux-mêmes. Nous devons être clairs et synthétiques vis-à-vis des autorités politiques à travers des fiches facilitant les prises de décision, mais aussi précis et complets dans tous les ordres donnés à chaque commandant de force où qu'il soit, sur terre, en mer ou en vol.

Pendant ces trois ans, nous poursuivons, commençons ou terminons 49 opérations extérieures[56], dans les Balkans, en Afrique, au Moyen-Orient et en Asie. Ce sont des opérations nationales, internationales (OTAN notamment, mais pas uniquement) et dans le cadre des Nations unies. Que de souvenirs ! Des opérations intérieures, sur le territoire national, interfèrent ; les plus importantes sont Vigipirate, la protection de la Coupe du monde de football en 1998, sans oublier le grand déploiement de forces dans la foulée de la dévastatrice tempête de décembre 1999. L'armée française perdra 12 hommes, « Morts pour la France » dans les opérations extérieures. C'est toujours trop, mais cela aurait pu être bien pire.

La plus grande opération eut lieu dans les Balkans, dans la suite de celles en cours depuis la décomposition de l'ex-Yougoslavie. Dès l'été 1998, les politiques française et américaine sont convergentes : il s'agit de faire sauter Slobodan Milošević, le président serbe. Prouver au monde son

56. Collectif, *OPEX, une histoire des opérations extérieures depuis 1963*, Historien-Conseil, 2020.

comportement inacceptable au Kosovo devient l'objectif à atteindre rapidement des diplomaties anglo-saxonnes, allemande et française. Aux militaires de se préparer à la guerre. L'opération Trident commencera réellement en mars 1999. Avec nos alliés, nous allons conduire une très énergique et puissante campagne de bombardements aériens ciblés[57] de soixante-dix-huit jours en Serbie, au Kosovo et au Monténégro. Ce fut politiquement considéré comme un grand succès, et Milošević se résolut enfin à abandonner le Kosovo. Il y eut, hélas, des victimes collatérales en dépit de tous nos efforts. Les images télévisées de véhicules civils broyés au centre du Kosovo m'ont marqué. Pris par erreur pour une colonne de l'armée serbe par un avion d'observation, en objectif d'opportunité, six avions de combat américains, britanniques et français les avaient bombardés, lâchant leurs bombes à moyenne altitude comme ils en avaient l'ordre. Les puissantes forces terrestres alliées pénétrèrent ensuite sans difficulté au Kosovo à partir de la Macédoine. Elles seront témoins des souffrances des populations d'origine serbe, dont on a peu rendu compte auprès de l'opinion publique à la différence de celles concernant les Kosovars albanophones. J'ai toujours pensé que, militairement, ce fut effectivement un grand succès ; je suis moins fier des objectifs politiques poursuivis. Nous avions longuement bombardé un pays proche du nôtre, en particulier par notre histoire commune durant la Première Guerre mondiale. Ce fut un emploi de la force inédit en Europe depuis 1945. La mise hors course de Milošević me convenait parfaitement, pas l'humiliation appuyée du peuple serbe.

57. Opérations de ciblage complexes entre États-Unis, OTAN et orientations politiques nationales.

La signature journalière, après étude fouillée et par délégation, de tous les ordres de bombardement aux forces aériennes et aéronavales restera aussi le sommet de ma responsabilité en tant qu'individu, masqué il est vrai par l'officier général en fonction que j'étais. Un grand historien aurait beaucoup à écrire sur cette guerre faite au nom de bons sentiments. J'aurai, par la suite, deux autres commandements d'officier général durant lesquels je n'ai connu que des problèmes classiques, de commandement, de moyens financiers, etc. Parfois très intéressants, mais je n'ai plus ressenti les « 100 % d'oxygène et d'adrénaline » comme ce fut le cas, chaque jour, comme chef du COIA.

À 59 ans, à mon retour à la vie civile en 2005, j'ai immédiatement souhaité faire valoir mon expertise en matière de gestion de crise. Ce serait une façon d'aider un grand groupe économique à réduire les impacts humains et financiers des aléas d'un monde toujours très instable. J'ai donc proposé de former les dirigeants à la gestion de crise, et commencé alors une aventure avec la branche assistance d'un très grand groupe mondial d'assurance. Ce qui pouvait ne durer que quelques mois se prolongera plus de treize ans. Pour que l'assistance puisse être plus performante au profit de ses clients, au moment de catastrophes naturelles, d'actes terroristes, d'accidents de masse, de pandémies, etc., j'ai donc formé, entraîné et testé régulièrement des équipes dans les Amériques, en Asie et en Europe. Je transmettais un peu de cette expertise du centre opérationnel en adaptant une méthode éprouvée et des procédures précises. À un certain nombre de reprises, les responsables de l'assistance les utilisèrent avec satisfaction au service de leurs clients. Ces hommes et ces femmes, de toutes les cultures, resteront dans ma mémoire pour leur très bon esprit et leur volonté de bien faire.

Être un praticien jusqu'au bout, n'est-ce pas préférable à devenir un théoricien abscons de l'art de la guerre ? Adepte convaincu que c'est la somme des petites actions de chacun qui compte, qui finit souvent par vaincre les plus grands défis, j'ai continué d'encourager les uns et les autres à avancer. Toujours dans l'esprit de la devise que j'employais couramment quand je commandais mon régiment : « En avant, ensemble ! »

La mémoire et le témoignage

Dans une vie, il convient de rechercher la cohérence entre ce que l'on croit et ce que l'on fait. Ce n'est jamais simple, cela dépend aussi du caractère de l'individu comme des circonstances. Devenu président de l'association des élèves et anciens élèves de l'École spéciale militaire de Saint-Cyr, La Saint-Cyrienne, et aussi du Comité national d'entente, qui regroupe les présidents des principales associations d'anciens combattants et du monde combattant, je vais mener mon dernier combat. Entre décembre 2010 et février 2012, je conduis, avec le soutien sans faille des présidents, une action collective visant à faire du « 11 Novembre » la journée de commémoration de tous les « Morts pour la France ». Nous y arriverons avec l'appui de tous nos adhérents et de quelques personnalités politiques, effort collectif que j'ai raconté dans un petit livre[58]. Ce qui aboutira à un projet de loi, voté en février 2012 à une écrasante majorité par les

58. Dominique Delort, *11 novembre. Les Soldats reconnus*, Lavauzelle, 2018.

députés et sénateurs de droite comme de gauche. Depuis 2012, les présidents de la République, et donc la Nation, n'oublient plus les soldats, marins et aviateurs « Morts pour la France » depuis les deux guerres mondiales.

Il me restait aussi à témoigner de mon grand regret : la tragédie rwandaise. Le temps passant, l'obligation se faisait plus forte. Amoureux de l'histoire, admirateur d'historiens, en particulier de Fernand Braudel, capable de saisir la totalité des champs d'une période[59], je me devais de contribuer, même très modestement, au récit historique. La France, dans ce drame rwandais, trop souvent moquée, vilipendée, accusée, ne mérite rien de tout cela. Aurait-elle été plus puissante que son dirigeant aurait pris d'autres décisions ? C'est possible. Je ne rentre pas dans la politique fiction. Ces Mémoires s'achèvent donc en réponse aux interrogations de tous ceux qui les ont formulées. Il ne s'agit pas de littérature, mais d'un récit sincère et d'un témoignage complet.

In fine, considérant la très longue histoire de notre pays, je ne suis pas fier de tout ce qui a été décidé par les plus hauts responsables (rois, empereurs ou présidents de la République), ni de ce qui a été exécuté parfois par certains soldats de l'armée française. Je ne suis pas davantage béat devant l'histoire de notre peuple, dans son cheminement compliqué, quand je la compare à celle de peuples d'autres cultures. Loin de là ! Mais je ne jugerai jamais la France ni ne la dénigrerai.

C'est ma Patrie.

---

59. Fernand Braudel, *La Méditerranée et le monde méditerranéen à l'époque de Philippe II* (Armand Colin) et *L'Identité de la France* (Arthaud-Flammarion).

Annexes

Annexe 1

Résolution 812 (1993)

Adoptée par le Conseil de sécurité à sa 3 183e séance, le 12 mars 1993

Le Conseil de sécurité,

Prenant note de la demande contenue dans la lettre du chargé d'affaires par intérim du Rwanda en date du 4 mars 1993 (S/25363),

Prenant note également des lettres du représentant permanent du Rwanda (S/25355) et du représentant permanent de l'Ouganda (S/25356) en date du 22 février 1993, par lesquelles les gouvernements de ces deux pays ont demandé le déploiement d'observateurs des Nations unies le long de la frontière qui les sépare,

Gravement préoccupé par le conflit qui affecte le Rwanda et ses conséquences sur la paix et la sécurité internationales,

Alarmé par les conséquences humanitaires des affrontements, qui avaient repris récemment au Rwanda, notamment l'accroissement du nombre de réfugiés et de personnes déplacées, et par les menaces pesant sur les populations civiles,

Soulignant la nécessité d'une solution politique négociée, dans le cadre des accords signés par les parties à Arusha, pour mettre fin au conflit du Rwanda,

Saluant les efforts déployés par l'Organisation de l'unité africaine (OUA) pour promouvoir une telle solution politique,

Prenant note des déclarations du gouvernement du Rwanda et du Front patriotique rwandais (FPR) (S/25 363, annexes 2 et 3) selon lesquelles les forces armées rwandaises resteraient dans leurs positions actuelles, l'armée du FPR regagnerait ses positions antérieures au 7 février 1993, et la zone tampon entre les forces serait considérée comme zone neutre démilitarisée utilisée pour le contrôle de la mise en œuvre du cessez-le-feu par une force internationale,

Accueillant avec satisfaction le communiqué conjoint publié à Dar es Salaam le 7 mars 1993 par le gouvernement de la République rwandaise et le FPR, concernant notamment les modalités du cessez-le-feu prenant effet le 9 mars 1993 et sur le sort des personnes déplacées (S/25385),

Accueillant avec satisfaction la décision du secrétaire général d'envoyer une mission de bonne volonté dans la région et ayant entendu un premier rapport oral concernant cette mission,

Déterminé à ce que les Nations unies examinent, en consultation avec l'OUA et en appui à ses efforts en cours, quelle contribution les Nations unies pourraient apporter au processus de règlement politique au Rwanda, notamment en prévenant la reprise des combats et en assurant le contrôle du cessez-le-feu,

1. Appelle le gouvernement du Rwanda et le FPR à respecter le cessez-le-feu qui a pris effet le 9 mars 1993, à permettre l'acheminement de l'assistance humanitaire et le retour des personnes déplacées, à s'acquitter des obligations

auxquelles elles ont souscrit dans les accords qu'elles ont conclus et à mettre en œuvre les engagements qu'elles ont pris dans leurs déclarations et communiqué conjoint mentionnés ci-dessus ;

2. Invite le secrétaire général à étudier, en consultation avec l'OUA, la contribution que les Nations unies, en appui des efforts de l'OUA, pourraient apporter afin de renforcer le processus de paix au Rwanda, notamment la possibilité d'établir une force internationale sous les auspices de l'OUA et des Nations unies, chargée entre autres de l'assistance humanitaire et de la protection de la population civile et du soutien à la force de l'OUA pour le contrôle du cessez-le-feu, et à lui faire rapport dans les meilleurs délais sur cette question ;

3. Invite également le secrétaire général à examiner la demande du Rwanda et de l'Ouganda pour le déploiement d'observateurs à la frontière entre ces deux pays ;

4. Exprime sa disponibilité à examiner sans délai les recommandations que le secrétaire général pourrait lui soumettre à cet effet ;

5. Prie le secrétaire général de coordonner étroitement ses efforts avec ceux de l'OUA ;

6. Demande au gouvernement du Rwanda et au FPR de coopérer pleinement avec les efforts des Nations unies et de l'OUA ;

7. Appelle le gouvernement du Rwanda et le FPR à reprendre les négociations comme prévu le 15 mars 1993 en vue de résoudre les questions restant en suspens de manière à signer un accord de paix au plus tard au début du mois d'avril 1993 ;

8. Prie instamment les deux parties de respecter strictement les règles du droit humanitaire international ;

9. Prie instamment tous les États de s'abstenir de toute action susceptible d'aggraver la tension au Rwanda et de compromettre le respect du cessez-le-feu ;

10. Décide de rester activement saisi de la question.

Annexe 2

Résolution 846 (1993)

Adoptée par le Conseil de sécurité à sa 3 244e séance, le 22 juin 1993

Le Conseil de sécurité,

Réaffirmant sa résolution 812 (1993) du 12 mars 1993,

Prenant note du rapport intérimaire du secrétaire général en date du 20 mai 1993 (S/25 810 et Add.1),

Prenant note également des demandes formulées par les gouvernements du Rwanda et de l'Ouganda concernant le déploiement d'observateurs le long de leur frontière commune, en tant que mesure de confiance temporaire (S/25 355, S/25 356, S/25 797),

Soulignant la nécessité de prévenir une reprise des combats, qui pourrait avoir des conséquences négatives sur la situation au Rwanda et sur la paix et la sécurité internationales,

Soulignant la nécessité d'une solution politique négociée dans le cadre des accords devant être signés par les parties à Arusha, pour mettre fin au conflit au Rwanda,

Saluant les efforts déployés par l'Organisation de l'unité africaine (OUA) et le gouvernement de la République-Unie de Tanzanie pour promouvoir une telle solution politique,

Prenant note de la requête conjointe du gouvernement du Rwanda et du Front patriotique rwandais (FPR) adressée au secrétaire général concernant la mise en place d'une force internationale neutre au Rwanda (S/25 951),

Soulignant l'importance des négociations en cours à Arusha, entre le gouvernement du Rwanda et le FPR, et exprimant sa disponibilité à envisager d'aider l'OUA à mettre en œuvre les accords dès qu'ils auront été signés,

1. Accueille avec satisfaction le rapport du secrétaire général (S/25 810 et Add.1) ;

2. Décide de créer la Mission d'observation des Nations unies Ouganda-Rwanda (MONUOR) qui sera déployée du côté ougandais de la frontière pour une période initiale de six mois, conformément au rapport du secrétaire général (S/25 810 et Add.1) et susceptible d'être révisée tous les six mois;

3. Décide que la MONUOR devra observer la frontière entre l'Ouganda et le Rwanda, vérifier qu'aucune assistance militaire ne parvient au Rwanda, l'accent étant mis essentiellement à cet égard sur le transit et le transport à travers la frontière, par des routes ou des pistes où peuvent passer des véhicules, d'armes meurtrières et de munitions, ainsi que de tout autre matériel pouvant être utilisé à des fins militaires;

4. Prie le secrétaire général de conclure avec le gouvernement de l'Ouganda, avant le déploiement complet de la MONUOR, un accord sur le statut de la Mission incluant la sécurité, la coopération et le soutien que le gouvernement de l'Ouganda fournira à la MONUOR;

5. Approuve l'envoi d'un détachement précurseur dans une période de quinze jours suivant l'adoption de cette résolution, ou le plus tôt possible après la conclusion de l'Accord sur le statut de la Mission, et le déploiement complet dans une période de trente jours après l'arrivée du détachement précurseur;

6. Prie instamment le gouvernement du Rwanda et le FPR de respecter strictement les règles du droit humanitaire international;

7. Prie instamment aussi le gouvernement du Rwanda et le FPR de s'abstenir de toute action susceptible d'entretenir la tension ;

8. Se félicite de la décision du secrétaire général d'appuyer les efforts de paix de l'OUA par la mise à disposition de deux experts militaires, en vue d'apporter une assistance au groupe d'observateurs militaires neutres (GOMN), en particulier par une expertise logistique afin d'aider à accélérer le déploiement d'un GOMN élargi au Rwanda ;

9. Appelle le gouvernement du Rwanda et le FPR à conclure rapidement un accord de paix global ;

10. Prie le secrétaire général de lui faire rapport sur les résultats des pourparlers de paix d'Arusha ;

11. Prie aussi le secrétaire général de lui faire rapport sur la contribution que les Nations unies pourraient apporter pour aider l'OUA à mettre en œuvre l'accord susmentionné et de commencer à faire des plans au cas où le Conseil déciderait que cette contribution est nécessaire ;

12. Prie également le secrétaire général de lui faire rapport sur la mise en œuvre de la présente résolution, dans une période de soixante jours suivant le déploiement de la MONUOR ;

13. Décide de rester activement saisi de la question.

Annexe 3

Le texte des accords de paix d'Arusha (août 1993)

Accord de paix d'Arusha entre le gouvernement de la République rwandaise et le Front patriotique rwandais

Le gouvernement de la République rwandaise d'une part, et le Front patriotique rwandais d'autre part,

Fermement résolus à trouver une solution politique négociée à la situation de guerre que vit le peuple rwandais depuis le 1er octobre 1990,

Considérant et appréciant les efforts déployés par les pays de la sous-région en vue d'aider le peuple rwandais à recouvrer la paix,

Se référant à cet effet aux multiples rencontres de haut niveau organisées respectivement à Mwanza en République-Unie de Tanzanie le 17 octobre 1990, à Gbadolite en République du Zaïre le 26 octobre 1990, à Goma en République du Zaïre le 20 novembre 1990, à Zanzibar en République-Unie de Tanzanie le 17 février 1991, à Dar es Salaam en République-Unie de Tanzanie le 19 février 1991 et du 5 au 7 mars 1993,

Considérant que toutes ces rencontres visaient d'abord l'instauration du cessez-le-feu afin de permettre aux deux parties de chercher une solution à la guerre par la voie des négociations directes,

Vu l'accord de cessez-le-feu de Nsele du 29 mars 1991 tel qu'amendé à Gbadolite le 16 septembre 1991 et à Arusha le 12 juillet 1992,

Réaffirmant leur totale détermination au respect des principes de l'État de droit qui implique la démocratie, l'unité nationale, le pluralisme, le respect des libertés et des droits fondamentaux de la personne,

Attendu que ces principes constituent la base d'une paix durable recherchée par le peuple rwandais pour les générations présentes et futures,

Vu le protocole d'accord relatif à l'État de droit signé à Arusha le 18 août 1992,

Considérant l'acceptation par les deux parties du principe de partage du pouvoir dans le cadre d'un gouvernement de transition à base élargie,

Vu les protocoles d'accord sur le partage de pouvoir signés à Arusha respectivement le 30 octobre 1992 et le 9 janvier 1993,

Attendu qu'il ne peut être mis fin à la situation conflictuelle opposant les deux parties qu'avec la formation d'une seule et unique armée nationale et une nouvelle gendarmerie nationale à partir des forces des deux parties en conflit,

Vu le protocole d'accord relatif à l'intégration des forces armées des deux parties signé à Arusha le 3 août 1993,

Reconnaissant que l'unité du peuple rwandais ne peut être réalisée sans une solution définitive au problème des réfugiés rwandais et que le retour des réfugiés rwandais dans leur pays est un droit inaliénable et constitue un facteur de paix, d'unité et de réconciliation nationales,

Vu le protocole d'accord sur le rapatriement des réfugiés rwandais et la réinstallation des personnes déplacées signé à Arusha le 9 juin 1993,

Résolus à enrayer toutes les causes qui sont à la base de cette guerre et à y mettre fin définitivement,

À l'issue des négociations de paix menées à Arusha (République-Unie de Tanzanie) entre le 10 juillet 1992 et le 24 juin 1993 ainsi qu'à Kinihira (République rwandaise) du 19 au 25 juillet 1993, sous l'égide du facilitateur, Son Excellence Ali Hassan Mwinyi, Président de la République-Unie de Tanzanie ; en présence du représentant du médiateur, Son Excellence Mobutu Sese Seko, Président de la République du Zaïre ainsi que des représentants des présidents en exercice de l'OUA, Leurs Excellences Abdou Diouf, Président de la République du Sénégal et Hosni Mubarak, Président de la République arabe d'Égypte ; du secrétaire général de l'OUA, Dr Salim Ahmed Salim, du secrétaire général des Nations unies, Boutros Boutros Ghali et des observateurs représentant l'Allemagne, la Belgique, le Burundi, les États-Unis d'Amérique, la France, le Nigeria, l'Ouganda et le Zimbabwe ;

Prenant donc à témoin la communauté internationale ;

Conviennent des dispositions suivantes :

Article 1 : il est mis fin à la guerre entre le gouvernement de la République rwandaise et le Front patriotique rwandais.

Article 2 : le gouvernement de la République rwandaise et le Front patriotique rwandais concluent le présent accord de paix dont font partie intégrante les documents ci-après :

– I. L'accord de cessez-le-feu de Nsele du 29 mars 1991 entre le gouvernement de la République rwandaise et le Front patriotique rwandais tel qu'amendé à Gbadolite le 16 septembre 1991 et à Arusha le 12 juillet 1992 ;

– II. Le protocole d'accord entre le gouvernement de la République rwandaise et le Front patriotique rwandais relatif à l'État de droit, signé à Arusha le 18 août 1992 ;

– III. Les protocoles d'accord entre le gouvernement de la République rwandaise et le Front patriotique rwandais sur le partage du pouvoir dans le cadre d'un gouvernement de transition à base élargie, signés à Arusha respectivement le 30 octobre 1992 et le 9 janvier 1993 ;

– IV. Le protocole d'accord entre le gouvernement de la République rwandaise et le Front patriotique rwandais sur le rapatriement des réfugiés rwandais et la réinstallation des personnes déplacées, signé à Arusha le 9 juin 1993 ;

– V. Le protocole d'accord entre le gouvernement de la République rwandaise et le Front patriotique rwandais relatif à l'intégration des forces armées des deux parties, signé à Arusha le 3 août 1993 ;

– VI. Le protocole d'accord entre le gouvernement de la République rwandaise et le Front patriotique rwandais portant sur les questions diverses et dispositions finales, signé à Arusha le 3 août 1993.

Article 3 : les deux parties acceptent que la constitution du 10 juin 1991 et l'accord de paix d'Arusha constituent indissolublement la loi fondamentale qui régit le pays durant la période de transition en tenant compte des dispositions suivantes :

– I. Les articles ci-après de la constitution sont remplacés par les dispositions de l'accord de paix relatives aux mêmes matières. Il s'agit des articles : 34, 35, 38, 39, 40, 41, 42, 43, 44, 45, 46, 47, 48, 49, 50, 51, 52, 54, 55, 56, 57, 58, 59, 60, 63, 65, 66, 67, 68, 70, 71, 73, 74, 75 alinéa 2, 77 alinéa 3 et 4, 81, 82, 83, 84, 85, 86, 87, 88 alinéa 1, 90, 96, 99, 101.

– II. En cas de conflit entre les autres dispositions de la constitution et celles de l'accord de paix, ces dernières prévalent.

– III. La Cour constitutionnelle vérifie la conformité des lois et des décrets-lois à la loi fondamentale ainsi définie. En attendant la mise en place de la loi sur la Cour suprême, la Cour constitutionnelle reste composée de la Cour de cassation et du Conseil d'État réunis. Le Président de la Cour de cassation en assure la présidence.

Article 4 : en cas de conflit entre les dispositions de la loi fondamentale et celles des autres lois et règlements, les dispositions de la loi fondamentale prévalent.

Article 5 : le gouvernement de la République rwandaise et le Front patriotique rwandais s'engagent à tout mettre en œuvre pour assurer le respect et l'exécution du présent accord de paix. Ils s'engagent en outre à ne ménager aucun effort pour promouvoir l'unité et la réconciliation nationales.

Article 6 : les deux parties acceptent Monsieur Twagiramungu Faustin comme Premier ministre du gouvernement de transition à base élargie en référence aux articles 6 et 51 du protocole d'accord entre le gouvernement de la République rwandaise et le Front patriotique rwandais sur le partage du pouvoir dans le cadre d'un gouvernement de transition à base élargie.

Article 7 : les institutions de la transition seront mises en place dans les trente-sept (37) jours qui suivent la signature de l'accord de paix.

Article 8 : le gouvernement actuel reste en fonction jusqu'à la mise en place du gouvernement de transition à base élargie. Son maintien ne signifie pas qu'il puisse empiéter sur le mandat du gouvernement de transition à base élargie en cours de formation. En aucun cas, le gouvernement actuel ne pourra prendre des actes pouvant porter préjudice à la mise en œuvre du programme du gouvernement de transition à base élargie.

Article 9 : le Conseil national de développement (CND) reste en place jusqu'à l'installation de l'Assemblée nationale de transition. Cependant, à compter de la date de la signature de l'accord de paix, il ne pourra pas légiférer.

Article 10 : le présent accord de paix est signé par le Président de la République rwandaise et le Président du Front patriotique rwandais, en présence : du facilitateur, Son Excellence Ali Hassan Mwinyi, Président de la République-Unie de Tanzanie; de Son Excellence Yoweri Kaguta Museveni, Président de la République de l'Ouganda, pays observateur; de Son Excellence Melchior Ndadaye, Président de la République du Burundi, pays observateur; du représentant du médiateur, Son Excellence Faustin Birindwa, Premier ministre de la République du Zaïre; du Dr Salim Ahmed Salim, secrétaire général de l'OUA; du représentant du secrétaire général des Nations unies; du représentant du président en exercice de l'OUA; des représentants des autres pays observateurs : l'Allemagne, la Belgique, les États-Unis d'Amérique, la France, le Nigeria et le Zimbabwe; des délégations des deux parties.

Article 11 : le présent accord de paix entre en vigueur le jour de sa signature par les deux parties.

Fait à Arusha, le quatrième jour du mois d'août 1993, en Français et en Anglais, le texte original étant celui rédigé en Français.

Annexe 4

Résolution 872 (1993)

Adoptée par le Conseil de sécurité à sa 3 288ᵉ séance, le 5 octobre 1993

Le Conseil de sécurité,

Réaffirmant ses résolutions 812 (1993) du 12 mars 1993 et 846 (1993) du 22 juin 1993,

Réaffirmant également sa résolution 868 (1993) du 29 septembre 1993 relative à la sécurité des opérations des Nations unies,

Ayant examiné le rapport du secrétaire général en date du 24 septembre 1993 (S/26488 et Add.1),

Se félicitant de la signature de l'accord de paix d'Arusha (y compris ses protocoles) le 4 août 1993, et exhortant les parties à continuer de le respecter pleinement,

Notant la conclusion du secrétaire général selon laquelle, pour permettre aux Nations unies de jouer leur rôle avec efficacité et succès, les parties doivent coopérer pleinement l'une avec l'autre et avec l'Organisation,

Soulignant l'urgence qui s'attache au déploiement d'une force internationale neutre au Rwanda, telle que soulignée par le gouvernement de la République rwandaise et par le Front patriotique rwandais, et réaffirmée par leur délégation conjointe dépêchée auprès des Nations unies,

Rendant hommage au rôle joué par l'Organisation de l'unité africaine (OUA) et par le gouvernement de la République-Unie de Tanzanie dans la conclusion de l'accord de paix d'Arusha,

Déterminé à ce que les Nations unies apportent, à la demande des parties, dans un environnement pacifique et avec l'entière coopération de toutes les parties, leur pleine contribution à la mise en œuvre de l'accord de paix d'Arusha,

1. Accueille favorablement le rapport du secrétaire général (S/26488);

2. Décide de créer une opération de maintien de la paix intitulée la Mission des Nations unies pour l'assistance au Rwanda (MINUAR) pour une période de six mois, étant entendu que celle-ci ne sera prolongée au-delà de la période initiale de quatre-vingt-dix jours qu'une fois que le Conseil de sécurité aura examiné un rapport du secrétaire général indiquant si des progrès appréciables ont été réalisés ou non dans la mise en œuvre de l'accord de paix d'Arusha;

3. Décide que, à partir des recommandations du secrétaire général, la MINUAR aura le mandat suivant :

a) contribuer à assurer la sécurité de la ville de Kigali, notamment à l'intérieur de la zone libre d'armes établie par les parties s'étendant dans la ville et dans ses alentours;

b) superviser l'accord de cessez-le-feu, qui appelle à la mise en place de points de cantonnement et de rassemblement et à la délimitation d'une nouvelle zone démilitarisée de sécurité ainsi qu'à la définition d'autres procédures de démobilisation;

c) superviser les conditions de la sécurité générale dans le pays pendant la période terminale du mandat du gouvernement de transition, jusqu'aux élections;

d) contribuer au déminage, essentiellement au moyen de programmes de formation;

e) examiner, à la demande des parties ou de sa propre initiative, les cas de non-application du protocole d'accord sur l'intégration des forces armées, en déterminer les responsables et faire rapport sur cette question, en tant que de besoin, au secrétaire général ;

f) contrôler le processus de rapatriement des réfugiés rwandais et de réinstallation des personnes déplacées, en vue de s'assurer que ces opérations sont exécutées dans l'ordre et la sécurité ;

g) aider à la coordination des activités d'assistance humanitaire liées aux opérations de secours ;

h) enquêter et faire rapport sur les incidents relatifs aux activités de la gendarmerie et de la police.

4. Approuve la proposition du secrétaire général d'intégrer la Mission d'observation des Nations unies Ouganda-Rwanda (MONUOR), telle qu'établie par la résolution 846 (1993) au sein de la MINUAR ;

5. Se félicite des efforts et de la coopération de l'OUA pour aider à mettre en œuvre l'accord de paix d'Arusha, et notamment de l'intégration du groupe d'observateurs militaires neutres (GOMN II) dans la MINUAR ;

6. Approuve de plus la proposition du secrétaire général d'effectuer de façon échelonnée le déploiement et le retrait de la MINUAR et note, dans ce contexte, que le mandat de la MINUAR, s'il est prolongé, devrait s'achever à la suite des élections nationales et de la mise en place d'un nouveau gouvernement au Rwanda, évènements programmés pour octobre 1995, en tout état de cause au plus tard pour décembre 1995 ;

7. Autorise dans ce contexte le secrétaire général à déployer, dans les délais les plus brefs, pour une période

initiale de six mois, un premier contingent à Kigali au niveau d'effectifs spécifié dans le rapport du secrétaire général, dont la mise en place complète permettra l'installation des institutions de transition et l'exécution des autres dispositions pertinentes de l'accord de paix d'Arusha ;

8. Invite le secrétaire général, dans le cadre du rapport auquel il est fait référence dans le paragraphe 2 ci-dessus, à faire également rapport sur les progrès de la MINUAR à la suite de son déploiement initial, et se déclare déterminé à examiner en tant que de besoin, sur la base de ce rapport et dans le cadre de l'examen auquel il est fait référence dans le paragraphe 2 ci-dessus, la nécessité de procéder à des déploiements additionnels, dont le volume et la composition seront conformes aux recommandations du secrétaire général dans son rapport (S/26488) ;

9. Invite le secrétaire général à étudier les moyens de réduire l'effectif maximum total de la MINUAR, sans que ceci affecte la capacité de la MINUAR à exécuter son mandat, et demande au secrétaire général, lorsqu'il préparera et réalisera le déploiement échelonné de l'opération, de chercher à faire des économies et de faire rapport régulièrement sur les résultats obtenus dans ce domaine ;

10. Accueille favorablement l'intention du secrétaire général de nommer un représentant spécial qui prendrait la tête de la MINUAR sur le terrain et exercerait son autorité sur tous ses éléments ;

11. Prie instamment les parties de mettre en œuvre de bonne foi l'accord de paix d'Arusha ;

12. Demande au secrétaire général de conclure un accord sur le statut de la MINUAR et de tout le personnel qui y participe au Rwanda avec diligence pour que celui-ci

entre en vigueur aussi tôt que possible après le début de l'opération, au plus trente jours après l'adoption de cette résolution ;

13. Exige que les parties prennent toutes mesures voulues pour garantir la sécurité de l'opération et du personnel qui y participe ;

14. Lance un appel pressant aux États Membres, aux institutions spécialisées des Nations unies ainsi qu'aux organisations non gouvernementales, pour qu'ils fournissent et intensifient leur assistance économique, financière et humanitaire en faveur du peuple rwandais et du processus de démocratisation au Rwanda ;

15. Décide de rester activement saisi de la question.

Annexe 5

Résolution 929 (1994)

Adoptée par le Conseil de sécurité à sa 3 392e séance, le 22 juin 1994

Le Conseil de sécurité,

Réaffirmant toutes ses résolutions précédentes sur la situation au Rwanda, en particulier ses résolutions 912 (1994) du 21 avril 1994, 918 (1994) du 17 mai 1994 et 925 (1994) du 8 juin 1994, par lesquelles il a défini le mandat et le niveau des effectifs de la Mission des Nations unies pour l'assistance au Rwanda (MINUAR),

Déterminé à contribuer à la reprise du processus de règlement politique dans le cadre de l'accord de paix d'Arusha et encourageant le secrétaire général et son représentant spécial pour le Rwanda à poursuivre et à redoubler leurs efforts aux niveaux national, régional et international pour promouvoir ces objectifs,

Soulignant l'importance de la coopération de toutes les parties pour l'accomplissement des objectifs des Nations unies au Rwanda,

Ayant examiné la lettre du secrétaire général en date du 19 juin 1994 (S/1994/728),

Prenant en considération les délais indispensables pour rassembler les ressources nécessaires au déploiement effectif de la MINUAR telle qu'elle a été renforcée par les résolutions 918 (1994) et 925 (1994),

Notant l'offre faite par des États Membres de coopérer avec le secrétaire général pour atteindre les objectifs des Nations unies au Rwanda (S/1994/734) et soulignant le caractère strictement humanitaire de cette opération, qui sera menée de façon impartiale et neutre et ne constituera pas une force d'interposition entre les parties,

Se félicitant de la coopération entre les Nations unies, l'Organisation de l'unité africaine (OUA) et les États voisins pour restaurer la paix au Rwanda,

Profondément préoccupé par la poursuite des massacres systématiques et de grande ampleur de la population civile au Rwanda,

Conscient de ce que la situation actuelle au Rwanda constitue un cas unique qui exige une réaction urgente de la communauté internationale,

Considérant que l'ampleur de la crise humanitaire au Rwanda constitue une menace à la paix et à la sécurité dans la région,

1. Accueille favorablement la lettre du secrétaire général en date du 19 juin 1994 (S/1994/728) et donne son accord à ce qu'une opération multinationale puisse être mise sur pied au Rwanda à des fins humanitaires jusqu'à ce que la MINUAR soit dotée des effectifs nécessaires ;

2. Accueille favorablement aussi l'offre d'États Membres (S/1994/734) de coopérer avec le secrétaire général afin d'atteindre les objectifs des Nations unies au Rwanda par la mise en place d'une opération temporaire, placée sous commandement et contrôle nationaux, visant à contribuer, de manière impartiale, à la sécurité et à la protection des personnes déplacées, des réfugiés et des civils en danger au Rwanda, étant entendu que le coût de la mise en œuvre de cette offre sera à la charge des États Membres concernés ;

3. Agissant en vertu du chapitre VII de la Charte des Nations unies, autorise les États Membres coopérant avec le se-

crétaire général à mener l'opération décrite au paragraphe 2 ci-dessus, en employant tous les moyens nécessaires pour atteindre les objectifs humanitaires énoncés aux alinéas a) et b) du paragraphe 4 de la résolution 925 (1994) ;

4. Décide que la mission des États Membres qui coopèrent avec le secrétaire général sera limitée à une période de deux mois suivant l'adoption de la présente résolution, à moins que le secrétaire général ne considère avant la fin de cette période que la MINUAR renforcée est en mesure d'accomplir son mandat ;

5. Accueille avec satisfaction les offres déjà faites par des États Membres concernant des troupes destinées à la MINUAR renforcée ;

6. Demande à tous les États Membres de répondre de toute urgence à la demande du secrétaire général en ressources, y compris en soutien logistique, pour mettre la MINUAR renforcée en mesure d'exécuter effectivement son mandat le plus rapidement possible et prie le secrétaire général d'identifier les équipements essentiels dont ont besoin les troupes qui doivent constituer la MINUAR renforcée et de coordonner la fourniture de ces équipements ;

7. Accueille favorablement, à cet égard, les offres déjà faites par des États Membres concernant du matériel destiné aux gouvernements fournissant des contingents à la MINUAR et engage les autres États Membres à offrir un appui analogue, éventuellement en assurant l'équipement complet des contingents de certains contributeurs de troupes, afin d'accélérer le déploiement de la MINUAR renforcée ;

8. Prie les États Membres qui coopèrent avec le secrétaire général de se coordonner étroitement avec la MINUAR et

prie également le secrétaire général de mettre en place à cet effet les mécanismes appropriés ;

9. Exige que toutes les parties au conflit et autres intéressés mettent immédiatement fin à tous les massacres de populations civiles dans les zones qu'ils contrôlent et permettent aux États Membres qui coopèrent avec le secrétaire général d'accomplir pleinement la mission décrite au paragraphe 3 ci-dessus ;

10. Prie les États concernés et, en tant que de besoin, le secrétaire général de lui présenter régulièrement des rapports, dont le premier sera établi au plus tard quinze jours après l'adoption de la présente résolution, sur la conduite de l'opération et sur les progrès accomplis dans la réalisation des objectifs cités aux paragraphes 2 et 3 ci-dessus ;

11. Prie également le secrétaire général de lui faire rapport sur les progrès réalisés en vue du déploiement complet de la MINUAR renforcée dans le cadre du rapport requis le 9 août 1994 au plus tard au titre du paragraphe 17 de la résolution 925 (1994), ainsi qu'en vue de la reprise du processus de règlement politique en vertu de l'accord de paix d'Arusha ;

12. Décide de rester activement saisi de la question.

ANNEXE 6

Suite de l'entretien au Cambodge, octobre 1993

… Le président Hun Sen reprend : « Pour la situation politique à venir, tout dépend de la restructuration des armées et de la coopération française. Après les élections, la situation politique va s'améliorer. Le processus de réconciliation est en cours et évite une nouvelle guerre. Selon les accords de Paris, la tâche de transformer les armées revient au gouvernement légitime. C'est le plus difficile. L'ONU a remporté un grand succès au Cambodge. Ce fut une chance d'avoir Sihanouk. Le succès au Cambodge tient à l'assistance de la communauté internationale, à la coopération avec les Cambodgiens et à leur propre union. Nous sommes très fiers de l'union du peuple. L'armée est constituée de cadres de différentes factions et ne menace pas la stabilité du pays. C'est pourquoi il y a urgence à apporter une aide pour consolider l'acquis. »

Il poursuit : « Le problème le plus important est celui des Khmers rouges. Nous ne sommes pas très optimistes. Il peut y avoir deux possibilités d'évolution. Absence de table ronde, et cela à cause des Khmers rouges. Nous voulons que les Khmers rouges reconnaissent la Constitution, le gouvernement légitime et le dialogue ne se fera pas sur un pied d'égalité. Le dialogue, certes, mais pas à parties égales. Les Khmers rouges veulent une participation dans l'armée nationale et le rôle de conseiller dans le gouvernement royal. C'est accordé. Mais les Khmers rouges ont continué leurs attaques notamment ces derniers jours. Ils veulent faire des sabotages dans Phnom Penh où ils ont des hommes, une centaine. Les Khmers rouges veulent-ils que l'on reprenne des territoires donnés par la France au Viêt-Nam ? La voie du dialogue est difficile. Nous sommes dans l'application de la Constitution : l'état est indivisible. Difficile alors d'éviter des combats ; en plus les Khmers rouges agrandissent leurs territoires. L'armée ne pourra pas se concentrer sur le problème de la restructuration, il faudra défendre la paix. Les spécialistes devraient nous aider à former une armée pour la mettre dans une situation viable. Voici la requête au gouvernement français, transmettez-la. On a un problème de munitions, sans cela on ne pourra pas réaliser un accord de coopération. Nous avons besoin d'hélicoptères, il faut que la France nous en donne. On ne veut pas que les Khmers rouges contrôlent Paulin, nous avons besoin des hélicoptères pour les prochaines opérations. Que peuvent nous laisser les forces françaises de l'APRONUC ? Il vous faut envoyer rapidement des spécialistes pour la gendarmerie. La gendarmerie doit être la fille adoptive de la gendarmerie française. Que la France prenne en charge les moyens, les équipements et qu'elle ne dise pas seulement : “Il faut ceci et cela.” Nous disposons d'un petit corps de police militaire, future gendarmerie. Que la France nous envoie des textes d'accord. »

Le chef de gouvernement Hun Sen termine son long et très intéressant monologue introductif auquel l'Amiral va répondre « que la France fera tous les efforts nécessaires pour que le processus ne s'interrompe pas ». Ce point de situation et les demandes du chef du gouvernement cambodgien, qui détient la réalité du pouvoir, montrent toutes les difficultés d'un processus de réconciliation et même, ce qui peut surprendre, les efforts en direction des Khmers rouges. Il est vrai qu'ils ont été nombreux parmi les nouveaux responsables du pays à avoir un temps agi avec les Khmers rouges. Les années passant, quatre très hauts dirigeants khmers rouges, seulement, seront jugés ; cela laisse rêveur quand on pense au génocide dont ils sont auteurs et responsables. La réconciliation par le non-dit ?

Sources

Agendas et carnets de notes personnels de septembre 1991 à août 1994
Brouillons de messages envoyés à l'EMA
Copies de rapports rédigés en 1992 et 1993
Directives reçues de l'EMA
Fax manuscrits envoyés à Paris
Cartes et croquis de situation militaires de 1992 et 1993
Photographie de couverture prise par l'auteur

Remerciements

Je tiens à exprimer toute ma reconnaissance à ceux et celles qui m'ont encouragé et soutenu durant le temps d'écriture et en particulier :

Au général d'armée Philippe Mercier pour la constance de ses avis judicieux,

Au commandant Alain Hénaff pour sa relecture et son aide précieuse dans la présentation des photos et croquis,

Et à Dominique, mon épouse, pour sa patience intelligente et chaleureuse.

Pour en savoir plus sur les éditions Perrin
et Pierre de Taillac, vous pouvez consulter
leurs sites internet :

www.editions-perrin.fr
www.editionspierredetaillac.com

Editions Perrin | Éditions Pierre de Taillac

@EditionsPerrin | @PierredeTaillac

@editionsperrin | @editionspierredetaillac

MIXTE
Papier issu de sources responsables
FSC® C003309

L'éditeur de cet ouvrage s'engage dans une démarche
de certification FSC® qui contribue à la préservation
des forêts pour les générations futures.

Pour en savoir plus :
www.editis.com/engagement-rse/

CET OUVRAGE A ÉTÉ ACHEVÉ D'IMPRIMER SUR ROTO-PAGE EN FÉVRIER 2021
PAR L'IMPRIMERIE FLOCH À MAYENNE
DÉPÔT LÉGAL : MARS 2021 – N° D'IMPRESSION : 97790
Imprimé en France